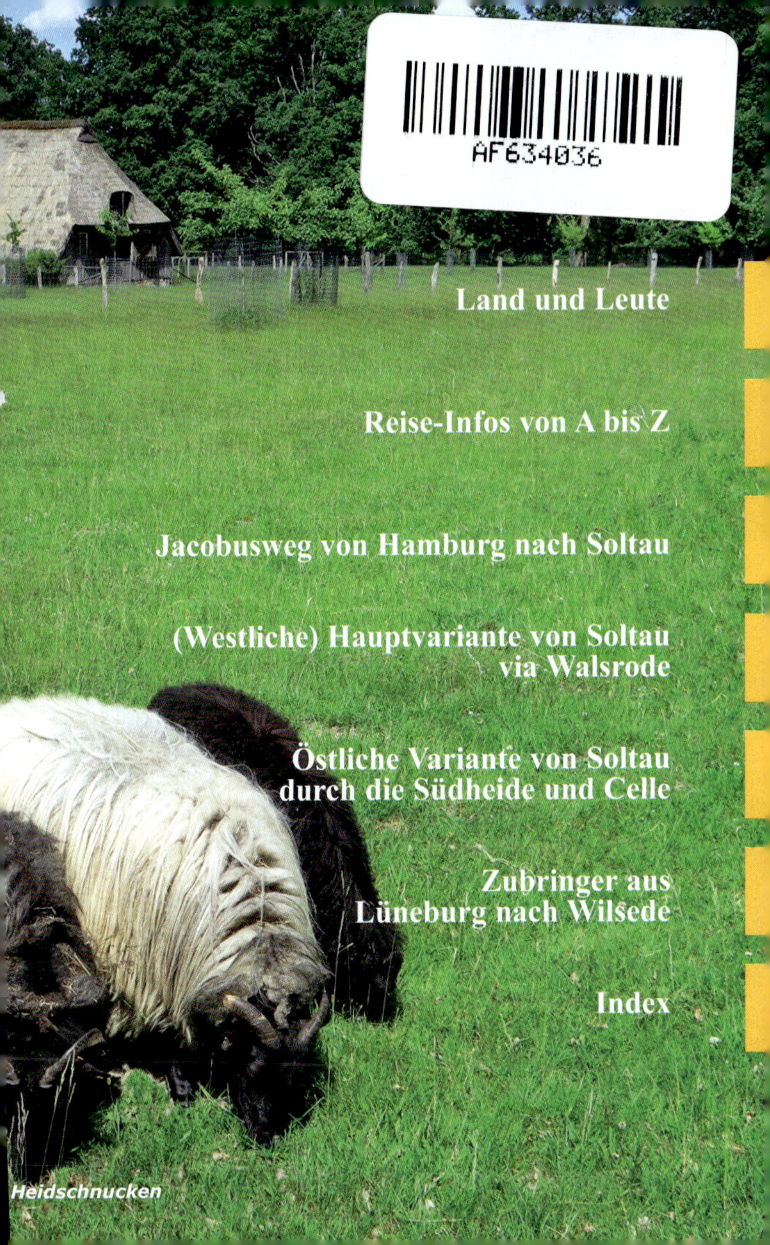

Heidschnucken

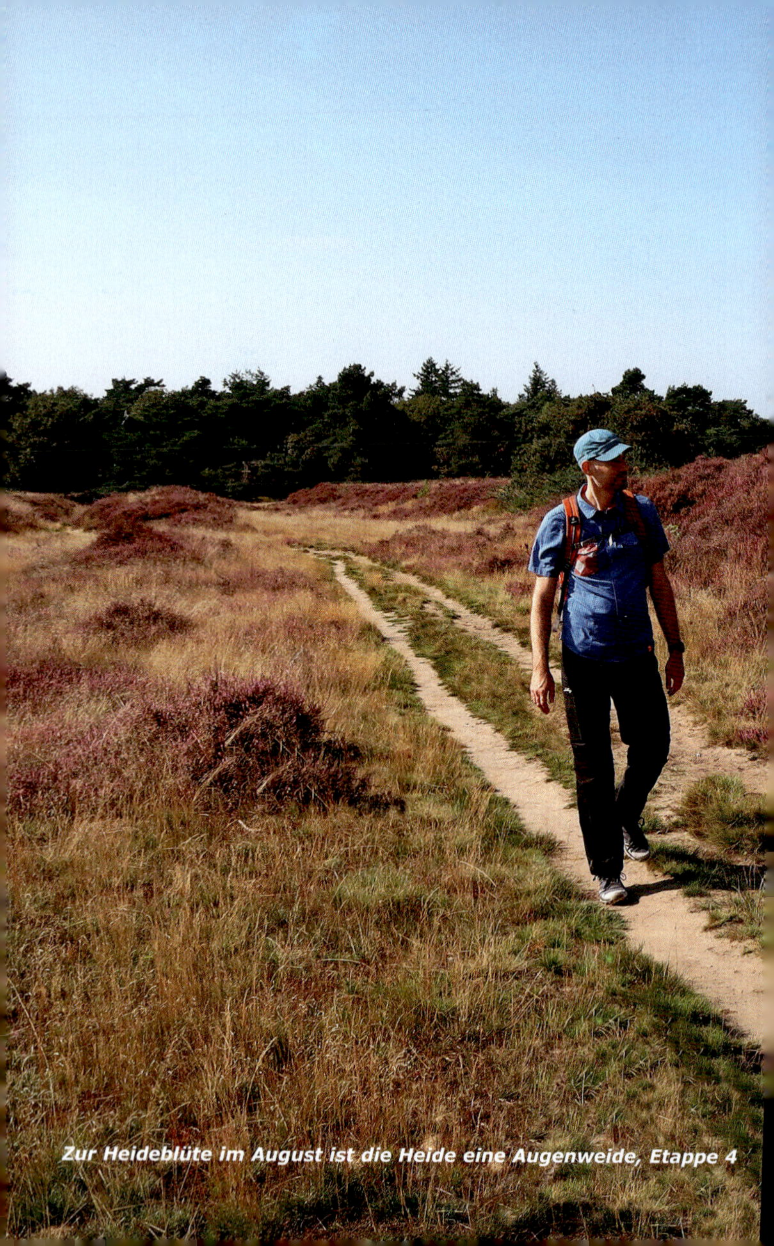

Zur Heideblüte im August ist die Heide eine Augenweide, Etappe 4

Band 495

OutdoorHandbuch

Wolfgang Barelds

Jacobusweg Lüneburger Heide

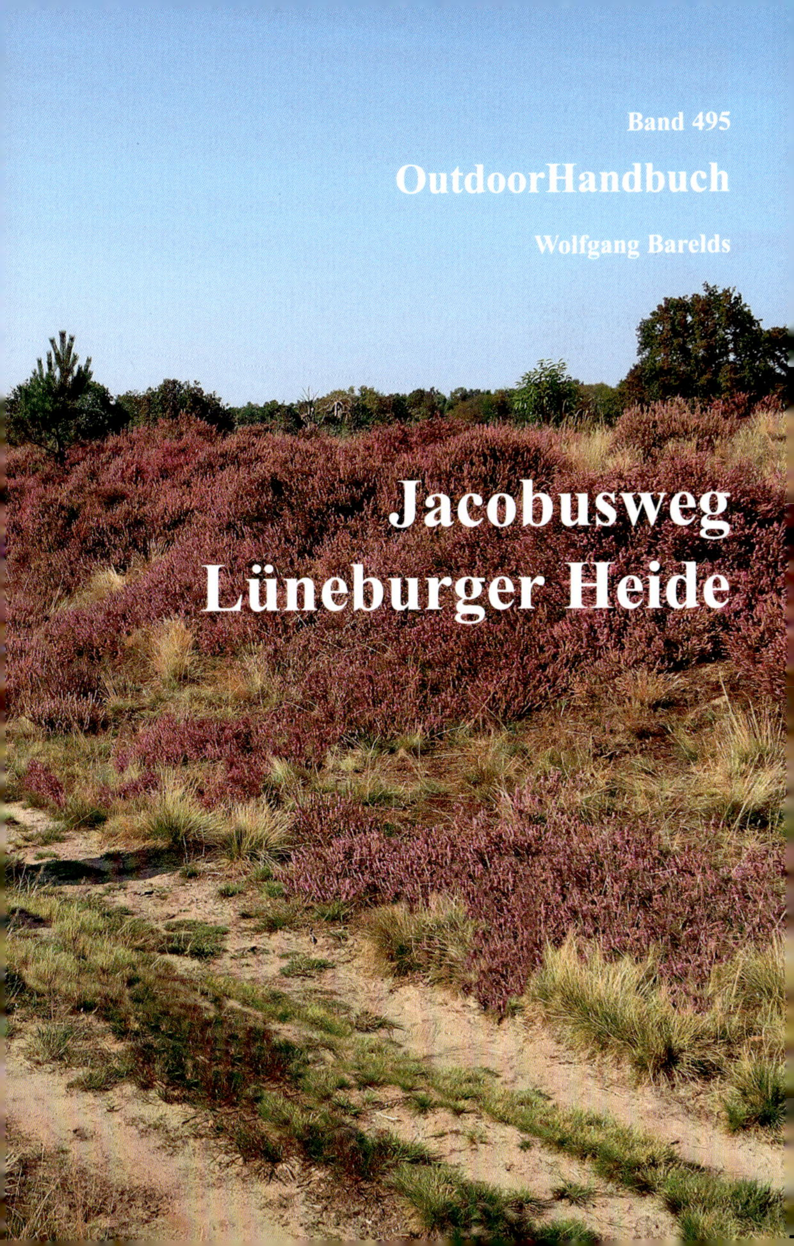

Jacobusweg

Dieses OutdoorHandbuch wurde konzipiert und redaktionell erstellt vom:

Conrad Stein Verlag GmbH
Kiefernstr. 6, 59514 Welver
☏ 023 84/96 39 12
info@conrad-stein-verlag.de
www.conrad-stein-verlag.de
www.facebook.com/outdoorverlag
www.instagram.com/outdoorverlag

Klimaneutral Druckprodukt
ClimatePartner.com/53106-2308-1009

Als Outdoor-Verlag sind uns der Schutz und die Erhaltung der Natur seit jeher ein besonderes Anliegen. Auch in Sachen Klimaschutz haben wir eine Vorreiterrolle inne: Wir sind der einzige Buchverlag in Deutschland, der bereits seit 2008 seine Bücher konsequent klimaneutral in Deutschland produzieren und transportieren lässt. Dabei wird nicht nur klimaneutral, sondern auch nachhaltig, d. h. so umweltschonend wie möglich produziert, z. B. durch die Auswahl von umweltfreundlichen Materialien. Die bei der Produktion der Bücher entstandenen CO_2-Emissionen werden durch die Unterstützung von zertifizierten Klimaschutzprojekten ausgeglichen. Jedes Buch wird daher mit dem Logo „klimaneutral“ und einer ClimatePartner-Zertifikatsnummer versehen. Mithilfe dieser Nummer können Sie unter www.climatepartner.com Informationen zu der eingesparten CO_2-Menge und dem Projekt finden, das mit der Abgabe gefördert wird.

Das Engagement des Conrad Stein Verlags wurde im Rahmen des Projekts „Klimaneutraler Buchverlag“ mit dem Westenergie Klimaschutzpreis 2022 ausgezeichnet.

Lüneburger Heide 5

OutdoorHandbuch Band 495

ISBN 978-3-86686-789-5 1. Auflage 2023

Text und Fotos: Wolfgang Barelds
Karten: Manuela Dastig
Lektorat: Anna-Lena Ebner
Layout: Alexandra Sauerland

Gesamtherstellung: AZ Druck und Datentechnik GmbH, Kempten

Dieses OutdoorHandbuch hat 224 Seiten mit 40 farbigen Abbildungen sowie 27 farbigen Kartenskizzen im Maßstab 1:100.000, 22 farbigen Höhenprofilen, 6 farbigen Stadtplänen und einer farbigen, ausklappbaren Übersichtskarte.

Alle Informationen, schriftlich und zeichnerisch, wurden nach bestem Wissen zusammengestellt und überprüft. Sie waren korrekt zum Zeitpunkt der Recherche. Eine Garantie für den Inhalt, z. B. die immerwährende Richtigkeit von Preisen, Adressen, Telefonnummern und Internetadressen, Zeit- und sonstigen Angaben, kann naturgemäß von Verlag und Autor – auch im Sinne der Produkthaftung – nicht übernommen werden.

Autor und Verlag freuen sich über Ihr Feedback. Schreiben Sie Ihre Tipps und Verbesserungen an info@conrad-stein-verlag.de oder nutzen Sie unsere Social-Media-Kanäle. Bitte nennen Sie dabei Titel, Auflage und Seitennummer.

Dieses Buch ist im Buchhandel und in Ausrüstungsläden erhältlich und kann im Internet oder direkt beim Verlag bestellt werden.

Titelfoto: Wanderpause in der blühenden Heidelandschaft, Etappe 3

Inhalt

☺ Eine **Übersichtskarte** des Weges, **Autorenprofil** sowie eine Liste aller verwendeten **Symbole** in diesem Buch finden Sie auf den vorderen und hinteren Umschlagseiten bzw. -klappen.

Einleitung

Südlich von Hamburg lädt der Jacobusweg zu attraktiven Pilgeretappen durch eine der letzten großflächigen Heidelandschaften Europas ein. Vor und nach den Heideetappen sorgen Flusstäler sowie Felder und Wälder für Abwechslung, genauso wie die zahlreichen Kirchen sowie einige Klöster entlang der Route.

Der Jacobusweg wird zwar nicht dem offiziellen Netz der Jakobswege zugerechnet, bietet als Pilgerstrecke durch eine der schönsten Landschaften Norddeutschlands zwischen Elbe und Steinhuder Meer aber viel Ruhe und Gelegenheit zur Entspannung und inneren Einkehr mit einer großteils guten Wanderinfrastruktur. Die rund 420 km lange Route schließt seit 2011 die Lücke der Pilgerwege zwischen Hamburg und dem Steinhuder Meer bei Hannover.

Der Jacobusweg beginnt bei der Hamburger Pilgerkirche St. Jacobi und führt südwärts über die Elbe nach Undeloh, dem Tor zur nördlichen Lüneburger Heide. Von dort quert der Pilgerweg eines der ältesten Naturschutzgebiete Deutschlands rund um den Wilseder Berg und begleitet nach aussichtsreichen Heideflächen und Feldern stellenweisen die Böhme. In Soltau spaltet sich der Jacobusweg in eine West- und eine Ostvariante, die den großflächigen Truppenübungsplatz bei Bergen weiträumig umgehen.

Feld mit Phacelia bei Lübberstedt, Etappe Z2

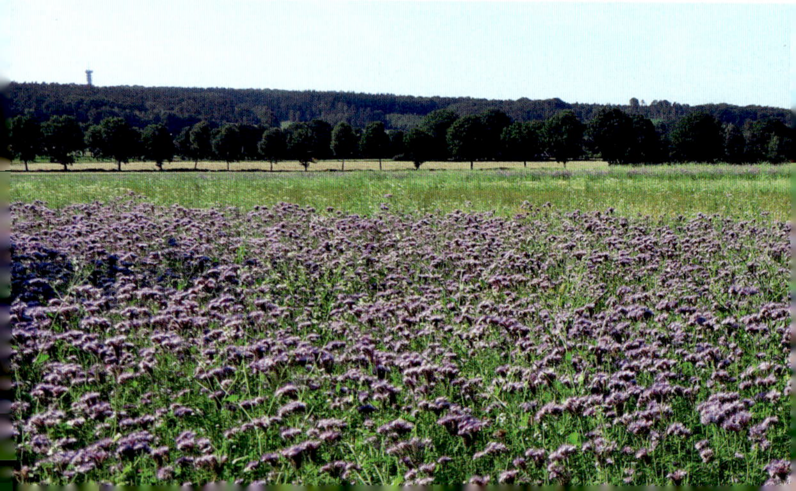

Die Westvariante führt entlang des Böhmetals über Bad Fallingbostel in die Klosterstadt Walsrode und von dort über Krelingen und die Aller-/Leineniederung zum Kloster Mariensee. Die Ostvariante macht einen großen Bogen zum Naturpark Südheide, folgt dabei anfangs dem bekannten Heidschnuckenweg und ab dem Kloster Wienhausen der Aller flussabwärts durch die Fachwerkstadt Celle. Nach Querung der Leine erreicht die Ostvariante kurz vor dem Kloster Mariensee wieder die Westroute. Das unweit von Hannover gelegene Kloster Mariensee bildet den südlichen Schlusspunkt des Jacobusweges mit Anschlussmöglichkeit über einen Nebenweg vorbei am Steinhuder Meer an den 300 km langen Pilgerweg zwischen den Zisterzienserklöstern von Loccum und Volkenroda.

Das Buch beschreibt beide Varianten des Jacobusweges ausführlich – sowohl für Pilgerinnen und Pilger per Pedes als auch mit dem Rad. Wie bei den Pilgerführern dieser Reihe üblich gibt es Infos zu Sehenswürdigkeiten, wichtigen Pilgerpunkten sowie Übernachtungs-, Einkehr-, Einkaufsgelegenheiten und speziell zum Radpilgern Adressen von Radwerkstätten.

Für alle Etappen stehen auf der Website des Conrad Stein Verlages GPS-Daten mit Tracks und Wegpunkten zum Download bereit.

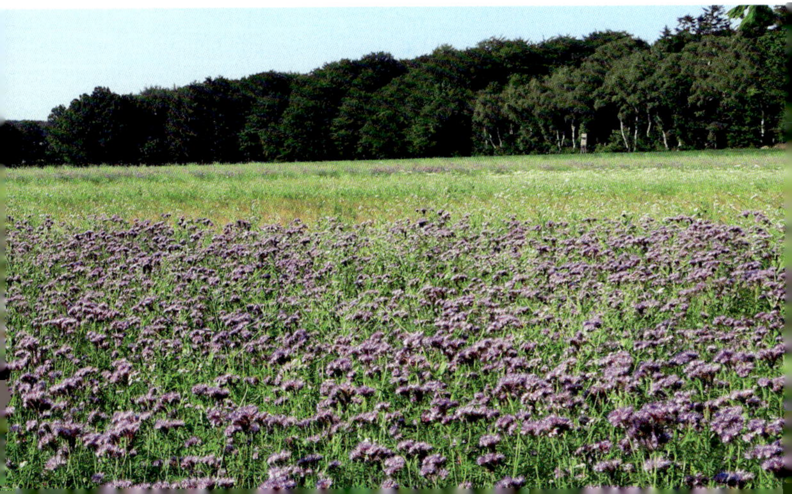

Land und Leute

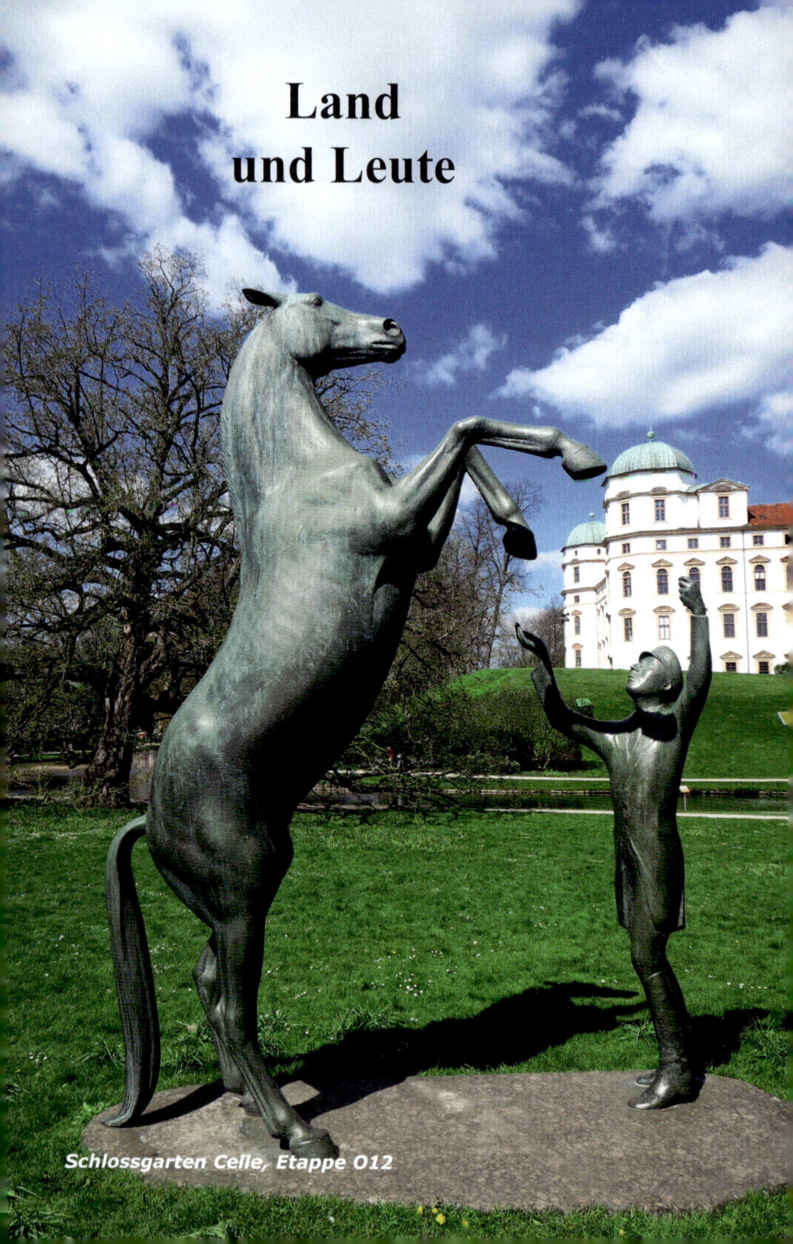

Schlossgarten Celle, Etappe O12

Geografie und Geologie

Im nordöstlichen Niedersachsen bestimmen zwischen den heutigen Ballungsgebieten von Hamburg, Hannover und Bremen große sandige Flächen das Landschaftsbild – als Relikt der bis zu 400.000 Jahre zurück reichenden Elster- und Saale-Eiszeiten mit Grund- und Endmoränen sowie vor dem Eis abgelagerten Sanden. Dazwischen und am Rand bildeten sich Moorgebiete sowie Flusstäler wie das der Schmalen Aue oder Böhme. Die durch Celle fließende Aller entstand als Urstromtal der saaleeiszeitlichen und die weiter nördlich fließende Elbe als Urstromtal der jüngeren weichseleiszeitlichen Gletscher. Die höchste Erhebung ist der Wilseder Berg mit 169 m Höhe.

Infolge der geringen landschaftlichen Fruchtbarkeit des Sandbodens etablierte sich in dieser Region eine Wirtschaftsform mit weniger anspruchsvollen Gewächsen wie Heide und Nadelwald. Vor der sesshaften menschlichen Besiedlung in der Jungsteinzeit dominierten weite Wälder das Landschaftsbild, ehe Rodung und Überweidung eine Heidelandschaft entstehen ließen. Jahrhundertelang trotzten die Bewohnerinnen und Bewohner der Natur mühsam ein kärgliches Dasein mit der Heidebauernwirtschaft ab. Die Menschen lebten von den Erträgen der Schafbeweidung: Fleisch sowie Wolle, die später in Soltau zu Filz verarbeitet wurde. Für zusätzliche Einkünfte sorgte Honig von den zahlreichen Bienenstämmen, die in der Heide genug Nektar fanden. Für die Düngung der Felder wurde die Heide „geplaggt"; dazu wurde die obere Bodenschicht abgetragen und als Streu in den Heidschnuckenställen verwendet. Dieser wurde nach Gebrauch – angereichert mit Schafkot – als natürlicher Dung auf die nährstoffarmen, sandigen Böden aufgebracht. Fast alles wurde (wieder-)verwendet, etwa die Heidezweige als Besenborsten, woraus die Bezeichnung „Besenheide" abzuleiten ist.

Das regelmäßige Plaggen verhinderte allerdings die Regenerationsfähigkeit des Bodens und damit eine erneute Bewaldung. Die arbeitsintensive Plaggenwirtschaft fand ihr Ende im 19. Jh. mit dem Aufkommen des Kunstdüngers. Um 1900 wurden die großen sandigen Heideflächen von Militärs als Übungsgebiete entdeckt. Noch heute gelten Bergen-Belsen und Munster zusammen als größter militärischer Übungsplatz Europas; in der Osterheide bei Schneverdingen mit ihren wüstenähnlichen Sandflächen übten die amerikanischen Truppen vor dem Irakkrieg. In den 1990er-Jahren wurden viele ehemalige militärische Übungsflächen renaturiert und präsentieren sich heute als Paradies für Tiere und Pflanzen sowie Wanderinnen und Wanderer.

In der Lüneburger Heide gibt es zwei Naturparks: im Norden den 1.130 km² großen Naturpark Lüneburger Heide mit dem gleichnamigen Naturschutzgebiet als Kernzone sowie den Naturpark Südheide zwischen Bergen-Belsen und Eschede. In Letzterem sind die größten Heideflächen für das Militär reserviert, ansonsten dominieren großflächige Kiefernforste.

Schon 1921 entstand auf Initiative von Pastor Bode und einigen Mitstreitenden eines der ersten deutschen Naturschutzgebiete am Wilseder Berg. Diese frühen Naturschützenden hatten vorher bereits Heidegrundstücke zum Schutz gekauft und die Bewaldung des Wilseder Bergs verhindert – in Zusammenarbeit mit dem VNP, der bis heute treibenden Kraft des Naturschutzes in der Lüneburger Heide.

Verein Naturschutzpark (VNP)

Seit mehr als hundert Jahren engagiert sich der Verein Naturschutzpark (VNP) für den Erhalt der Lüneburger Heide als großflächiges Schutzgebiet; dabei musste sich der VNP gegen viele andere Interessen und Projekte durchsetzen, wie den Bau einer Autobahn oder Ausweitung weiterer Militärflächen. Bei seiner Gründung setzte sich der Verein für die Gründung von drei Nationalparks ein: im Hochgebirge, Tiefland und Mittelgebirge. Das eigentliche Ziel wurde nur in den Hohen Tauern erreicht (Nationalpark), der Arbeitsschwerpunkt liegt aber in der Lüneburger Heide. Dort betreibt der VNP Infozentren und Hotels und pflegt die Kulturlandschaft der Heide mit rund 2.000 Heidschnucken in sechs Herden. Dazu kommen zahlreiche typische und traditionell reetgedeckte Schafställe und Bienenzäune für die Imkerei. In der nach dem langjährigen (Ehren-)Vorsitzenden Alfred Töpfer benannten Naturschutzakademie werden Fortbildungen und Kurse im Naturschutz angeboten.

♦ VNP Stiftung Naturschutzpark, Niederhaverbeck 7, 29646 Bispingen,
☏ 051 98/98 24 30, 💻 www.verein-naturschutzpark.de

Geschichte

Die sesshafte Besiedlung der Lüneburger Heide geht auf die Jungsteinzeit vor rund 5.000 Jahren zurück. Der nach der Waldrodung praktizierte Ackerbau führte aber schnell zur Auslaugung der Sandböden, auf denen sich die ersten Heideflächen ausbreiten konnten. Mehr als tausend Hügelgräber in der Region belegen die vorgeschichtliche Besiedlung.

Zur Zeit der Völkerwanderung breitete sich der Wald infolge Bevölkerungsrückgangs wieder aus, ehe ab dem Mittelalter steigender Holzbedarf wieder die Ausbreitung der Heide begünstigte.

Dabei war vermutlich weniger der Holzbedarf der Lüneburger Saline primär verantwortlich für die neuerliche Abholzung, sondern der Bedarf an Bau- und Brennholz. Aus dem Lüneburger Salzstock wurde seit dem Mittelalter das „weiße Gold" gewonnen – damals wichtig zur Konservierung von Lebensmitteln. Im Zusammenhang mit der Saline wurde die Stadt Lüneburg erstmals urkundlich erwähnt: Am 13.8.956 schenkt König Otto I. dem Michaeliskloster die Zolleinnahmen aus der Saline.

Wegen der Monopolstellung als Salzlieferant im norddeutschen Raum entwickelte sich Lüneburg zu einer der reichsten Hansestädte, die 1392 Stapelrecht erhielt, d. h., Kaufleute mussten hier ihre Waren verkaufen. Die wirtschaftliche Blütezeit mit einer prächtigen Burg auf dem Kalkberg und der damals bedeutendsten Kirche St. Michaelis, Startpunkt von Etappe Z1, endete im 16. Jh., als die Handelsströme der Hanse u. a. infolge des Ausbleibens der Heringe vor Schonen zusammenbrachen. Der Niedergang setzte sich im 17. Jh. mit Pestepidemien und Plünderungen als Folge des 30-jährigen Krieges fort. Während Lüneburg jahrhundertelang als Handels- und Verwaltungsstadt blühte, fristeten die Menschen im westlichen Hinterland mit Heidebauernwirtschaft und -imkerei ein eher kärgliches Dasein.

Im Zuge der Industrialisierung im 19. Jh. erlebte die Lüneburger Heide durch das Zurück zur Natur in der Romantik einen Boom, verstärkt durch die schwärmerischen Gedichte von Hermann Löns. Das damit entstehende Bewusstsein für den Erhalt der Natur führte um 1900 zu ersten Forderungen zum Schutz der von Aufforstung und Bebauung bedrohten Heide. Pastor Wilhelm Bode und Mitstreitenden gelang es mithilfe des VNP, 1913 eine größere Fläche als Grundstein des späteren Naturschutzgebietes Lüneburger Heide zu sichern. Steigende Besucherzahlen kontrastierten mit den Naturschutzzielen. Eine 1924 gegründete Heidewacht sollte Touristinnen und Touristen von empfindlichen Heideflächen fernhalten. Diese Freiwilligentruppe wurde 1933 aufgelöst, weil sie sich vor allem aus Sozialdemokraten rekrutierte.

Heute verfolgen mehrere Gruppen teilweise kontrastierende Aktivitäten in der Region: Bauersleute, Naturschützerinnen und Naturschützer, Touristinnen und Touristen sowie Militär.

Pilgern auf Jakobswegen/in Europa

Schon seit Jahrhunderten reisen Menschen aus religiösen Motiven zu heiligen Städten wie im christlichen Abendland nach Rom, Lourdes, Santiago de Compostela oder im arabischen Raum nach Mekka. Pilgerorte entstanden in Europa üblicherweise an den (angeblichen) Gräbern wichtiger Apostel wie dem heiligen Jakob in Santiago de Compostela.

Dorthin reisten Jakobspilgernde nachweislich seit dem 11. Jh. (vermutlich aber schon früher). Zu dem Hauptstrang dieses Jakobs(pilger)weges führten aus vielen Teilen Europas Zubringerwege – wie der Jacobusweg. Die Haupt- und Zuwege bilden in ganz Europa ein Netz alter Pilgerwege, die großteils entlang alter Handelswege verliefen, denn die Pilgernden folgten damals in Ermangelung von Alternativen den wenigen durchgängigen Verkehrsrouten, und das waren die Handelswege. In Abständen von einem Tagesmarsch entstanden Herbergen bzw. Verpflegungsstationen für Mensch und Tier (Pferde) sowie Orte an Kreuzungen und Furten. Kirchen, Klöster und Krankenhäuser entlang des Weges waren wichtige Anlaufpunkte für Pilgerinnen und Pilger.

Deren Zahlen stiegen im späten Mittelalter (11./12. Jh.) sprunghaft, beschleunigt u. a. durch Entwicklungen in der christlichen Lehre von Heil und Erlösung sowie das Entstehen von Städten, vor allem entlang des Camino de Santiago in Nordspanien. Ausgrabungen von in mittelalterlichen Gräbern gefundenen Jakobsmuscheln belegen weit zurückreichende Pilgerströme aus Nordeuropa. Einen weiteren Boom erlebte das Pilgerwesen im 15. Jh. durch die Einführung besonderer Gnadenjahre, in denen ein vollkommener Ablass gewährt wurde: Die Zahlen der Pilgernden vervielfachten sich, auch aus Skandinavien und Ostmitteleuropa.

In den folgen Jahrhunderten gab es analog zur welt- und religionsgeschichtlichen Großwetterlage Aufs und Abs. In der jüngeren Neuzeit entwickelte sich das Pilgern sprunghaft, wobei in Deutschland die Jakobswege erst ab den 1990er-Jahren ausgewiesen wurden. Besonders stiegen die Pilgerzahlen hierzulande nach Erscheinen des Buches „Ich bin dann mal weg“ von Hape Kerkeling 2006. Dank der Pilgerpässe liegen genaue Zahlen der Pilgernden vor: Pilgerten 1989 gerade mal (registrierte) 5.760 Gläubige nach Santiago de Compostela, waren es im Vor-Corona-Jahr 2019 347.538.

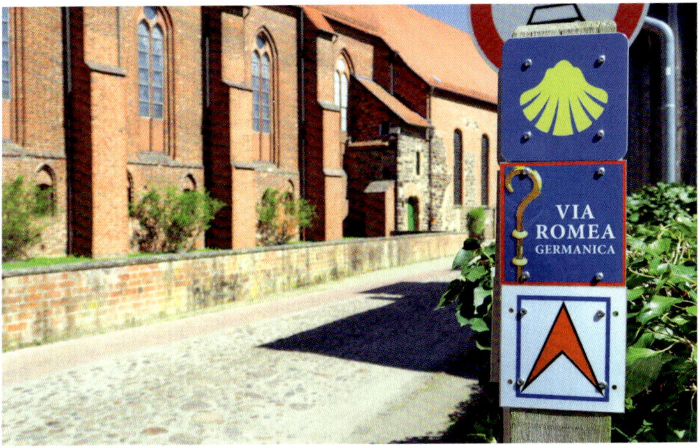

Wegweiser Jacobusweg und Via Romea, Etappe 08

Der Begriff „Jakobsweg“ wird umgangssprachlich für zahlreiche Pilgerwege verwendet, auch wenn eine 1985 vom Europarat eingesetzte Expertenkommission eine eindeutige Nomenklatur vorgeschlagen hat, nur die nordspanische Hauptverkehrsachse nach Santiago de Compostela *Camino de Santiago* (Jakobsweg) zu benennen, während alle anderen Routen als „Wege der Jakobspilger“ bezeichnet werden sollen.

Zeichen der Jakobspilgerinnen und Jakobspilger ist die gleichnamige Muschel, Logo des Weges auf den meisten Wegweisern, üblicherweise ergänzt durch einen gelben Pfeil. Die **Jakobsmuschel** hatte nicht nur symbolische, sondern auch praktische Bedeutung: zum Wasserschöpfen.

Entlang der Pilgerrouten gab und gibt es viele Orte, wo man Ruhe für Gebete zu Gott und für sich selbst findet: Kirchen oder andere Stätten – und seien es besondere Stellen in der Landschaft, die zur inneren Einkehr einladen. Letztere muss jede bzw. jeder entlang des Weges für sich selbst entdecken und daher sind solche im Routenteil nicht erwähnt, anders als „echte“ (kulinarische) Einkehrgelegenheiten (die seltener sind). Richtige „Hardcore“-Pilgerinnen und -Pilger waren/sind zu Fuß unterwegs, getreu dem Motto „Pilgern ist beten mit den Füßen“. Aber damals (Kutschen) wie heute (Fahrrad) wurden bzw. werden auch Hilfsmittel verwendet, so ist Pilgern per Rad keine Seltenheit (☞ Radpilgern).

Das heutige Netz von Jakobswegen wird in den meisten europäischen Ländern von Jakobsgesellschaften koordiniert, die sich um Einrichtung, Erforschung und Pflege der anerkannten Jakobswege kümmern, in Deutschland ist das die Deutsche St. Jakobus-Gesellschaft e. V. (DSJG), 💻 www.deutsche-jakobus-gesellschaft.de.

Pilgerausweis, Radpilgern, Standortpilgern ☞ Reise-Infos von A-Z

Pilgerweg Jacobusweg

Der Jacobusweg wird zwar nicht dem offiziellen Netz der Jakobswege zugerechnet, hat aber trotzdem eine wichtige Bedeutung als Zubringerweg. Funde von Jakobsmuscheln sowie Pilgerzeichen weisen auf einen gewissen Strom von Pilgernden hin; allein im Jahr 2000 wurden über 50 Pilgerzeichen in der Lüneburger Heide entdeckt. Bis zur Eröffnung des Jacobusweges im Jahr 2011 wurde der Verlauf der alten Pilgerpfade rekonstruiert. Die Pilgernden waren großteils auf alten Handels- und Heerwegen als damalige Hauptverkehrsachsen unterwegs. Einige Pilgerrouten verliefen erstaunlicherweise um die Heidedörfer herum. Frank Farthmann, dessen Funde die Rekonstruktion der Pilgerwege belegten, wird zur Erklärung wie folgt im Hamburger Abendblatt zitiert: „Aber nicht nur die Pilger waren Gefahren ausgesetzt. Gelegentlich wurden sie auch selbst zur Plage. Ab und an kam es zu Zwischenfällen wie Viehdiebstählen oder Mundraub."

Während die „offiziellen" Jakobswege von der Deutschen St. Jakobus-Gesellschaft Region Nord und dem Freundeskreis der Jakobswege in Norddeutschland gepflegt werden (💻 www.jakobswege-norddeutschland.de), wurde der Jacobusweg auf Initiative des Hamburger Pilgerzentrums, der Hannoverschen Kirche, niedersächsischer Landkreise, ehrenamtlicher Engagierter und des VNP (Verein Naturschutzpark) eingerichtet.

(Aktuelle) Informationen und Pilgerpässe gibt es beim Tourismusverband Lüneburger Heide und beim Pilgerzentrum:

ℹ Lüneburger Heide GmbH, Wallstraße 4, 21335 Lüneburg, ☎ 041 31/309 39 60, 💻 www.lueneburger-heide.de

♦ Pilgerzentrum im Norden St. Jacobi Hamburg, Jakobikirchhof 22, 20095 Hamburg, ☎ 040/30 37 37 23, ✉ lohse@jacobus.de, 💻 www.pilgern-im-norden.de

Etappenaufteilung

Dieser Wanderführer folgt weitgehend der Routenführung und offiziellen Etappenaufteilung, mit einer Ausnahme bei Etappe 1. Bei dieser Etappe ist statt Sinstorf wegen des dortigen Mangels an Übernachtungsgelegenheiten Harburg als Ziel angegeben. Die Etappen sind großzügig in tagestourtaugliche Längen eingeteilt; im Zweifelsfall eher kurz – vor allem bei besonders ansprechenden Landschaften wie dem Kerngebiet der Lüneburger Heide rund um den Wilseder Berg. Die dortigen Etappe 4 und 5 können auch gut zu einer zusammengelegt werden. Die kurze, nach Lindwedel führende Etappe O15 lässt sich ebenfalls gut kombinieren, mit Etappe O14 oder O16.

Offene Kirchen

Erfreulicherweise – nicht selbstverständlich für evangelische Kirchen – sind die meisten Kirchen der Lüneburger Heide täglich geöffnet und laden damit zum Gebet, zur Einkehr und Besichtigung ein. Ein besonders Signet weist auf solche „verlässlich geöffneten Kirchen" hin: eine weiße Kirche in blauem, schräg gestelltem Quadrat. Von 340 solchen offenen Kirchen in Niedersachsen liegen rund 70 in der Lüneburger Heide. Weitere Signets der Evangelischen Kirche in Deutschland (EKD) weisen mit entsprechenden Symbolen auf rad- und pilgerfreundliche Kirchen hin. Eine Pilgerkirche zeichnet u. a. ein gepflegtes Inneres und Äußeres aus sowie tagsüber die Verfügbarkeit eines Pilgerstempels in einem Radius von 300 m. Vorbildliche Pilgerkirchen wie die St.-Peter-Paul-Kirche in Hermannsburg bieten zusätzlich eine Toilette, Trinkwasserhähne oder einen Rastplatz auf dem Kirchengelände.

Routenführung und Varianten des Jacobusweges

Der Jacobusweg beginnt beim Hamburger Pilgerzentrum der St.-Jakobi-Kirche mit Anschluss an die Via Baltica. Durch die Speicherstadt und den Hafen sowie das dicht besiedelte südliche Umland geht es auf erstaunlich grünen Wegen in den Naturpark Lüneburger Heide und südwärts parallel zur Böhme nach Soltau. Dort trennt sich die Jacobusweg in zwei Varianten, eine westliche und eine östliche.

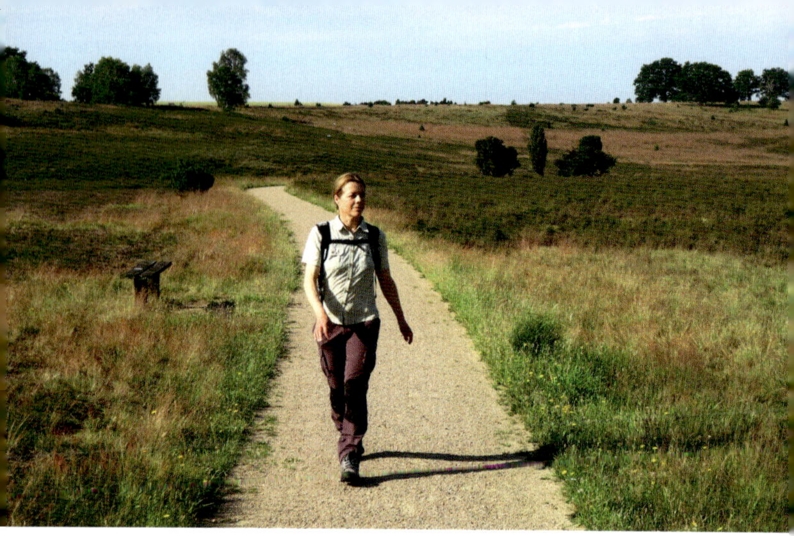

Wandern bei Niederhaverbeck, Etappe 4

Der **westliche Strang** führt über Bad Fallingbostel und Walsrode sowie Schwarmstedt 100 km lang zum Kloster Mariensee.

Die **östliche Variante** macht einen großen Schlenker durch die Südheide und erschließt dabei die Missionsstadt Hermannsburg sowie die Fachwerkperle Celle, ehe nach einer Strecke von 170 km kurz vor Kloster Mariensee wieder der westliche Strang erreicht wird.

Sowohl die westliche wie die östliche Variante begleiten in mehreren Etappen den Heidschnuckenweg als bekanntesten Fernwanderweg der Lüneburger Heide.

Vom Kloster Mariensee, dem Zielort des Jacobusweges, führt ein Nebenweg des Pilgerweges Loccum – Volkenroda mit zwei möglichen Routen zum Kloster Loccum als Anschluss an den 300 km langen Pilgerweg zwischen den Zisterzienserklöstern von Loccum und Volkenroda. Die Nebenrouten sind ausführlich auf der Website dieses Pilgerweges beschrieben:

💻 www.loccum-volkenroda.de

Betreut wird der Pilgerweg Loccum – Volkenroda vom Haus kirchlicher Dienste in Hannover:

♦ Haus kirchlicher Dienste, Archivstraße 3, 30169 Hannover, ☏ 05 11/124 14 16, ✉ info@kirchliche-dienste.de

Von Lüneburg führt ein 44 km langer Zubringer zum Jacobusweg. Dieser folgt dem traditionellen Pastor-Bode-Weg und dessen Markierung: einem gelben Pfeil mit schwarzer Umrandung. Der Name dieses Weges geht zurück auf den Mitbegründer des Naturparks Lüneburger Heide (☞ Kasten), der früher mehrmals von seinem Wirkungsort Egestorf in seine geliebte Heide gewandert sein soll.

Startpunkt ist die St.-Michaelis-Kirche am westlichen Ortsrand der Lüneburger Altstadt, unmittelbar an der Naturattraktion Kalkberg gelegen. Nach zwei Tagesetappen wird kurz vor Wilsede mitten im Herzen der Lüneburger Heide der Jacobusweg erreicht. Dieser Zubringer ist in diesem Wanderführer mit Start ab Lüneburg beschrieben.

Pastor Wilhelm Bode

Wilhelm Bode engagierte sich um 1900 als Egestorfer Pastor in mehrfacher Hinsicht für seine Region, etwa für den Bau eines genossenschaftlichen Krankenhauses in Salzwedel und den Bau einer Bahnstrecke von Winsen/Luhe nach Egestorf. Untrennbar mit seinem Namen verbunden ist die Gründung des Naturschutzgebietes Lüneburger Heide, eines der ersten großflächigen Schutzgebiete Deutschlands. Mit Mitstreitenden wie Professor Andreas Thomsen aus Münster konnte er den Ankauf von Flächen am Totengrund (1904) und Wilseder Berg (1910) als Grundstein des Naturschutzgebietes initiieren.

Die Lüneburger Heide wird von folgenden weiteren Jakobswegen gequert:

▷ **Via Scandinavica**: Auf seiner rund 650 km langen Strecke von Fehmarn nach Eisenach führt der „offizielle" Jakobsweg Via Scandinavica zwischen Lüneburg und Celle durch die östliche Lüneburger Heide und begleitet zwischen Eschede und Celle großteils den Jacobusweg (Etappen O11, O12).

▷ **Via Romea Germanica**: Die wie der Jacobusweg ebenfalls nicht offiziell als Jakobsweg geführte Via Romea ist ein 2.200 km langer internationaler Pilgerweg von Stade nach Rom – auf den Spuren des Abtes Albert von Stade. Auf ihren ersten Etappen quert die Via Romea Germanica, der rund 1.100 km lange deutsche Abschnitt der Via Romea, die Lüneburger Heide und begleitet dabei den Jacobusweg zwischen Soltau und Bergen. Danach führt er auf direkterem Weg nach Celle – nicht wie der Jacobusweg über Eschede (Etappen O7, O8, O12 sowie stellenweise O9 und O11).

💻 www.viaromea.de

Reise-Infos von A bis Z

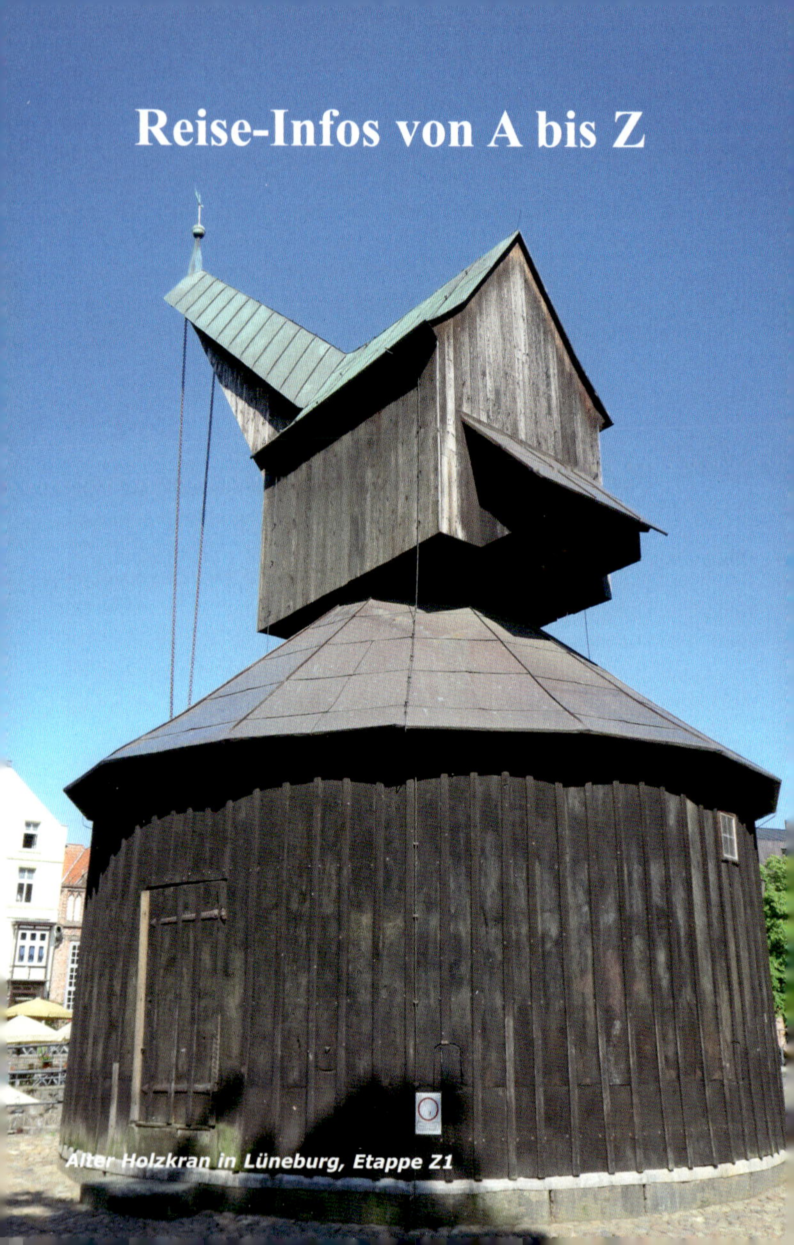

Alter Holzkran in Lüneburg, Etappe Z1

An- und Abreise

Anreise und Abreise per Bahn

Hamburg ist von fast allen größeren Städten direkt mit dem ICE und außerdem mit Nachtzugverbindungen erreichbar. Das Endziel, das Kloster Mariensee, ist aufwendiger angebunden: Mit dem Regiobus 850 geht es nach Neustadt mit Bahnanschluss nach Hannover (💻 www.gvh.de).

Auch der alternative Startort Lüneburg ist mit seinem ICE-Bahnhof an der Strecke Hamburg – Hannover gut per Bahn erreichbar.

💻 www.bahn.de, Website der Bahn, mit Buchungsmöglichkeit für alle Züge (auch des Nahverkehrs)

Anreise und Abreise per Fernbus

Die günstigste – und von der Ökobilanz „sauberste" – Anreise bietet der Fernbus. Flixbusse fahren von vielen deutschen Städten mehrmals täglich zu attraktiven Preisen von/nach Hamburg sowie von/nach Hannover (dorthin ab Kloster Mariensee mit Regiobus 850, s. o.).

💻 www.flixbus.de

Anreise und Abreise per Auto

Hamburg ist Kreuzungspunkt mehrere Autobahnen (A1, A7, A23, A24, A25) und von daher gut erreichbar. Beachten Sie, dass sich die Elbquerungen häufig als staugefährdetes Nadelöhr erweisen, insbesondere der Elbtunnel (A7), die Norderelbbrücke sowie im Hafen die Köhlbrandbrücke. Ein Grund ist das Fehlen einer Ringautobahn wie rund um andere Metropolen.

Vom Endziel, dem Kloster Mariensee, fahren Sie mit dem Regiobus 850 nach Neustadt mit Bahnanschluss nach Hannover (💻 www.gvh.de) und von dort mit ICE oder Regionalbahn zurück nach Hamburg (oder Lüneburg).

✋ Wer mit dem Auto anreist, sollte dieses während der Tour lieber an einem kleineren Ort außerhalb von Hamburg abstellen. Dort ist das Parken in der Regel einfacher (und günstiger) und man spart sich die nervenaufreibende Anfahrt in das staugefährdete Zentrum von Hamburg.

Ausrüstung

Erfahrene Pilgerinnen und Pilger wissen, was mitmuss. Wer nicht so oft unterwegs ist oder gerne vorher Punkte abhakt, findet unten eine grobe Ausrüstungsliste mit Empfehlungen.

Für alle Fälle gilt (für Fußpilgerinnen und Fußpilger): So wenig wie möglich, jedes unnötige Gramm erschwert das Wandern, viel mehr als 10 kg sollten es nicht sein. In manchen Pilgerratgebern werden 10 % des Körpergewichts als maximale Last empfohlen, aber dann muss man schon etwas Übung beim Packen haben. Bei Verwendung eines Pilgerwagens statt des üblichen Rucksacks kann es natürlich auch etwas mehr sein.

Sollten Sie doch etwas vergessen haben, kein Problem: Sie passieren unterwegs mehrere Städte mit guten Einkaufsmöglichkeiten, in größeren Orten wie Hamburg, Harburg, Schneverdingen, Soltau, Walsrode, Celle oder Lüneburg gibt es auch Outdoor- bzw. Sportgeschäfte.

Die folgende grobe Ausrüstungsliste behandelt die Punkte Wanderstiefel, Regenzeug und Erste Hilfe ausführlicher.

Obligatorisch

Auf jeden Fall sollten bei jeder Wanderung dabei sein:

- ☐ gut sitzende Wanderschuhe
- ☐ leichte und leicht auswaschbare Kleidung
- ☐ Regenzeug (s. u.)
- ☐ Erste-Hilfe-Set (s. u.)
- ☐ Sonnenschutz: Sonnenbrille, Sonnenmütze, Sonnencreme (empfohlen: im Sommer mind. Faktor 20)
- ☐ Wasserflasche (mind. 1 Liter)
- ☐ Energiereserve in Form von Müsliriegel, Trockenobst, Nüssen
- ☐ Taschenmesser, Multitool o. Ä.
- ☐ Wanderreisebuch
- ☐ Pilgerausrüstung: Pilgerausweis, aktuelle Unterkunftsliste, Muschel
- ☐ Smartphone oder Handy mit geladenem Akku bzw. Ladekabel
- ☐ Wanderkarte auf Papier oder digital: bei Verwendung von GPS ggf. Powerbank für Smartphone

In besonderen Fällen:

- ☐ bei Unterkunft in Pilgerherbergen: Isomatte, Schlafsack (und zeitige Anmeldung nicht vergessen!)
- ☐ fürs Camping: Zelt, Isomatte, Schlafsack, ggf. Kochgeschirr und Kocher
- ☐ fürs Radpilgern: Radreparaturset; Ersatzteile nicht unbedingt nötig, da es unterwegs viele Radläden gibt (aufgeführt im Routenteil)

Wanderstiefel/-schuhe

Wanderstiefel oder Trekkingschuhe müssen gut sitzen, damit keine Reibungsstellen und dadurch leicht Blasen entstehen können. Wanderstiefel sollten „eingelaufen" sein, was man am besten mit leichten, kurzen Touren zu Hause macht. Denn Blasen bilden sich vor allem an Stellen, wo sich der Schuh noch nicht der Passform des Fußes oder Knöchels angepasst hat. Wenn sich dennoch die ersten Scheuerstellen bilden, ist man mit Hansaplast oder einem in der Apotheke erhältlichen Blasenstick gut bedient. Bei bereits vorhandenen Blasen sind Blasenpflaster erste Wahl (z. B. Compeed), die bei fast allen Apotheken in verschiedenen Größen erhältlich sind.

Knöchelhohe Wanderstiefel oder flachere Trekkingschuhe? Hier scheiden sich die Geister. Zweifellos bieten knöchelhohe Wanderstiefel mehr Halt, andererseits gibt es im eher flachen Gelände der Lüneburger Heide natürlich kaum alpine Passagen, wo hochgebirgstaugliche Stiefel erforderlich wären.

Ausrüstung bei Regen

Eine passable Regenausstattung ist obligatorisch; hier hat jeder seine eigenen Favoriten.

Regenausrüstung mit den jeweiligen Vor- und Nachteilen:

- ▷ Normale Regenjacke (oft auch Goretex): schnell anziehbar, allerdings schwitzt man nach längerer Zeit kräftiger (auch bei Goretex), weil Schweiß nur bedingt entweichen kann.
- ▷ Regenhose: hält die Beine trocken sowie die Schuhe, weil weniger schnell Wasser in die Schuhe laufen kann. Nachteil: Die Hose wird schnell von innen feucht, weil Schweiß kondensiert. Ein weiterer Nachteil: Viele Regenhosen sind umständlich an- und auszuziehen. Nicht selten hat der Regen aufgehört, wenn man seine Regenhose gerade mühsam angezogen hat.

- ▷ Regenüberzug für Rucksack: schützt die Ausrüstung vor Regen. Bei vielen Rucksackmodellen ist ein Regenüberzug integriert. Bei Verwendung eines Regenponchos oder eines sehr weiten Regenschirms erübrigt sich der Rucksackregenüberzug.
- ▷ Regenponcho: sieht nicht elegant aus, hat aber den Vorteil, dass er mitsamt Ausrüstung sehr gut vor Regen schützt und gleichzeitig wegen seiner weiten Form für mehr Durchlüftung sorgt, d. h., man schwitzt nicht so schnell und hat innen weniger Kondenswasser.
- ▷ Regenschirm: Der „Klassiker" schützt Wanderinnen und Wanderer (und Ausrüstung) gut vor Regen, wobei für genügend Durchlüftung gesorgt ist, man schwitzt also weniger. Außerdem hat man einen trockenen „Raum" vor sich, etwa für Wanderkarte, Wanderführer und Smartphone. Der Schirm ist schnell aus- und eingeklappt, d. h., man ist auch bei kurzen Regenschauern äußerst flexibel – anders als etwa bei Regenhosen und -ponchos. Outdoor-Läden bieten sturmerprobte und langlebige Schirme für unterwegs an. Allerdings ist der Einsatzbereich von Schirmen eingeschränkt: bei starkem Wind oder bei kleinen Pfaden im Unterholz mit Sträuchern ist der Schirm keine echte Hilfe.

☺ Ideal ist eine Kombination aus leichter, regenundurchlässiger, beschichteter Outdoorjacke (Goretex o. Ä.) und Schirm. Für ganz harte Fälle, d. h. sehr viel Regen, ist der Regenponcho eine erprobte Lösung.

Zeckenrisiko?

Erst mal Entwarnung: Die Lüneburger Heide gilt nach der Karte des Robert Koch-Instituts nicht als FSME-Risikogebiet und die Gebiete, durch welche der Jacobusweg verläuft, sind/waren 2023 durchweg keine Risikogebiete. Es tauchen dort aber Einzelerkrankungen von FSME infolge infizierter Zecken auf. Zecken gelten als Feind aller Outdoor-Fans, tragen sie doch viele Krankheiten in sich, von denen die bekanntesten Borreliose und FSME sind.

Borreliose ist eine von Bakterien übertragene Krankheit, die viele Symptome (Unwohlsein, Kopfschmerzen etc.) haben kann und sich schwierig diagnostizieren lässt. Charakteristisch ist oft eine ringförmige Hautrötung um die Einstichstelle einige Tage bis Wochen nach der Infizierung durch eine Zecke.

In späteren Stadien kann es zur Gesichtslähmung, Hirnhautentzündung oder Herzproblemen kommen. Daher im Verdachtsfall zum Arzt gehen! In Deutschland ist rund ein Viertel aller Zecken mit Borrelien infiziert, allerdings im ganzen Land. Eine Impfung ist nicht möglich – anders als bei FSME.

FSME steht für „Frühsommer-Meningoenzephalitis". Diese Erkrankung des zentralen Nervensystems, die sich ebenfalls in einer Hirnhautentzündung äußern kann, wird von einem Virus ausgelöst, der beim Menschen vor allem von Zecken übertragen wird. Die ersten Symptome gleichen denen einer Grippe. Da FSME nicht behandelt werden kann, ist eine vorherige Impfung sinnvoll – wenn man sich in einem Risikogebiet mit hoher Verbreitung der FMSE aufhält, wozu die Region glücklicherweise nicht gehört.

Hinsichtlich der **Vorbeugung gegen Zecken(bisse)** werden folgende Punkte empfohlen:

- ▷ möglichst wenig Aufenthalt im hohen Gras
- ▷ lange und vor allem geschlossene Kleidung
- ▷ helle Kleidung
- ▷ ggf. Insektenschutzmittel
- ▷ Absuchen des Körpers im Anschluss an den Aufenthalt in der Natur, vor allem an dünnen und warmen Hautpartien

💻 www.zecken.de

Erste Hilfe und Medikamente

- ☐ Blasenpflaster, -stick
- ☐ Verbandszeug (Mullbinde und Hansaplast)
- ☐ Desinfektionsmittel
- ☐ Pflaster
- ☐ Zeckenzange oder -karte
- ☐ Aspirin- oder Paracetamol-Tabletten
- ☐ Salbe gegen Insektenbisse/-stiche
- ☐ Mullbinde und Hansaplast

☺ Abschließend ein allgemeiner Hinweis: An Samstagen im Winterhalbjahr sollten Wanderinnen und Wanderer möglichst auffällige, farbige Kleidung tragen, denn zu diesen Zeiten wird viel gejagt.

Einkaufen

Unterwegs gibt es in allen größeren Orten Einkaufsgelegenheiten für Lebensmittel, die im Routenteil bei den Orten aufgeführt sind (Supermärkte, Discounter, Bäcker). Outdoor-Läden bzw. Sportgeschäfte mit Outdoor-Ausrüstung gibt es außer in den Startorten Hamburg (oder Lüneburg) unterwegs in Harburg, Schneverdingen, Soltau, Walsrode sowie Celle.

Essen und Trinken

Die Dichte an Einkehr- und Einkaufsgelegenheiten ist je nach Etappe sehr unterschiedlich. Die Öffnungszeiten mancher Einkehrgelegenheiten variieren erheblich im Jahresverlauf:

Im Winterhalbjahr (November bis März) sind einige Lokalitäten gar nicht oder nur am Wochenende geöffnet. Aber auch im Sommer sind viele Einkehrgelegenheiten nur an wenigen Tagen der Woche geöffnet oder/und tagsüber geschlossen.

Wegen des großen gastronomischen Angebots in Städten sind dort nur wenige Lokalitäten als Beispiel angegeben. Die Auswahl erfolgte nicht etwa danach, wo der Autor eingeladen wurde, sondern es sind bevorzugt Betriebe angegeben, die sich für Pilgernde gut eignen, weil sie entweder direkt am Weg liegen, in irgendeiner Form originell sind oder sich mit regionalen/biologischen Produkten abheben bzw. von den Öffnungszeiten her auch ansprechend sind (daher wurden einige nur am Wochenende geöffnete Gasthäuser nicht aufgeführt).

Durch den Personalmangel in der Gastronomie sind einige Betriebe dazu gezwungen, zeitweise zu schließen; vor diesem Hintergrund sind die bei den Restaurants angegebenen Öffnungszeiten nur als grobe Richtwerte zu betrachten. Im Zweifelsfall vorab online prüfen!

Fern(rad)wanderwege

Der Jacobusweg folgt stellenweise anderen (Rad-)Wanderwegen, welche durch die Lüneburger Heide führen.

Wanderwege:

- ▷ Heidschnuckenweg: 223 km von Fischbek via Soltau nach Celle (teilw. Etappen 4-6, O7, O10, O13)
- ▷ Freudenthalweg: 151 km von Hamburg via Soltau und Walsrode nach Verden (teilw. Etappen 4-6, W7 und W8)
- ▷ Pastor-Bode-Weg: 44 km von Lüneburg via Salzhausen nach Wilsede (Etappen Z1 und Z2)
- ▷ Hermann-Billung-Weg: 145 km von Lauenburg via Bispingen und Soltau nach Verden (teilw. Etappe Z1)
- ▷ Abschnitt des europäischen Fernwanderweges E1: 142 km von Buchholz via Bispingen, Soltau und Müden nach Celle (teilw. Etappen 4, W7, O10)
- ▷ Lila Krönung: 46 km von Amelinghausen via Wilsede nach Schneverdingen (Etappen 5 sowie teilw. 4)

Kreuzung vor Schneverdingen, Etappe 5

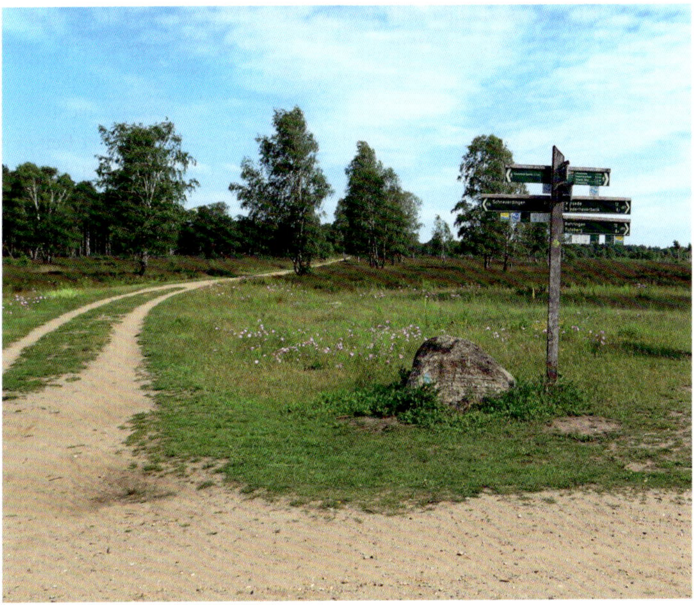

- ▷ Heide-Puzzle: 75 km von Buchholz via Hanstedt und Egestorf nach Amelinghausen (teilw. Etappen 3, Z2)
- ▷ Kultur-Findlinge: 88 km von Lüneburg via Jesteburg nach Amelinghausen (teilw. Etappen 3, Z1, Z2)
- ▷ Parcours der Augenblicke: 55 km langer Rundkurs zwischen Hanstedt und Salzhausen (teilw. Etappen 3, Z2)

Radwege

- ▷ Welfen-Route: 275 km langer Radweg von Soltau via Celle und Lüneburg nach Winsen an der Luhe (Etappen W7-W10, O11-O14)
- ▷ Leine-Heide-Radweg: 400 km lange Radroute von Hamburg durch dic Heide und Hannover in das thüringische Eichsfeld (teilw. Etappen 4, 5, W7-W10)
- ▷ Aller-Radweg: 254 km langer Radweg von Eggenstedt via Celle nach Verden (teilw. Etappen W9, O11-O14)
- ▷ Radweg Naturpark Südheide: 219 km langer Rundkurs durch die Südheide (teilw. Etappen O9-O14)

GPS

Wenn Sie ein eigenes Outdoor-GPS-Gerät oder Smartphone mit entsprechender Funktion/App haben, ist das hilfreich, aber kein „Muss“, da der Jacobusweg überwiegend gut markiert ist. Wenn Sie es ganz bequem mögen, können Sie die GPS-Tracks zum Jacobusweg, Tracks zu Varianten sowie separate Tracks für Radpilgerinnen und Radpilger auf der Website des Conrad Stein Verlages (🖳 www.conrad-stein-verlag.de) downloaden.

🕮 **GPS** *Grundlagen · Tourenplanung · Navigation* von Michael Hennemann, Conrad Stein Verlag, Basiswissen für draußen, Band 375, ISBN 978-3-86686-769-7, € 12,90

Information

Für die Lüneburger Heide gibt es eine zentrale Touristinfo mit Sitz in Lüneburg:

ℹ Lüneburger Heide GmbH, Wallstraße 4, 21335 Lüneburg, ☏ 041 31/309 39 60, 🖳 www.lueneburger-heide.de

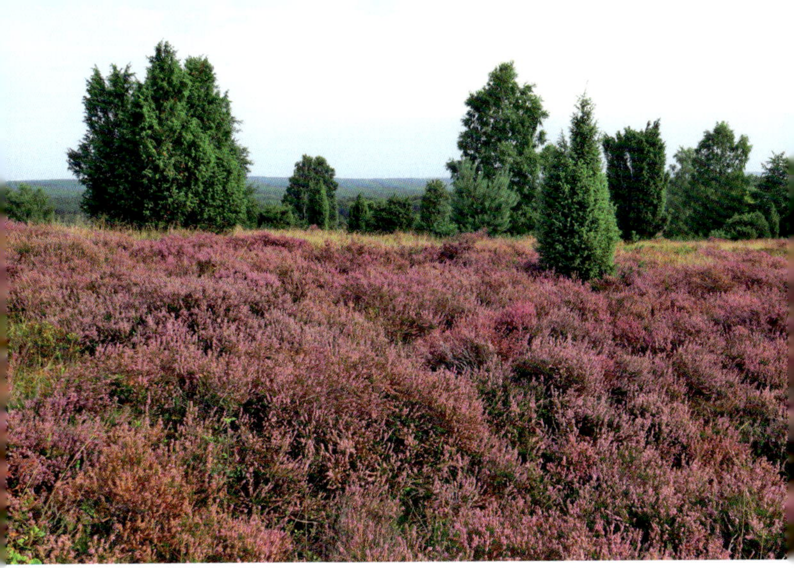

Wacholderheide zwischen Undeloh und Wilsede, Etappe 3

Daneben informieren folgende Stellen zu Teilgebieten oder Nachbarregionen:

- Hamburg Tourismus GmbH, Wexstraße 7, 20355 Hamburg, ☏ 040/30 05 17 01, 💻 www.hamburg-tourism.de (Etappe 1)
- Naturpark Lüneburger Heide, c/o Landkreis Harburg, Schloßplatz 6, 21423 Winsen (Luhe), ☏ 041 71/69 31 39, ✉ info@naturpark-lueneburger-heide.de, 💻 naturpark-lueneburger-heide.de (Etappen 2-6, Z1, Z2)
- Vogelpark-Region, Lange Straße 20, 29664 Walsrode, ☏ 051 61/789 74 82, ✉ info@vogelpark-region.de, 💻 www.vogelpark-region.de (Etappen W7, W8)
- Tourismusregion Aller-Leine-Tal, Am Markt 1, 29690 Schwarmstedt, ☏ 050 71/86 88, ✉ zweckverband@aller-leine-tal.de, 💻 www.urlaub-aller-leine-tal.de (Etappen W9, W10)
- Naturpark Südheide, Tourist-Information Hermannsburg, Am Markt 3, 29320 Hermannsburg, ☏ 050 52/65 74, ✉ naturpark-suedheide@lkcelle.de, 💻 www.naturpark-suedheide.de (Etappen O9-O11)

Für speziellere Anfragen wenden Sie sich an die Touristinfos in den Orten entlang der Strecke, die im Routenteil mitsamt den Öffnungszeiten angegeben sind.

Internetadressen

Websites zum Jakobsweg

Zu Jakobswegen gibt es ein nur schwer durchschaubares Angebot an Websites, darunter offizielle bzw. welche von gemeinnützigen Vereinen, private von Idealisten (sehr oft Berichte) sowie rein kommerzielle mit Shop im Mittelpunkt. Wer „Jakobsweg" googelt, findet mehr als 4 Mio. Treffer!

Davon geben mehrere den Anschein, *das* „offizielle" Portal zu sein.

Ein knapper Überblick bzw. eine Auswahl wichtiger bzw. informativer Websites zum (norddeutschen) Jakobsweg:

- www.pilgern-im-norden.de, sehr informatives Portal zum Pilgern des Pilgerbüros der Kirche St. Jacobi in Hamburg mit vielen praktischen Tipps
- www.deutsche-jakobus-gesellschaft.de, Website der Deutschen St. Jakobus-Gesellschaft e. V. mit Infos über Pilgerausweise etc.
- www.jakobswege-norddeutschland.de, Website zu Pilgerwegen für Jakobswanderinnen und Jakobswanderer in Norddeutschland vom Freundeskreis der Jakobswege in Norddeutschland in Zusammenarbeit mit den Jakobsfreunden Norddeutschland; informativ
- www.jakobswegfreun.de, informative Website von Martin Gottschewski, Beauftragter der Deutschen St. Jakobus-Gesellschaft für die Region Norddeutschland

Zur Lüneburger Heide sind folgende Websites empfehlenswert:

- www.lueneburger-heide.de, Tourismusverband Lüneburger Heide u. a. mit vielen und aktuellen Infos zum Jacobusweg (unter „Suche" eingeben)
- www.naturpark-lueneburger-heide.de, Naturpark Lüneburger Heide (Norden)
- www.naturpark-suedheide.de, Naturpark Südheide
- www.verein-naturschutzpark.de, informative Website des traditionellen Naturschutzvereins VNP mit Links zu Hintergründen wie den ausführlichen Schriften (→ Mehr → Downloads)

Weitere Websites

- www.landeskirche-hannovers.de, Website der Evangelisch-lutherischen Landeskirche Hannovers
- www.yr.no, www.wetteronline.de, www.wetter.com u. a., recht gute Wettervorhersagen, Erstere ohne Werbung (u. a. Englisch)
- www.bahn.de, www.hvv.de, www.vbn.de, öffentlicher Nahverkehr inkl. Bussen

Klima und Reisezeit

Das Klima der Region ist subatlantisch gemäßigt; das bedeutet im Mittel ganzjährig gleichmäßige Niederschläge sowie kühle Winter und milde Sommer. Trotz der verhältnismäßig überschaubaren Höhe des Wilseder Bergs macht sich hier ein Bergklima mit etwas niedrigeren Temperaturen und höheren Niederschlägen als im Umland bemerkbar.

Gewandert werden kann im Prinzip ganzjährig, wobei die Zeit zwischen Anfang April und Ende Oktober zum Wandern am angenehmsten ist, ausgenommen sind heiße Hochsommertage. Dann sind auch die meisten Einkehrgelegenheiten, Campingplätze und Museen geöffnet, wo in der Wintersaison öfter mit geschlossenen Türen gerechnet werden muss. Andererseits ist die Unterkunftssituation zur Hauptreisezeit im Sommer in Urlaubsregionen angespannt und Gäste für nur eine Nacht haben dann nicht die höchste Priorität ...

Ausgewählte Klimadaten zu Soltau:

	Ø Temp. (°C)	Ø Niederschlag (mm pro Jahr)	Regentage	tägliche Sonnenstunden
Januar	2	73	19	1,4
Februar	2	49	16	2,3
März	5	60	14	3,5
April	9	55	16	5,0
Mai	14	60	14	6,8
Juni	17	82	15	6,8
Juli	19	76	17	6,3
August	18	77	16	6,5
September	15	64	15	4,6
Oktober	11	59	16	3,3
November	6	75	19	1,6
Dezember	3	82	18	1,1

Landkarten

Dieses Buch enthält Karten zum Wegverlauf mit allen wichtigen Punkten. Aber natürlich ersetzen sie keine gute Landkarte bzw. keinen besseren Stadtplan oder digitale Karte.

Touristische (Freizeit-)Karten

- Freytag-Berndt und Artaria: Naturpark Lüneburger Heide, 1:50.000, ISBN 978-3707918847, € 12,90 (Etappen 3-6, W7-W10, O7, Z1 und Z2)
- Kompass: Lüneburger Heide: 4in1 Wanderkarte, 1:50.000, ISBN 978-3990448328, € 11,99, nördlicher Teil der Lüneburger Heide bis Soltau (Etappen 2-6, W7-W10, O7 und Z2)
- Freizeitkarten von KVplan, etwa Celler Land, 1:60.000, ISBN 978-3896413291, € 7,95 (Etappen W7, O7-O14). Diese und zahlreiche weitere Freizeitkarten zur Lüneburger Heide im Maßstab 1:50.000 bietet die Verlagswebsite: www.kv-plan.de/shop/heide.html.

Topographische Karten

Der Bereich des Jacobusweges wird inkl. Varianten mit folgenden Topographischen Karten im Maßstab 1:50.000 abgedeckt (jeweils € 5,35):

- L2524 Hamburg-Harburg
- L2724 Buchholz
- L2726 Winsen (Luhe)
- L2924 Schneverdingen
- L3124 Soltau
- L3122 Walsrode
- L3322 Rethem
- L3126 Munster (nur für Ostvariante)
- L326 Celle (nur für Ostvariante)
- L3324 Wietze

Alle Karten – mit Ausnahme von KVplan – sind erhältlich auf: www.geobuchhandlung.de oder www.mapfox.de.

☺ Die Kartenangaben wurde durch die Geobuchhandlung geprüft.

Digitale Karten

Wer ein GPS-Gerät bzw. Smartphone mit entsprechenden Funktionen hat, interessiert sich eher für digitale Karten. Wenn man sein Smartphone zur Orientierung einsetzt, werden meistens Google Maps, Bing Maps oder OSM verwendet bzw. daraus abgeleitete Karten.

☺ Praktischer und schneller ist eine Karte, die sich auf das Gerät (z. B. Garmin) bzw. in die App laden und damit auch offline nutzen lässt.

Digitale Karten gibt es käuflich (z. B. bei den Landesämtern oder Garmin) sowie gratis als OSM im Internet: OSM steht für „Open Street Map" und funktioniert für Karten ähnlich wie Wikipedia für Wissen. Nutzerinnen und Nutzer arbeiten bzw. aktualisieren für Nutzerinnen und Nutzer. Auf diese Art ist inzwischen ein Kartenwerk entstanden, das für viele Gebiete die käuflichen digitalen Karten in den Schatten stellt und zudem meistens aktueller ist.

💻 http://wiki.openstreetmap.org

☺ Auf 💻 www.wanderreitkarte.de gibt es übersichtlich (gratis) Karten für Deutschland und große Teile Europas. Die Karten sind auf OSM basiert.

Die digitalen Karten lassen sich für das GPS-Gerät laden sowie für GPS-Software am Computer zum Planen.

Apps mit guten Karten: Topo, Komoot, Bergfex, Locus

Markierung

Der Jacobusweg ist mit der üblichen gelben Jakobsmuschel auf blauem Grund markiert, deren schmale Seite die Gehrichtung anzeigt.

Die Art und Häufigkeit der Markierung war bei der Begehung 2023 je nach Abschnitt sehr unterschiedlich: mal mit Aufklebern (z. B. Etappen W10, O16), mal auf Bäume aufgesprüht (z. B. Etappen W9, W10), mal mit gedrucktem Signet auf Schildern an Eichenpfählen – der wohl dauerhaftesten Lösung. Eine Ursache ist die auf Landkreise bzw. Städte aufgeteilte Zuständigkeit der Wege, wobei 2023 der Landkreis Celle mit besonders guten Markierungen nach dem üblichen Standard auffiel.

Meistens ist die Beschilderung so gut, dass man sich damit ausreichend orientieren kann. Allerdings gab es bei der Begehung 2023 auch einige Lücken, vor allem in größeren Städten wie Celle sowie auf längeren ländlichen Abschnitten, etwa bei Etappe O16 zwischen Esperke und Vesbeck oder bei Etappe O13 aus Celle heraus. Bei letzterem Abschnitt bietet glücklicherweise der Heidschnuckenweg (H) alternative häufige Markierungen.

Ansonsten findet man sich gut mithilfe von Karten, GPS-Tracks und den Beschreibungen dieses Wanderführers zurecht.

Medizinische Versorgung

Krankenhäuser gibt es außer in Hamburg, Harburg und Lüneburg in Soltau, Walsrode sowie Celle. Apotheken sind flächendeckend in allen größeren Siedlungen vorhanden. Diese sind im Routenteil bei der Nennung mit einem Symbol ⊞ für Krankenhaus und 𝕬 für Apotheke dargestellt, sind aber nicht jeweils im Adressteil namentlich aufgeführt.

Notruf

Notarzt: ☏ 112
Ärztlicher Bereitschaftsdienst: ☏ 116, ☏ 117

Pilgern mit Hund

Viele Unterkünfte nehmen Hunde auf, die meisten davon sind mit dem entsprechenden Symbol 🐕 gekennzeichnet und den entsprechenden Zusatzkosten versehen, die erheblich variieren – von stolzen € 25 (mehr als andernorts eine Übernachtung für Frauchen oder/und Herrchen) bis gratis. Beim Spitzenpreis (Stimbekhof) stehen dann immerhin Hundenäpfe und Schlummerdecke zur Verfügung.

Pilgerpass

In einem Pilgerpass kann man sich die begangenen Etappen per Stempel bestätigen lassen. Die Stempelstellen sind bei den jeweiligen Orten mit dem Symbol ⊙

angegeben; das sind oft Kirchen, Unterkünfte, Museen oder örtliche Touristinfos. Bei Letzteren ist auch der Pilgerpass erhältlich, genauso wie bei der Lüneburger Heide GmbH, auf deren Website der Pass digital heruntergeladen werden kann:

- Lüneburger Heide GmbH, Wallstraße 4, 21335 Lüneburg, ☏ 041 31/309 39 60, www.lueneburger-heide.de (Suche: Jacobusweg)

Post

Reine Postämter gibt es nur noch wenige und wenn, dann in größeren Städten. Aber in kleineren Städten sowie auf dem Land haben viele Läden Postagenturen. Orte, an denen Postdienstleistungen erhältlich sind, erkennen Sie an dem Symbol .

Radfahren

Viele Etappen sind – fast durchgehend – mit dem Rad befahrbar. Bei manchen ist eine gewisse Geländeeignung erforderlich (unbefestigte Wege, teilw. auf Gras oder Waldboden). Wenn Sie mit einem schweren Rad oder E-Bike unterwegs sind, sollten Sie hier im Zweifelsfall lieber auf parallel verlaufende Radwege ausweichen. Sie finden im Routenteil Hinweise zum Radfahren, gekennzeichnet mit , sowie in vielen Orten die Adressen und Öffnungszeiten von Radläden bzw. -werkstätten, gekennzeichnet mit .

Sind bei einer Etappe keine speziellen Hinweise zum Radfahren angegeben, können diese bis auf wenige Meter Schiebestrecken durchgehend mit dem Rad befahren werden.

Bei der Entscheidung für oder gegen Rad sollten vorab die Vor- und Nachteile sorgsam gegeneinander abgewogen werden. Die Wege sind in der norddeutschen Tiefebene streckenweise etwas monoton bzw. führen kilometerlang über manchmal schnurgerade Strecken bzw. Straßen oder Radwege. Die landschaftlich schönsten bzw. abwechslungsreichsten Abschnitte bleiben Radfahrenden oft eher verschlossen, es sei denn, man ist sehr „geländegängig" bzw. auch mal bereit, das Rad vorsichtig über kleine Pfade zu schieben oder sogar über Stufen zu tragen. Auf der anderen Seite genießt man per Rad wegen des größeren Aktionsradius mehr Flexibilität, etwa bei der Unterkunftssuche und Verproviantierung.

Eine Übersicht wichtiger Vor- und Nachteile des Wanderns bzw. Radfahrens:

Zu Fuß: Manche längere (Geradeaus-)Strecken sind etwas monoton bzw. langatmig, dafür kann man hier richtig „entschleunigen" und zu sich selbst finden. Also eher meditativ. Und man hat mehr Blick für das Detail.

Rad: Man bewältigt längere etwas monotone Strecken schneller und hat dadurch einen größeren Aktionsradius. Auch ist man flexibler bzgl. Unterkunftssuche, Einkehr und Einkauf, weil man leichter einen Umweg machen kann. Nachteil: Radfahrenden bleiben manche schöne Abschnitte versperrt, denn die Wege durch besonders schöne Landschaften sind stellenweise mit dem Rad gar nicht oder zumindest nur sehr schwer machbar und manchmal auch nicht legal (es sei denn, man schiebt).

Schwierigkeit und Wegbeschaffenheit

Der Jacobusweg verläuft großteils über Wald- und Feldwege sowie kleine Straßen, die verkehrsarm sind oder zumindest einen Radweg an der Seite haben.

Niedersachsen ist zwar weitgehend flach, was aber nicht heißt, dass es überhaupt keine Steigungen gibt.

Dank der Arbeit von Gletschern, die einige Moränen aufgeschüttet haben, erwarten Sie bei einigen Etappen sehr moderate und wenig steile An- sowie Abstiege von maximal etwa 40 Höhenmetern am Stück.

Telefon und Internet

Mobiltelefon

Verlassen Sie sich nicht immer auf Ihr Handy bzw. Smartphone! In dünn besiedelten Gebieten gibt es Abschnitte, wo der Netzempfang schwierig sein kann.

Internet

Fast alle Unterkünfte (mit Ausnahme von Ferienwohnungen) sowie einige Einkehrgelegenheiten und Bahnhöfe bieten WLAN, in der Regel gratis.

Unterkunft

In diesem Wanderführer sind primär kommerzielle Unterkünfte aufgeführt. Daneben gibt es einige Pilgerunterkünfte von Kirchengemeinden und Privatpersonen (🏠).

Sie finden im Routenteil an den entsprechenden Stellen die Unterkünfte mit allen wichtigen Infos (inkl. Aufnahme von Hunden) und Mindestpreisen zur Zeit der Recherche. Der Autor und Verlag sind sich bewusst, dass die Preise im Zuge der zuletzt erheblichen Inflation schon bei Drucklegung veraltet sein können. Dennoch sind sie als grober Anhaltspunkt aufgeführt. Die Angabe der Unterkünfte in den Etappenorten erhebt keinen Anspruch auf Vollständigkeit; insbesondere bei größeren Orten mit mehreren (austauschbaren) Hotels sind beispielhaft nur einige angegeben. Kriterien bei der Auswahl waren neben der Lage die Eignung für Wanderinnen und Wanderer (wenn möglich eher kleinere sowie bevorzugt mit Hundeoption). Außerdem wurden – soweit möglich – Unterkünfte im mittleren bis unteren Preissegment ausgesucht.

✋ Einige Unterkünfte, vor allem Ferienwohnungen, werden nicht für eine Nacht vermietet.

☺ Viele weitere Privatunterkünfte sind bei Airbnb zu finden; die Suche lohnt sich!

💻 www.airbnb.de

Am unteren Ende der Preisskala rangieren Monteurunterkünfte, oft sehr einfache Zimmer mit Gemeinschaftsküche, die für Pilgernde nur bedingt geeignet und mangels Alternativen angegeben sind.

🚲 Das Symbol markiert Bett&Bike-Betriebe, d. h. besonders radfreundliche Unterkünfte, z. B. mit (abschließbarem) Unterstand für Rad.

Pilgerunterkunft

Pilgernden wird von einigen Kirchengemeinden Unterkunft gewährt. Eine Anmeldung ist erforderlich, zumal die Aufnahmekapazität begrenzt ist. Bei Überbuchung haben Fußpilgernde in der Regel Vorrang vor Radpilgernden. Die

Übernachtung in diesen nicht-gewerblichen Unterkünften ist offiziell oft gratis, aber eine Spende versteht sich von selbst.

Ausstattung: Eine Toilette und einfache Waschgelegenheit sind fast immer vorhanden, selten auch Dusche und Küche. Bettwäsche und Isomatte sind in der Regel mitzubringen. Falls nicht, sollte die Bettwäsche morgens abgezogen werden. Generell gilt: Unterkunft am nächsten Morgen sauber hinterlassen!

⊙ Bei den Gemeindehäusern der Kirchen kann man sich oft auch die Pilgerausweise abstempeln lassen.

Jugendherbergen und Hostels

Jugendherbergen stehen nur in wenigen Orten entlang des Jacobusweges zur Verfügung (💻 www.djh.de): Hamburg, Lüneburg sowie Bad Fallingbostel.

✋ Angegeben ist der Mindestpreis, Erwachsene zahlen zusätzlich € 5,50 pro Nacht. Voraussetzung ist immer ein DJH-Ausweis, der auch in der JH erworben werden kann. Bettwäsche und Frühstück sind im angegebenen Preis inklusive.

Südsee-Camp vor Wietzendorf, Etappe 07

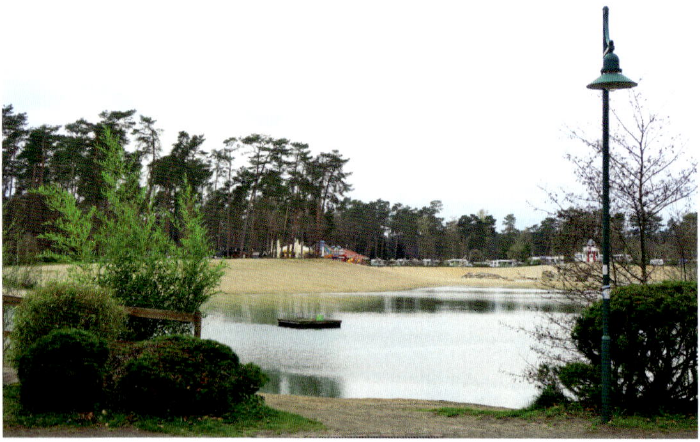

Camping

Wer mit Zelt unterwegs ist, findet mehrere Campingplätze in der Region, allerdings nicht flächendeckend, und zwar in folgenden Orten: Schneverdingen, Wolterdingen, Soltau, Bad Fallingbostel, Walsrode, Schwarmstedt, Wietzendorf, Celle, Winsen an der Aller, Egestorf.

Viele Campingplätze bieten Wohnmietwagen oder kleine Hütten an, sodass man dort auch ohne eigenes Zelt nächtigen kann. Die meisten größeren Plätze verfügen über WLAN. Waschmaschine und -trockner stehen oft auch zur Verfügung, genauso wie eine Kochgelegenheit.

Standortpilgern

Angesichts der stellenweise dünnen Auswahl an Übernachtungsmöglichkeiten, aber ordentlichen Verkehrsverbindungen, ist Standortpilgern eine Alternative, wobei man mehrere Etappen ab einer festen Unterkunft geht. Das ist besonders eine Option auf der Westvariante von Soltau zum Kloster Mariensee, bei der die Hälfte der Etappenziele einen Bahnhof hat.

Günstige Standorte mit guten Verkehrsverbindungen sind etwa Schneverdingen, Soltau oder Celle. Bei der Wahl der Unterkünfte sollte dann auf möglichst gute Bahn-/Buserreichbarkeit geachtet werden!

Updates

Es gibt immer wieder Änderungen auf dem Weg. Der Conrad Stein Verlag veröffentlicht deshalb Updates zu diesem Buch, die direkt vom Autor oder von Leserinnen und Lesern dieses Buches stammen. Bitte schauen Sie vor der Abreise auf die Verlagshomepage www.conrad-stein-verlag.de. Der rechts abgebildete QR-Code bringt Sie direkt dorthin.

Verkehrsmittel

Zwei Bahntrassen queren mit mindestens stündlichen Regionalbahnverbindungen die Region in Süd-Nord-Richtung:

- ▷ Bahnlinie Hamburg – Hannover mit Stopps in Harburg (Etappe 1), Lüneburg (Etappe 2) Eschede (Etappe O10, O11), Celle (Etappe O12, O13)
- ▷ Bahnlinie Buchholz – Hannover mit Stopps in Schneverdingen (Etappe 5, 6), Wolterdingen (Etappe 6), Soltau (Etappe 6, W7, O7), Dorfmark (Etappe W7), Bad Fallingbostel (Etappe W7, W8), Walsrode (Etappe W8), Hodenhagen (Etappe W9), Schwarmstedt (Etappe W9, W10), Lindwedel (Etappe O15, O16)

Insbesondere dank der zweiten Bahnstrecke lassen sich Etappen überspringen oder von einem Standort aus erwandern (☞ Standortpilgern).

Weniger gut sind die meisten Busverbindungen; bei den Orten sind mögliche Haltestellen und Buslinien sowie deren Frequenz und das entsprechende Verkehrsnetz angegeben. Der Jacobusweg überschreitet die Grenzen mehrerer Verkehrsverbünde mit jeweils anderen Tarifen und Regeln. Der Jacobusweg quert die folgenden Verkehrsverbünde; auf den Websites (bzw. entsprechenden Apps) lassen sich Linien- und Fahrpläne herunterladen und Fahrkarten online buchen.

- ▷ HVV (Etappe 1-6, Z1): Der Großraum des Hamburger Verkehrsverbunds reicht südwärts bis nach Soltau. Die Online-Buchung ist günstiger als die vor Ort, 💻 www.hvv.de.
- ▷ VNN (Etappe 1-6, W7-W10, O15, O16, Z1 und Z2): Die Verkehrsgemeinschaft Nordost-Niedersachsen deckt den Nordosten von Niedersachsen ab, mit u. a. den Landkreisen Harburg, Heidekreis und Lüneburg, 💻 www.vnn.de.
- ▷ CeBus (Etappe O9-O15): Linienbusse im Landkreis Celle, 💻 www.cebus-celle.de
- ▷ GVH (Etappe W10): Die Großraum-Verkehr Hannover GmbH reicht im Norden bis nach Hodenhagen, 💻 www.gvh.de.

☺ Alle Verbindungen des öffentlichen Nahverkehrs inkl. Bussen lassen sich auf der Website der Bahn recherchieren: 💻 www.bahn.de.

In der Touristensaison (Juli bis Oktober) verkehren in der Lüneburger Heide fünf Ringbuslinien namens Heide-Shuttle jeweils etwa fünfmal täglich, allerdings nur in der genannten Richtung (💻 www.heide-shuttle.de). Die Fahrt ist gratis, ebenso die Mitnahme von Rad und Hund.

Die fünf Linien und die damit berührten Etappen:

- ▷ Linie 1: Oberhaverbeck – Niederhaverbeck – Wintermoor 🚆 – Schneverdingen 🚆 – Heber – Bispingen – Behringen – Oberhaverbeck (Etappe 5, 6)

- ▷ Linie 2: Oberhaverbeck – Niederhaverbeck – Wintermoor – Tostedt – Handeloh – Undeloh – Egestorf – Döhle – Eyendorf – Behringen – Oberhaverbeck (Etappe Z2)
- ▷ Linie 3: Buchholz – Jesteburg – Hanstedt – Salzhausen – Eyendorf – Egestorf – Undeloh – Buchholz (Etappe 2, 3, Z1)
- ▷ Linie 4: Soltau – Bispingen – Oberhaverbeck – Heber – Schneverdingen – Soltau (Etappe 6)
- ▷ Linie 5: Lüneburg – Oldendorf – Amelinghausen – Döhle – Egestorf – Eyendorf – Salzhausen – Kirchgellersen – Lüneburg (Etappe Z1, Z2)

ICE-Neubaustrecke durch die Heide?

Zum Zeitpunkt der Buchrecherche (2023) erhitzte ein Verkehrsprojekt die Gemüter der Bevölkerung: eine geplante ICE-Neubaustrecke durch die Lüneburger Heide mehr oder weniger parallel zur A7 und südlich von Soltau möglicherweise parallel zur B3. Die geplante Neubaustrecke soll die Fahrzeit zwischen Hamburg und Hannover um 13 Minuten von 72 auf 59 Minuten und damit auf das für den Deutschlandtakt angestrebte Maß reduzieren. Hintergrund ist die chronische Überlastung der bisherigen Strecke bei Uelzen, deren zwei Gleise derzeit vom Fern-, Regional- und Güterverkehr genutzt werden.

Die von Anwohnerinnen und Anwohnern und der niedersächsischen Landesregierung bevorzugte Alternative, ein dreigleisiger Ausbau der Bestandsstrecke Lüneburg – Uelzen (kurz „Alpha E"), würde nach Ansicht der Neubaustrecken-befürwortenden den künftigen Anforderungen nicht genügen.

Entlang der geplanten Trasse symbolisieren gekreuzte farbige Pfosten den Widerstand gegen die befürchtete „Heidetrasse".

Argumente und Aktuelles zum Projekt:

Pro:

- www.neubaustrecke-hamburg-hannover.de, Initiative Deutschlandtakt und PRO BAHN Niedersachsen e.V.
- ♦ www.hamburg-bremen-hannover.de/hamburg-hannover.html, Website der DB Netz AG

Contra (Auswahl aus mehreren Bürgerinitiativen):

- www.unsynn.com, Website der Bürgerinitiative „unsYnn" (Heide und Südheide)
- ♦ www.seevetal-x.de, Website der Seevetaler Bürgerinitiative Trassenalarm (Nordheide)

Jacobusweg von Hamburg nach Soltau

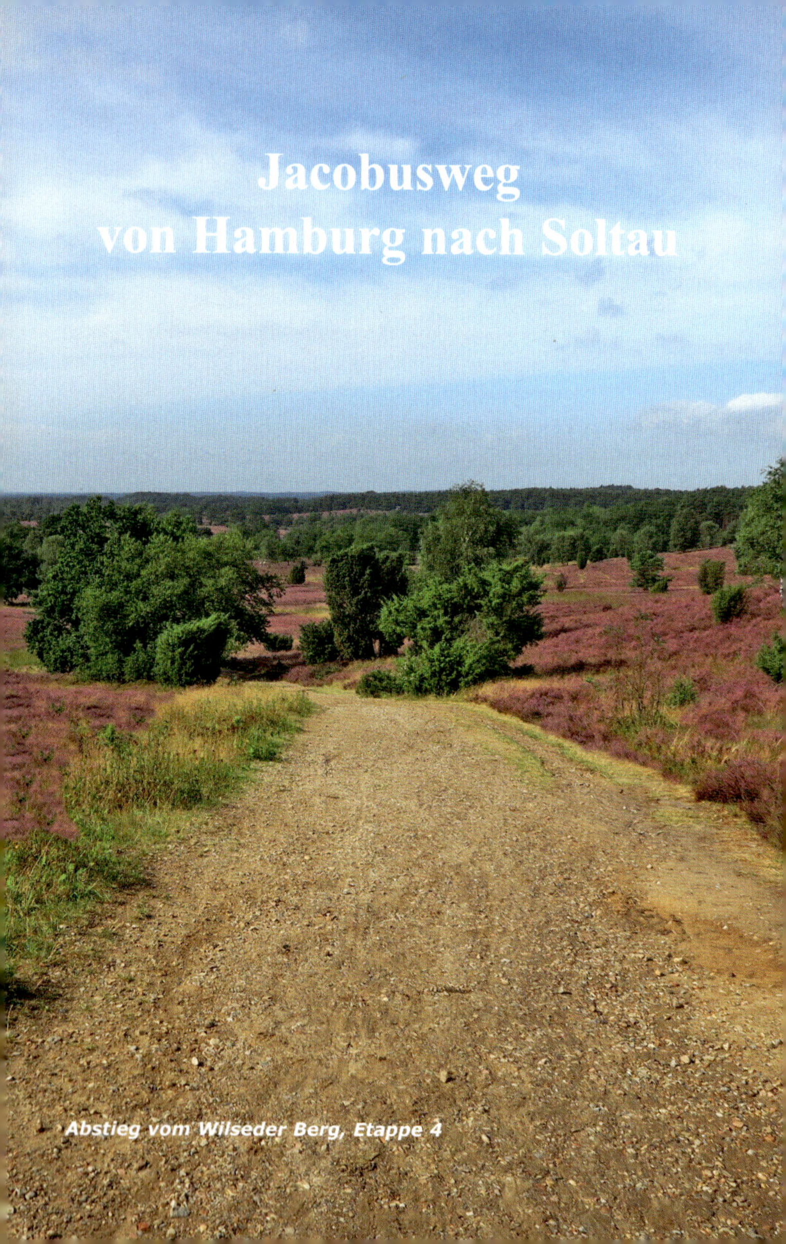

Abstieg vom Wilseder Berg, Etappe 4

Etappe 1: Hamburg – Harburg

14,6 km, 4 Std., ↑ 90 m, ↓ 98 m, ⇧ 1-25 m, 14,8 km

0,0 km	⇧ 18 m	Hamburg B&B
2,7 km	⇧ 10 m	U- und S-Bahnstation Elbbrücken und (künftig) Elbtower
4,4 km	⇧ 3 m	Veddel mit Auswanderermuseum BallinStadt ⌘
9,5 km	⇧ 4 m	Wilhelmsburg ✞ ⌘
14,6 km	⇧ 10 m	Harburg

Der Jacobusweg verlässt die Hansestadt Hamburg durch die Speicherstadt und die neue HafenCity, quert die Elbarme mit mehreren Inseln dazwischen und erreicht kurz hinter Harburg Hamburgs Südgrenze bei Sinstorf. In den ehemaligen Hafenarbeitersiedlungen Veddel und Wilhelmsburg lässt sich der Strukturwandel genauso gut beobachten wie bestehende soziale Probleme. Die BallinStadt erinnert an die Zeit um 1900 und Hamburgs damalige Rolle als Tor zur neuen Welt für Millionen Auswanderungswillige. Zahlreiche Parks und Grünanlagen sorgen für Entspannung auf dem Weg. Anders als bei der offiziellen Etappenaufteilung ist hier Harburg statt Sinstorf der Zielort – wegen der besseren Übernachtungsmöglichkeiten.

Hamburg

B&B ✞ ⌘, 1,8 Mio. Ew.

Hamburg Tourismus GmbH, Wexstraße 7, 20355 Hamburg, ☎ 040/30 05 17 01, www.hamburg-tourism.de, Mo-Fr 9:00-17:00, außerdem Touristinfo am Hauptbahnhof, täglich 9:00-17:00

Hamburg zählt weit mehr als 300 Hotels aller möglichen Qualitätsstufen, die über die Website der Touristinfo oder die gängigen Portale buchbar sind. Zu allen Übernachtungspreisen kommt eine kommunale Kultur- und Tourismustaxe in Höhe von bis zu € 4 pro Nacht.

B&B Pension am Rathaus, Rathausstraße 14, 20095 Hamburg, ☎ 040/33 74 89, www.pension-am-rathaus.de, 15 Zi, DZ ab € 60, EZ ab € 45, günstige Unterkunft in der Nähe vom Startpunkt der Etappe, 300 m westlich von der St.-Jacobi-Kirche

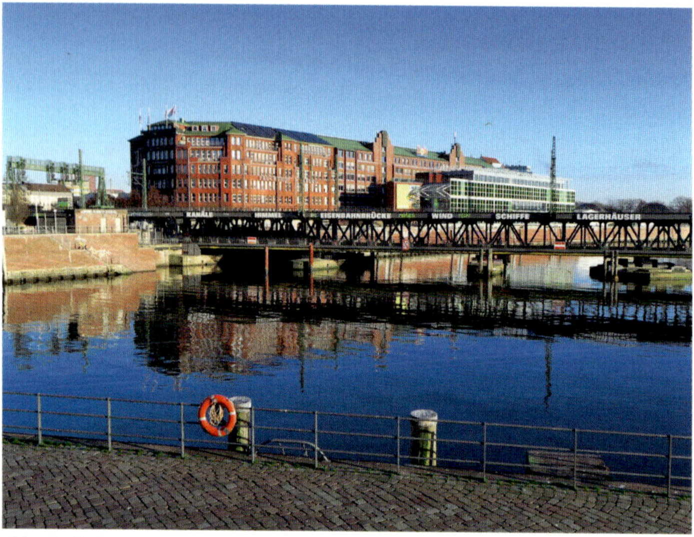

Oberhafenkanal in Hamburg

- Jugendherberge Auf dem Stintfang, Alfred-Wegener-Weg 5, 20459 Hamburg, ☏ 040/570 15 90, ✉ stintfang@jugendherberge.de, 💻 www.jugendherberge.de → Hamburg, 356 Betten, 🚲, ÜF im Panoramadorm (Mehrbettzimmer) ab € 25, DZ ab € 77 zzgl. € 5,50 für über 27-Jährige (Voraussetzung: DJH-Mitgliedschaft), ganzjährig, große JH oberhalb vom Hafen, 1 km vom Startpunkt
- ♦ Generator Hostel, Steintorplatz 3, 20099 Hamburg, ☏ 040/226 35 84 60, 💻 www.staygenerator.com → Hamburg, im Mehrbettzimmer ab € 15, DZ ab € 60, günstiges Hostel am Hauptbahnhof mit moderner Ausstrahlung, primäre Zielgruppe Jüngere. Laut Eigendarstellung sollen die Beatles in diesem Gebäude vor ihrem Durchbruch Studioaufnahmen gemacht haben.
- ♦ a&o Hamburg Hauptbahnhof, Amsinckstraße 2-10, 20097 Hamburg, ☏ 040/644 21 04 56 00, 💻 www.aohostels.com → Hamburg, mit 278 Zi, 🚲 Radgarage, 🐕 € 12,50, Bett im Mehrbettzimmer ab € 15, DZ € 50, EZ € 40, großes, günstiges Hostel südlich vom Hauptbahnhof

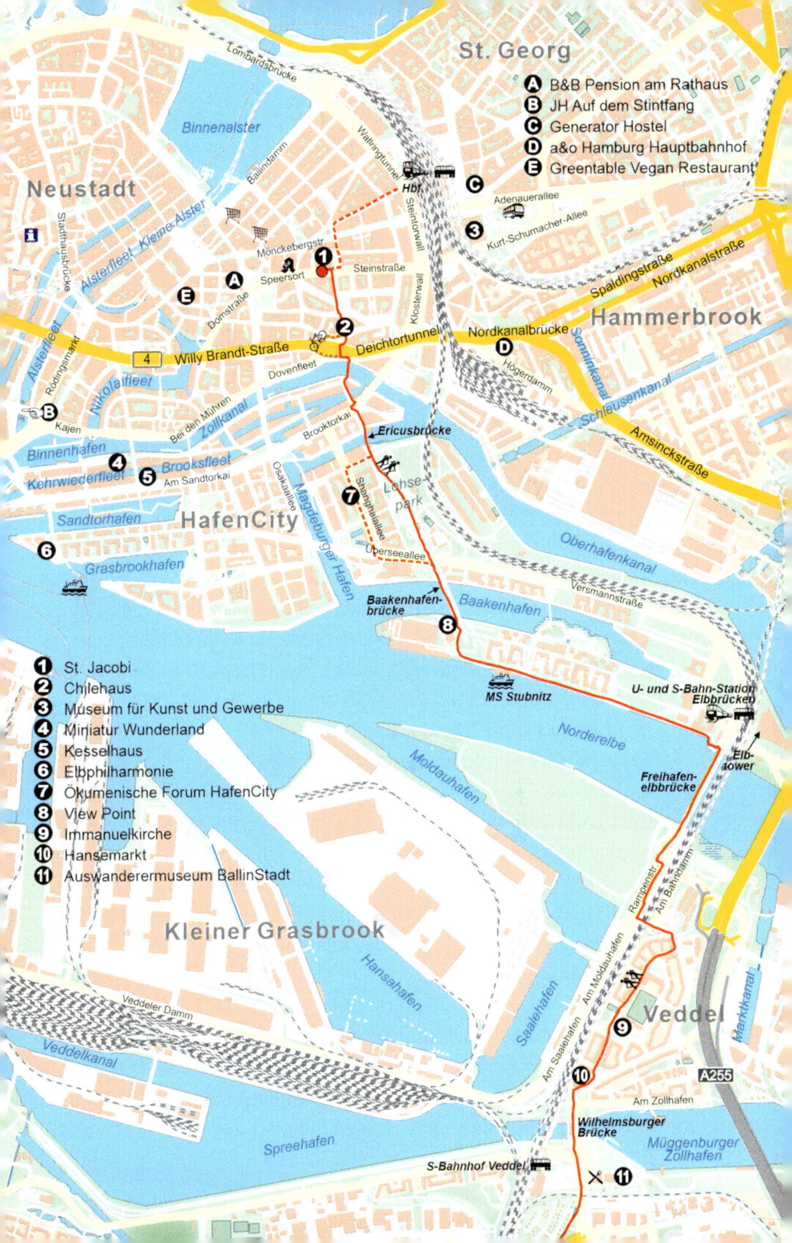
St. Georg
A B&B Pension am Rathaus
B JH Auf dem Stintfang
C Generator Hostel
D a&o Hamburg Hauptbahnhof
E Greentable Vegan Restaurant
Neustadt
Binnenalster
Lombardsbrücke
Ballindamm
Wallringtunnel
Hbf.
Steintorwall
Adenauerallee
Kurt-Schumacher-Allee
Mönckebergstr.
Speersort
Steinstraße
Klosterwall
Domstraße
Stadthausbrücke
Alsterfleet
Kleine Alster
Spaldingstraße
Nordkanalstraße
Hammerbrook
Nordkanalbrücke
Deichtortunnel
Willy Brandt-Straße
Högerdamm
Sonninkanal
Schleusenkanal
Amsinckstraße
Rödingsmarkt
Nikolaifleet
Dovenfleet
Bei den Mühren
Zollkanal
Kajen
Brooktorkai
Ericusbrücke
Binnenhafen
Kehrwiederfleet
Brooksfleet
Am Sandtorkai
Osakaallee
Shanghaiallee
Lohse-park
Sandtorhafen
HafenCity
Magdeburger Hafen
Oberhafenkanal
Überseeallee
Grasbrookhafen
Versmannstraße
Baakenhafen-brücke
Baakenhafen
1 St. Jacobi
2 Chilehaus
3 Museum für Kunst und Gewerbe
4 Miniatur Wunderland
5 Kesselhaus
6 Elbphilharmonie
7 Ökumenische Forum HafenCity
8 View Point
9 Immanuelkirche
10 Hansemarkt
11 Auswanderermuseum BallinStadt
MS Stubnitz
U- und S-Bahn-Station Elbbrücken
Norderelbe
Elb-tower
Moldauhafen
Freihafen-elbbrücke
Rampenstr.
Am Bahndamm
Kleiner Grasbrook
Hansahafen
Am Moldauhafen
Veddel
Saalehafen
Marktkanal
Veddeler Damm
Veddelkanal
Am Saalehafen
A255
Am Zollhafen
Wilhelmsburger Brücke
Müggenburger Zollhafen
Spreehafen
S-Bahnhof Veddel

Greentable Vegan Restaurant, Schauenburgerstraße 55, 20095 Hamburg, www.greentable-hamburg.de, täglich 11:00-22:00, veganes Restaurant am Rathaus unweit von St. Jacobi

Die dem Startpunkt nächstgelegenen Supermärkte sind 200 m nordwestlich in der Europa Passage, Ballindamm 40, 2095 Hamburg: Rewe und Biomarkt Denn's.

Petri Apotheke, Speersort 4, 20095 Hamburg, 040/325 88 80, www.petri-apotheke-hamburg.de, Mo-Fr 7:00-18:30, Sa 9:00-13:00

Bahnhof mit u. a. ICE- und Nachtzug- sowie Flixtrainverbindungen in fast alle größeren deutschen Städte

Die evangelisch-protestantische Hauptkirche **St. Jacobi** geht auf das 14. Jh. zurück. Im Inneren fallen drei Altäre auf – alle aus der Zeit um 1500. Ein akustisches Meisterwerk ist die Orgel von Arp Schnitger aus dem Ende des 17. Jh. – mit ihren 4.000 Pfeifen eine der bedeutendsten Barockorgeln. Passend zum Auftakt der Pilgertour grüßt im Nordschiff die spätbarocke hölzerne Statue des heiligen Jacobus in typischer Pilgermontur: mit Muschel, Stab und Schlapphut. Die Pilgerkapelle ist im Nordschiff positioniert, unter der Orgel.

♦ Kirche Mo-Sa 11:00-17:00, So nach dem Gottesdienst bis 17:00; Pilgerbüro: 040/30 37 37 13, pilgern@jacobus.de, Di 11:00-13:00 und Do 15:00-17:00; Gemeindebüro: Jakobikirchhof 22, 20095 Hamburg, 040/303 73 70, info@jacobus.de, www.jacobus.de

Pilgerstempel während der Kirchenöffnungszeiten am Tresen

Die Freie und Hansestadt Hamburg verdankt ihren Reichtum der günstigen Lage am Schnittpunkt mehrerer Handelswege mit schnellem Zugang zur Nord- und Ostsee. Die Millionenstadt entwickelte sich zu einer Drehscheibe des Handels zwischen Nord- und Mitteleuropa. Hamburg bietet zahlreiche Sehenswürdigkeiten, davon einige mit Weltrang wie das Miniatur-Wunderland oder die 2015 vollendete Elbphilharmonie.

☺ Konzerte in der Elbphilharmonie muss man lange vorher buchen. Spontan besucht werden kann dafür die per Rolltreppe erreichbare Aussichtsplattform über den Konzertsälen. Der Zutritt ist gratis – ein Eingeständnis der Bauherren an die Bürgerinnen und Bürger, die mit ihren Steuern einen nicht unerheblichen Teil der € 1,3 Mrd. Baukosten finanzierten.

Der Hafenbereich mit der alten backsteingeprägten Speicherstadt entwickelt(e) sich seit der Jahrtausendwende zu einem neuen Stadtviertel – der HafenCity – als Europas größtem jüngerem innerstädtischem Stadtentwicklungsprojekt (☞ Infokasten „Hamburger HafenCity").

Zentraler Treffpunkt der durch Hamburg führenden Pilgerwege ist die Kirche St. Jacobi in der Nähe des Hauptbahnhofs. Hier beginnt der Jacobusweg (kurz „JW") mit der Route vom Großstadtrummel durch den Hamburger Hafen Richtung Lüneburger Heide.

Vom Hauptbahnhof zur Kirche St. Jacobi (➲ 0,5 km)

Sie verlassen den Hauptbahnhof durch den westlichen Ausgang Richtung Glockengießerwall und gehen nach Querung der Hauptstraße geradeaus in die Fußgängerzone (Spitalerstraße). An deren Ende zweigen Sie vor dem Starbucks nach links ab und erreichen 50 m nach Querung der Mönckebergstraße die Kirche St. Jacobi.

Vom südseitigen Kircheneingang von St. Jacobi queren Sie sich leicht links haltend die Steinstraße und folgen der Mohlenhofstraße südwärts. Nach einem Parkplatz geht es unter dem **Chilehaus ❶** hindurch, einem mächtigen Backsteingebäude im Kontorhausviertel, errichtet in den 1920er-Jahren als eines der ersten Hochhäuser Hamburgs.

Hinter dem Chilehaus queren Sie eine Straße und gehen bei der U-Bahn-Station „Meßberg" in den Untergrund zum Unterqueren der Willy-Brandt-Straße.

Radpilgernde fahren vor der U-Bahn-Station rechts und queren bei nächster Gelegenheit die Willy-Brandt-Straße, um danach sich links haltend bei dem Treppenaufgang wieder den Pilgerweg zu erreichen.

Beim linken Aufgang zur Willy-Brandt-Straße/Wandrahmstraße/Deichtorhallen geht es wieder aufwärts, rechts Richtung HafenCity und bei der folgenden Brücke (Wandrahmsteg) über den Zollkanal. Rechts liegt die von Kanälen durchzogene Speicherstadt, weltweit das größte historische Lagerhausensemble.

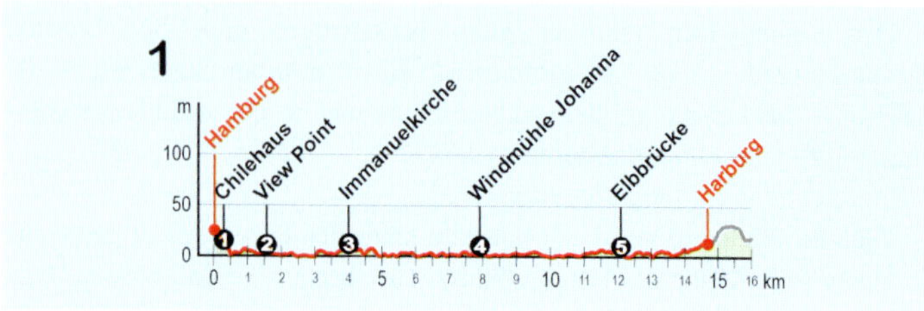

Sie pilgern geradeaus, rechts vorbei am modernen Spiegel-Gebäude mit viel verspiegeltem Glas. Nach der folgenden (Ericus-)Brücke durchqueren Sie auf dem breiten Hauptweg den Lohsepark, 2016 auf der Fläche des ehemaligen Hannoverschen Bahnhofs angelegt. Nach seiner Stilllegung sollte der Bahnhof nur noch dem Gütertransport dienen, erlangte dann im Dritten Reich traurige Berühmtheit durch die Deportation von Jüdinnen und Juden sowie Sinti und Roma.

Umweg zum Ökumenischen Forum HafenCity (➲ 0,3 km länger)

Statt des Lohseparks ist ein Umweg zum Ökumenischen Forum HafenCity möglich, der allerdings großteils entlang größerer Straßen führt. Dazu gehen Sie am Parkanfang rechts (Koreastraße) und zweigen nach 100 m links in die Shanghaiallee ab. Nach wenigen Minuten passieren Sie zur Rechten das Ökumenische Forum HafenCity, einen kulturellen und religiösen Treff im neuen Stadtteil HafenCity. Die dazugehörige Ökumenische Kapelle wird von 21 christlichen Kirchen getragen.

Weltcafé Elbfaire, Shanghaiallee 12, 20457 Hamburg, www.elbfaire.de, Mo-Fr 8:30-17:00

Zurück zur beschriebenen Route folgen Sie der Shanghaiallee südwärts und zweigen an deren Ende links in die Überseeallee ab, die Sie nach 150 m zum Ende des Lohseparks führt.

Am Parkende queren Sie die Überseeallee, gleich im Anschluss den Campus der HafenCity-Universität und den Baakenhafen mit Blick auf die Skyline, den neuen Stadtteil HafenCity.

Hinter der Brücke bietet rechts der rote View Point ❷ einen Überblick über die HafenCity.

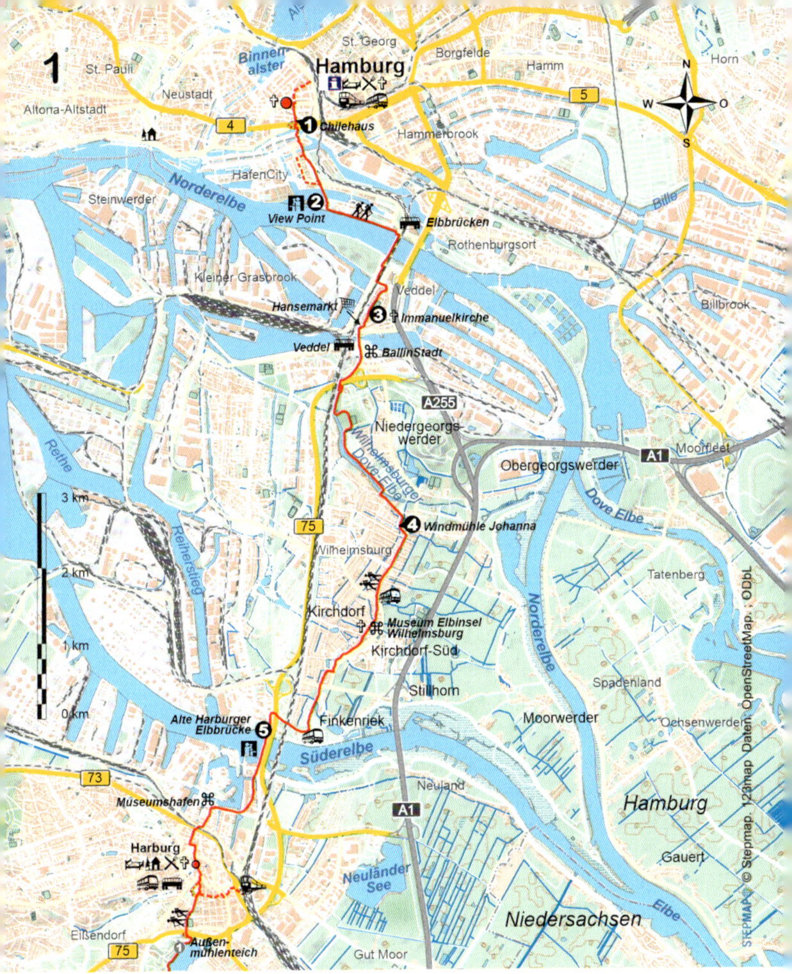

Hamburger HafenCity – neue Stadt in altem Hafen

Seit der Jahrtausendwende entsteht auf der Fläche des ehemaligen Freihafens am Großen Grasbrook der moderne Stadtteil HafenCity, der wassernahes Wohnen, Arbeiten und Studieren bieten soll. Geplant sind bis in die 2030er-Jahre rund 7.500 Wohnungen, 45.000 Arbeitsplätze, 3.000 Hotelzimmer und Bildungseinrichtungen für 10.000 Schülerinnen und Schüler sowie Studierende.

Zusammen mit Besucherinnen und Besuchern werden mehr als 100.000 Menschen täglich in dem Stadtteil erwartet. Kritische Stimmen monieren die beträchtlichen Umweltbelastungen durch den Schiffsverkehr, insbesondere das nahe Kreuzfahrtterminal. Außerdem sei die Sozialstruktur einseitig, bedingt durch die größeren und eher hochpreisigen Wohnungen.

⌘ Im alten **Kesselhaus** der Speicherstadt dokumentiert eine Ausstellung die Entwicklung der HafenCity, mit einem Modell im Maßstab 1:500 im Mittelpunkt.

♦ Am Sandtorkai 30, 20457 Hamburg, www.hafencity.com/infocenter/kesselhaus, Di-Fr 10:00-17:00, Sa und So 11:00-17:00, Eintritt frei

Nach dem View Point verlässt der Pilgerweg die Hauptstraße und führt geradeaus über eine Privatstraße abwärts.

Nach einer Linkskurve passieren Sie am Kai liegende Schiffe und folgen der 2023 ausgebauten Promenade am Kirchenpauerkai zur U-Bahn-Station „Elbbrücken" – im Fall von länger dauernden Bauarbeiten mit links einem Umweg. Rechts am Kai liegt die MS Stubnitz. Das ehemalige Kühlschiff der DDR-Hochsee-Fischfangflotte wurde nach der Wende als schwimmende Veranstaltungsstätte ausgebaut und liegt seit 2013 in Hamburg.

U- und S-Bahn-Station Elbbrücken mit U4 und S3 sowie S31 Richtung Hamburg Hbf, Letztere auch Richtung Harburg, www.hvv.de

Jenseits von der U-Bahn-Station soll bis 2026 der umstrittene **Elbtower** gebaut werden, mit 246 m das höchste Gebäude der Hansestad und dritthöchste Deutschlands. Kritikerinnen und Kritiker wie der Pastor von St. Katharinen halten „dieses Stück Dubai" für unpassend und nicht zeitgemäß.

Nach Angabe der Investorinnen und Investoren soll die 55. Etage des Wolkenkratzers mit einer Aussichtsplattform öffentlich zugänglich sein.

Der Pilgerweg führt rechts an der U-Bahn-Station vorbei aufwärts zur Straßenbrücke und quert auf deren rechter Seite die Norderelbe.

150 m nach der Brücke leitet Sie der Rad-/Fußweg links über die mehrspurige Straße und auf der anderen Seite weiter.

✋ Nach kurzem Abstieg muss eine Herausforderung im Straßenverkehr gemeistert werden: Sie müssen bei Brückendurchfahrten nacheinander zwei Straßen queren, die vor allem von Lkw (schnell) befahren werden. Ampeln oder Zebrastreifen? Fehlanzeige.

Nach der zweiten Querung folgen Sie links dem Rad-/Fußweg unter der Brücke hindurch und biegen vor dem Parkplatz und der Straßenrechtskurve rechts in die kleine Straße Sieldeich ab und nach 50 m wieder rechts in die Wilhelmsburger Straße. Diese führt 700 m durch das von rund hundert Jahre alten Backsteinwohnblöcken geprägte **Veddel**, vorbei an der 1954 erbauten ✝ Immanuelkirche ❸ und dahinter vorbei an Bänken in einem Stadtpark.

Die Wilhelmsburger Straße mündet bei mehreren Versorgungsgelegenheiten in den Wilhelmsburger Platz.

Hansemarkt mit Obst- und Backwaren, Wilhelmsburger Straße 94, 20539 Hamburg, Mo-Sa 5:00-20:00

✗ mehrere günstige Gelegenheiten für Kleinigkeiten wie Pizza oder Döner, etwa Café-Bistro Elbinsel, Wilhelmsburger Platz 13, 20539 Hamburg, ☏ 040/73 09 15 82, täglich 8:00-21:00

Sie biegen rechts auf den Wilhelmsburger Platz ab und folgen der Straße durch die Linkskurve, über die Brücke und danach geradeaus links vorbei am S-Bahnhof Veddel mit großem Parkplatz davor.

S-Bahnhof Veddel mit häufigen Verbindungen der S3 und S31 Richtung Hamburg Hbf und Harburg, hvv.de

⌘ Links liegt das bekannte **Auswanderermuseum BallinStadt**. In den alten Hallen, wo um 1900 Millionen Auswanderungswillige auf ihrem Weg nach Übersee Station machten, wird eindrucksvoll die Bedeutung Hamburgs als Auswanderungshafen beleuchtet.

♦ Veddeler Bogen 2, 20539 Hamburg, www.ballinstadt.de, Di-So 10:00-16:30, Eintritt € 7

✗ Restaurant Nach Amerika im/am Museum (auch ohne Besichtigung zugänglich), Di-So 11:00-16:30

Nach der folgenden Straßenbrücke verlässt der JW die Straße und folgt in einer leichten Rechtskurve dem Radweg durch einen Waldstreifen, der die nahe Autobahnauffahrt zur Linken ignoriert. Bei einer Gabelung direkt vor der Autobahn gehen Sie rechts aufwärts Richtung Wilhelmsburg und überqueren die Autobahn. Nach dem Abgang halten Sie sich vor einer Kleingartensiedlung rechts. Zwischen Wald (links) und Bahngleisen (rechts) nähern Sie sich der Wilhelmsburger Dove-Elbe und schwenken dort nach links. Nach einem kleinen Bogen durch Wald nähert sich der JW dem Ufer und begleitet den Kanal, vorbei an ⛼ Bänken vor der Brücke über einen Graben.

Sie folgen dem Uferweg bis zu einer Brücke über die Dove-Elbe, queren sie dort und zweigen nach links in den von Elbearmen umflossenen Hamburger Stadtteil **Wilhelmsburg** ab, die größte Flussinsel Europas. Nach 500 m erreicht die kleine Straße die Wilhelmsburger Windmühle ❹.

Wilhelmsburger Windmühle

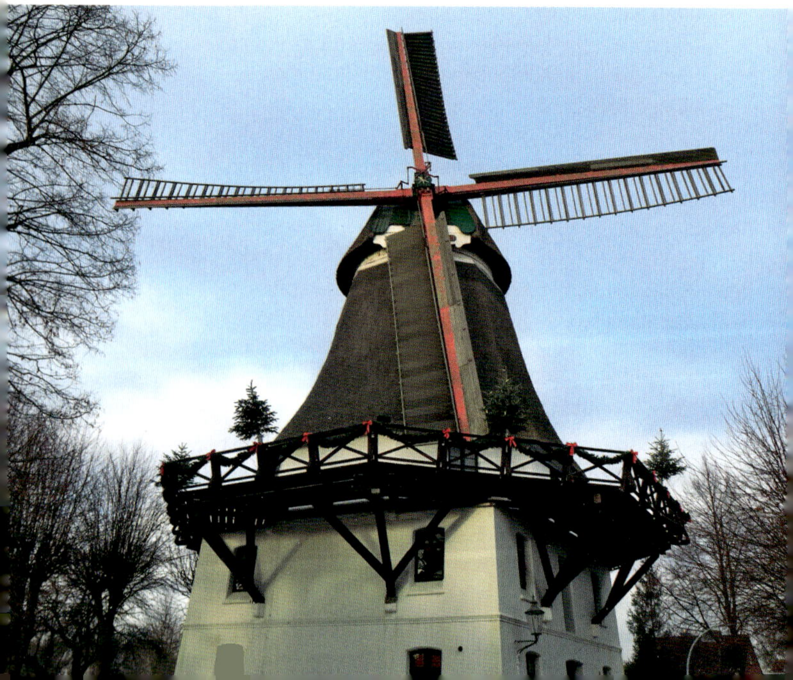

Die 1875 als Galerieholländer erbaute Mühle wurde bis 1960 betrieben und wird auch „Johanna“ genannt, nach dem Vornamen der letzten Müllerin. Kurz hinter der Mühle schwenkt der JW rechts in die Kirchdorfer Straße und begleitet sie bis zum namensgebenden Dorf. Bei einer Kreuzung mit der Neuenfelder Straße queren Sie diese über die Ampel und folgen der jetzt schmaleren Kirchdorfer Straße geradeaus.

🚌 Links liegt die – bei Sturmfluten als Sammelpunkt dienende – Bushaltestelle „Kirchdorfer Straße (Museum Elbinsel)“ mit u. a. Linie 13 mehrmals stündlich nach Wilhelmsburg mit Umstieg in S31 nach Harburg, 💻 hvv.de.

200 m nach einer Tankstelle passieren Sie zur Linken den alten Amtshof aus dem 18. Jh. mit dazugehörigem Friedhof und kurz dahinter die Kreuzkirche.

⌘ Das **Museum Elbinsel Wilhelmsburg** dokumentiert in dem repräsentativen Gebäude des alten Amtshofs die bäuerliche Wohnkultur seit dem 18. Jh. sowie die Geschichte des Dorfbaues in Wilhelmsburg, wobei auch die Deichbrüche bei den großen Fluten 1962 und 1976 thematisiert werden.

♦ Kirchdorfer Straße 163, 21109 Hamburg, 💻 www.museum-wilhelmsburg.de,
🚪 wegen Sanierung voraussichtlich erst wieder ab Ende 2025 geöffnet

✞ Die im 14. Jh. geweihte **Kirchdorfer Kreuzkirche** gilt als älteste Kirche der Elbinsel Wilhelmsburg. Ihren kreuzförmigen Grundriss erhielt sie nach einem Umbau 1893/94. Während der großen Flut 1962 war sie eine wichtige Zufluchtsstätte der Wilhelmsburger Bevölkerung.

♦ Kirchengemeinde Kirchdorf: Kirchdorfer Straße 168, 21109 Hamburg,
☎ 040/754 48 29, ✉ buero.kirchdorf@kirche-wilhelmsburg.de,
💻 www.kirche-wilhelmsburg.de, 🚪 Mo, Di, Fr 10:00-12:00, Di auch 16:00-18:00

Der JW verlässt die Kirchdorfer Straße in einer Rechtskurve vor einem Park. Sie durchqueren diesen Park, dessen Planerinnen und Planer bzw. Gärtnerinnen und Gärtner eine ausgesprochene Vorliebe für Bambus hatten. Am Ende des Parks biegen Sie nach rechts ab (Am Callabrack) und nach 100 m nach links (Alter Deich).

Nach der Ampelquerung einer Straße führt der JW geradeaus über die große, parkartige Fläche des Friedhofs Finkenriek. Der mit 8.500 Gräbern größte Friedhof der Elbinsel wurde 2020 um ein muslimisches Gräberfeld und ein Wasch- und Gebetshaus erweitert. Vor der Friedhofskapelle erreichen Sie eine weitere Straße (König-Georg-Deich) und folgen ihr nach rechts – vorbei an einer Bushaltestelle, einem Blumengeschäft und unter Brücken hindurch.

Bushaltestelle „Friedhof Finkenriek“ u. a. mit Linie 152 Richtung Harburg Mo-Sa mehrmals stündlich, So stündlich, www.hvv.de

Nach der B75 schwenkt die Straße nach links und führt bei einer Lkw-Waschanlage an den Beginn der Alten Harburger Elbbrücke ❺ heran. Diese Brücke von 1897 mit markanten Sandsteinportalen und Stahlbögen dient heute nur Personen mit Rad sowie Fußgängerinnen und Fußgängern, während der Autoverkehr weiter links über neuere Brücken geleitet wird.

schöner Ausblick von der Alten Elbbrücke über den südlichen Elbearm

Auf der anderen Seite führt eine weniger schöne Teilstrecke nach Harburg: Es geht der Beschilderung folgend Richtung Harburg-Zentrum und Museumshafen auf einem Radweg und später entlang der wenig ansprechenden Nartenstraße weiter. Die großen verfallenen Backsteingebäude links gelten als „Lost Place“. Dort stellte die Firma New-York Hamburger Gummiwaren Compagnie einst bis zu 8 Millionen Hartgummikämme her, zuletzt (bis 2009) auch Gummi- und Plastikteile für industrielle Anwendungen. Eine Nutzung der denkmalgeschützten Immobilie als Hotel oder für Studentenwohnungen ist im Gespräch.

Bushaltestelle „Neuländerstraße“ mit Linie 154 Richtung „Harburg, Rathaus“ und „Harburg, Bahnhof“ täglich alle 20 Minuten, www.hvv.de

Der JW folgt nach Querung des Bahnhofskanals über eine Klappbrücke dem Radweg neben der Straße Veritaskai und wechselt nach 350 m bei einem Zebrastreifen die Seiten. Rechts erinnern im **Harburger Museumshafen** alte Schiffe und Kräne an frühere Betriebsamkeit im Hafen.

Hotelschiff LYDIOS, Lotsekai 8, 01 76/47 39 98 41, www.schlafenimhafen.de, , DZ ab € 110 zzgl. F. Der ehemalige niederländische Schüttgutfrachter wurde 2008 zu einem Hotelschiff umgebaut.

Bushaltestelle „Kanalplatz“ mit Linie 154 Richtung „Harburg, Rathaus“ und „Harburg, Bahnhof“ täglich alle 20 Minuten, www.hvv.de

Hinter dem Zebrastreifen biegen Sie links in die Harburger Schlossstraße ab, an deren linker Seite die wachsende TU Harburg erweitert wird/wurde. Bei einer T-Kreuzung nehmen Sie rechts die Unterführung unter der B73 hindurch Richtung Innenstadt und folgen der Straße bei der linken Abzweigung der Gastrogasse Lämmertwiete geradeaus, nach wenigen Minuten vorbei an einem weißen Turm.

Der weiße Turm erinnert an die kriegszerstörte **Dreifaltigkeitskirche** aus dem 17. Jh., von der dahinter nur noch Ruinen erhalten sind.

70 m nach der Kirchenruine biegen Sie beim Kiosk am Sand nach links ab und nach weiteren 70 m nach rechts. Hinter dem Parkplatz leitet Sie der Fußweg bei der S-Bahn-Station „Harburg, Rathaus“ durch die Unterführung, dahinter geradeaus und links vorbei am Rathausplatz mit dem um 1890 im Neorenaissancestil erbauten Harburger Rathaus.

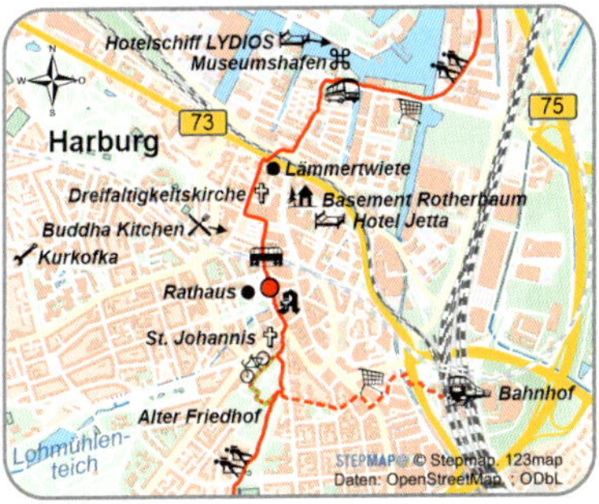

Harburg

, 160.000 Ew.

Hamburg

Hotel Jeta, Großer Schippsee 31, 21073 Hamburg, 040/76 79 61 30, info@Hotel-Jeta.de, www.hotel-jeta.de, DZ ab € 75, EZ ab € 65 zzgl. F, kleines Hotel mit 15 Zi am Rand der Innenstadt, 300 m vom JW

Basement Rotherbaum, Küchgarten 19, 21073 Hamburg, ☏ 040/36 11 12 39, info@basement-rotherbaum.de, www.basement-rotherbaum.de, mit Zi in Wohneinheiten für bis zu 11 Personen, DZ ab € 60, EZ ab € 45, ganzjährig, Anreise 14:00-23:00, günstiges Hostel in der Innenstadt, 200 m vom JW

Die größte Auswahl an Restaurants/Bars gibt es im Gastroviertel der Lämmertwiete bei der Unterführung der B73. Alternativ ein veganer Tipp: Buddha Kitchen, Neue Straße 17, 21073 Hamburg, ☏ 040/46 00 09 90, www.buddhakitchen-harburg.de, täglich 11:30-22:00

Edeka bei S-Bahn-Station „Rathaus", Sand 31, 21073 Hamburg, sowie Rewe und andere Einkaufsgelegenheiten im Phoenix-Center zwischen Innenstadt und Bahnhof, Hannoversche Straße 86, 21079 Hamburg

Schäfer Apotheke, Harburger Rathausstraße 37, 21073 Hamburg, ☏ 040/767 93 00, www.schaeferapo.de, Mo-Fr 8:00-18:00, gegenüber dem Rathaus, sowie viele weitere Apotheken in der Innenstadt

Prima Fahrräder Kurkofka, Denickestraße 25D, 21073 Hamburg, ☏ 040/765 84 89, info@prima-fahrraeder.de, www.prima-fahrraeder.de, Mo-Fr 13:00-18:00, Sa 10:00-13:00

Bahnhof mit häufigen Verbindungen; alle Richtung Süden verkehrenden Züge (inkl. ICE) halten hier, außerdem die häufig verkehrenden S-Bahnen S31 und S3 (ebenfalls Haltestelle beim Rathaus).

✝ Die Kirche **St. Johannis** wurde nach dem Zweiten Weltkrieg als Ersatz der kriegszerstörten neugotischen Vorgängerkirche erbaut. Der Kirchenneubau ist inzwischen in die Jahre gekommen: Der Turm wurde 2022/23 wegen Baufälligkeit abgerissen.

♦ Kirchengemeinde Harburg-Mitte: Bremer Straße 9, 21073 Hamburg, ☏ 040/429 32 20, buero@kirche-harburg-mitte.de, www.kirche-harburg-mitte.de, www.kirche-hamburg.de ☞ St. Johannis-Kirche

Das südlich der Elbe gelegene Harburg ist seit den 1930er-Jahren ein Stadtteil der Hansestadt und Mittepunkt des gleichnamigen Bezirkes (Harburg). Mit dem Bau der Elbbrücken erhielt Harburg 1872 einen festen Anschluss an Hamburg, davor gab es eine regelmäßige Dampfschiffverbindung zwischen Harburg und Hamburg. Am Harburger Binnenhafen wird der Strukturwandel von der früheren Industrie (v. a. Kautschuk) zu Dienstleistungen (Büros), Wohnen und Bildung (Technische Universität) deutlich.

Etappe 2: Harburg – Ramelsloh

21,8 km, 5 Std. 30 Min., 180 m, 165 m, 8-64 m, 21,5 km

0,0 km	10 m	Harburg BANK
6,0 km	32 m	Sinstorfer Kirche
9,9 km	32 m	Fleestedt
13,0 km	23 m	Hittfeld BANK
19,2 km	16 m	Picknicktisch vor Harmstorf
21,8 km	25 m	Ramelsloh

Auf seinem Weg südwärts nach Niedersachsen führt der Jacobusweg abwechslungsreich durch Parks, Wälder, Wiesen und Felder sowie Vororte von Hamburg. Einer davon ist das bereits in Niedersachsen gelegene Hittfeld mit der erhöht in der Ortsmitte stehenden St.-Mauritius-Kirche. Die Ruhe lässt kaum etwas ahnen vom nahen Autobahnkreuz Maschen, dessen zuführende Straßen Sie mehrmals queren. Die ehemalige Stiftskirche von Ramelsloh geht auf den heiligen Ansgar zurück.

Alte Harburger Elbbrücke

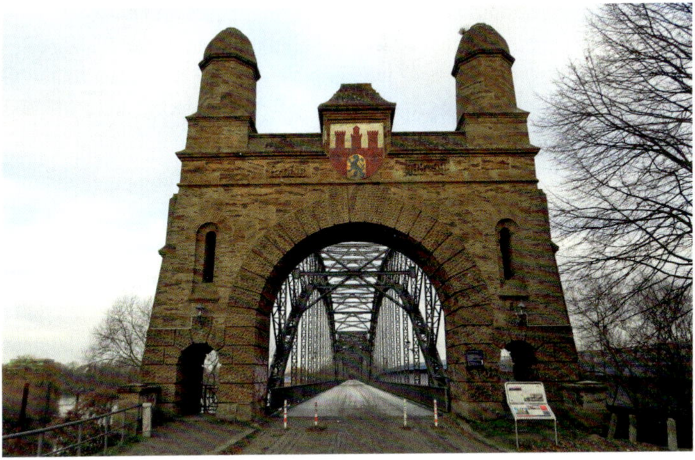

Kurz hinter dem Harburger Rathaus queren Sie bei der Ampel die Bremer Straße und folgen dem Fuß-/Radweg geradeaus vorbei am Gefallenendenkmal. Rechts liegt die Kirche St. Johannis.

Der JW führt geradeaus durch den Park Alter Friedhof, in dem noch zahlreiche Grabdenkmäler an die frühere Funktion erinnern.

🚲 Radpilgernde folgen im Park dem Hauptweg mit einem Rechtsschlenker zum Umfahren einer Treppe sowie einem weiteren vor dem Außenmühlenteich ❶ nach Querung der B75.

Der für Räder wieder befahrbare Weg führt südwärts durch den Park und nach dem Spiel- und Sportplatz über die B75. Danach gehen Sie kurz links und gleich rechts die Stufen abwärts. Nach den Stufen halten Sie sich links und erreichen nach einer Rechtskurve den Außenmühlenteich ❶, der durch einen 250 m langen Damm (links) künstlich aufgestaut wird. Die einstige Wassermühle wurde 1930 abgerissen.

Sie umgehen den Außenmühlenteich auf der rechten (West-)Seite, halten sich nach dem Teichende links und gleich darauf rechts. Der radgeeignete Weg begleitet die den Teich mit Wasser speisende Engelbek auf der rechten Seite, erst süd-, später ostwärts. Nach einer Brücke halten Sie sich bei einer Gabelung links, am Ende des Waldes rechts (Am Frankenberg) und gleich darauf links (Krönenbarg). Nach 300 m zweigt der JW in einer Rechtskurve nach links ab und begleitet wieder die Engelbek, die mehrmals gequert wird. Bei der vierten Brücke ❷ biegen Sie nach rechts ab, folgen dem Radweg über die Brücke und nach 100 m der Straße (Moorlage) durch ein Wohngebiet.

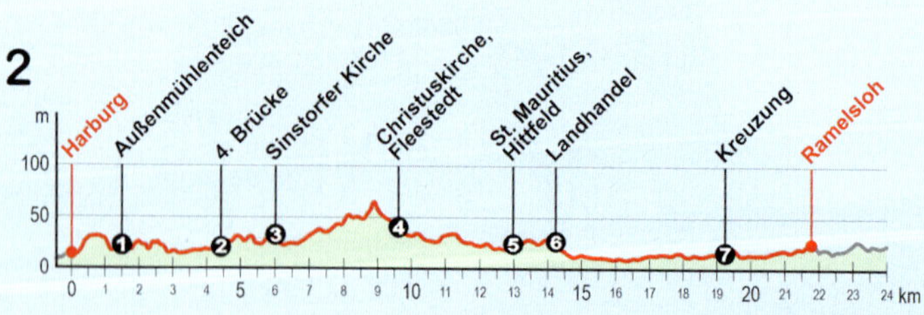

Radpilgernde zweigen bei der vierten Brücke ❷ nach links ab und folgen kurz darauf rechts dem Radweg neben der Winsener Straße, vorbei an einer Bäckerei und kurz darauf einer Tankstelle. Vor einem Eiscafé fahren Sie nach rechts und durch die Linkskurve der Straße. Nach einer weiteren Linkskurve geht es rechts in die Schultwiete und anschließend rechts in den Sinstorfer Kirchenweg zur Sinstorfer Kirche ❸.

Nach 350 m verlassen Sie die Wohnstraße (Moorlage) hinter einem Zaun nach links. Der JW schlängelt sich auf einem Pfad durch Wald unterhalb von einer Kleingartensiedlung. Bei einer Bushaltestelle gehen Sie links in den Sinstorfer Weg und an dessen Ende rechts auf die Kirche ❸ zu; dahinter ist eine Bushaltestelle.

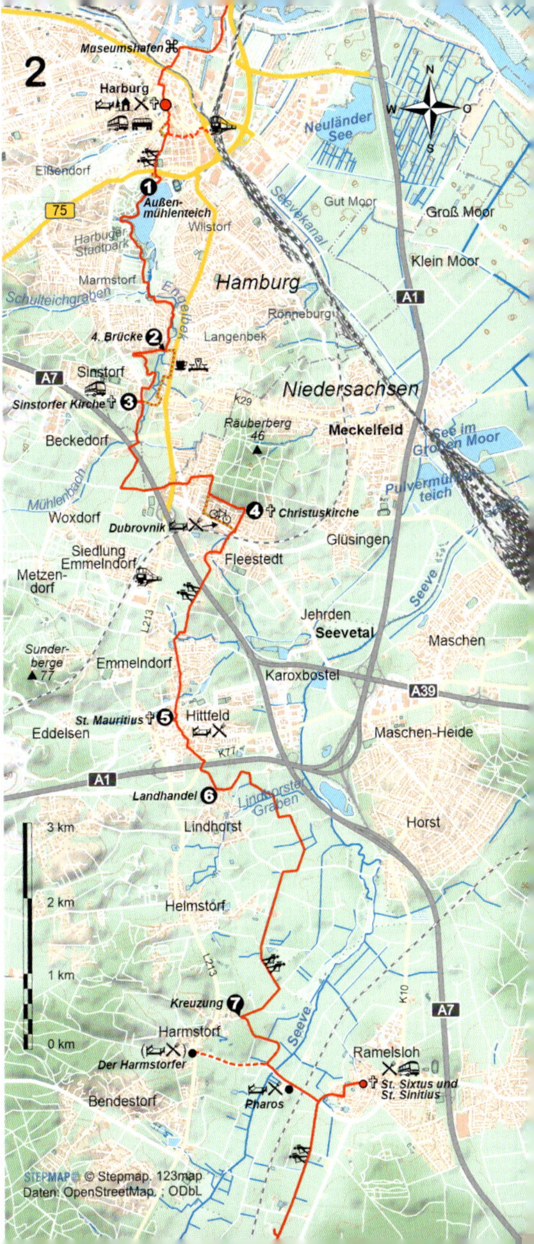

✞ Die auf das 11. Jh. zurückgehende **Sinstorfer Kirche** gilt als eines der ältesten Gotteshäuser und Gebäude Hamburgs überhaupt. Der ursprüngliche Holzbau wurde um 1200 durch einen Feldsteinbau ersetzt, der wegen seiner Lage auf einem Hügel auch als Fluchtburg diente. Die Kirche wurde 1416 und 1660 erheblich umgebaut und erhielt 1690 einen frei stehenden hölzernen Glockenturm.

♦ Kirchengemeinde: Sinstorfer Kirchweg 21, 21077 Hamburg, ☏ 040/760 03 47, ✉ gemeindebuero@kirche-sinstorf.de, 💻 www.kirche-sinstorf.de

🚌 Bushaltestelle „Sinstorfer Kirche", Linie 143 Richtung Struckbar via Harburg alle 10 bis 40 Minuten, 💻 www.hvv.de

Von der Kirche kommend zweigt der JW rechts in den Beetenweg ab und führt südwärts am Waldrand entlang; links liegt die hier zu einem See aufgestaute Engelbek. Am Südende unterqueren Sie neben der Engelbek eine Kreisstraße und nehmen danach die zweite Abzweigung nach rechts bei einer Bank. Der JW führt auf der Landstraße unter der A7 hindurch und zweigt nach der Brücke nach links ab. Bei der nächsten Kreuzung biegen Sie links in den Mühlenweg ab, der Sie über mehrere Verkehrsadern nach Fleestedt führt. Der JW quert die Winsener Landstraße und biegt nach einer Linkskurve rechts vom Mühlenweg in die Straße An den Ziegelteichen ab. An deren Ende zweigen Sie vor dem Stadtwald nach rechts ab (Marquardtsweg); am angenehmsten geht es sich auf dem Waldpfad links neben der Straße, dem Sie nach 200 m durch die Linkskurve im Wald folgen.

🚲 Mit dem Rad fahren Sie statt auf dem Waldweg geradeaus entlang der Straße Marquardtsweg und zweigen an deren Ende links in die Winsener Landstraße ab. Nach dem 🛒 Rewe erreichen Sie bei der Kreuzung mit rechts der Bahnunterführung wieder den JW.

Beim Findling mit Wegweiser „Meckelfeld" gehen Sie geradeaus und biegen 200 m danach rechts zur Christuskirche Fleestedt ❹ ab. Die Kirche ist Teil der Kirchengemeinde Hittfeld. Entlang des Eichenweges erreichen Sie die Ortsmitte von Fleestedt.

Fleestedt 4.750 Ew.

Hotel Dubrovnik, Winsener Landstraße 42, 21217 Seevetal, 041 05/676 33 02, info@hotel-restaurant-dubrovnik.de, www.hotel-restaurant-dubrovnik.de, DZ ab € 95, EZ ab € 75 zzgl. F, Restaurant Di-Fr ab 16:00, Sa und So ab 12:00, zentral gelegenes Hotel-Restaurant mit mediterraner Küche

Rewe, Winsener Landstraße 46A, 21217 Seevetal, in Ortsmitte

Nach erneuter Querung der Winsener Landstraße geht es unter Bahngleisen hindurch und danach die erste Straße nach rechts (Im Alten Dorf, später Kirchweg). Der JW quert wieder die A7 und mündet im Norden von Hittfeld in die Bahnhofstraße, die links in den Ort mit der Kirche St. Mauritius ❺ als Mittelpunkt führt.

Hittfeld BANK 5.600 Ew.

Hotel Krohwinkel, Kirchstraße 15, 21218 Seevetal, 041 05/24 09, hotel@krohwinkel.de, www.krohwinkel.de, DZ ab € 95, EZ ab € 65 inkl. F, Restaurant täglich 18:00-22:00, zentrales Hotel in Fachwerkhaus seit 1871

♦ Hotel & Restaurant Zur Linde, Lindhorster Straße 3, 21218 Seevetal, 041 05/20 23, kontakt@linde-hittfeld.de, www.linde-hittfeld.de, € 8, DZ ab € 105, EZ ab € 75 inkl. F, Restaurant Di-Sa 11:00-22:00, Gasthof im Süden von Hittfeld nahe der Autobahnauffahrt, 300 m vom JW

Meyers Hotel Garni, Hittfelder Twiete 1, 21218 Seevetal, 041 05/612 50, info@meyers-hotel.de, www.meyers-hotel.de, DZ ab € 101, EZ ab € 69 inkl. F, schönes Fachwerk-Hotel in Ortsmitte, 100 m vom JW

Taverna Oniro, Bahnhofstraße 42, 21218 Seevetal, 041 05/554 16 41, www.taverna-oniro.de, Do-Di 12:00-22:00, griechische Küche am Ortseingang

♦ Max Tu, Poststraße 3-5, 21218 Seevetal, 041 05/468 18, www.maxtu.de, Mo-Sa 12:00-15:00 und 18:00-22:00, So 13:00-21:00, Küche mit laut Eigenwerbung „asiatisch-europäischer Fusion ohne Extreme", nahe Zentrum

Edeka, Pastorenwiesen 26, 21218 Seevetal, westlich vom Zentrum

Apotheke Hittfeld, Kirchstraße 26, 21218 Seevetal, 041 05/24 05, Mo-Sa 8:00-13:00 sowie Mo-Fr auch 14:30-18:30

Baden Bettina Fahrradlager, Am Bahnhof 2, 21218 Seevetal, 041 05/15 48 52, Mi-Fr 13:00-18:00, Sa 10:00-16:00, 1,5 km nordwestlich vom Ort nahe Bahnhof

Der Bahnhof Hittfeld mit stündlichen Regionalbahnverbindungen nach Bremen via Buchholz und Hamburg Hbf via Harburg liegt 1 km westlich von der Route (via Straße Steineck).

Die **St.-Mauritius-Kirche** geht auf einen Holzbau aus dem 9. Jh. zurück, der im 13. Jh. durch den jetzigen Feldsteinbau ersetzt wurde. Der Namenspatron war ein römischer Offizier, der sich nach einer Legende um 300 n. Chr. weigerte, an der Christenverfolgung teilzunehmen. Als Folge sollen Mauritius und seine rund 6.600 Soldaten als Märtyrer hingerichtet worden sein.

♦ Kirchengemeinde: Schillerplatz 4, 21218 Seevetal, ☎ 041 05/57 09 31,
Kirchenbuero@Kirchengemeinde-Hittfeld.de,
www.kirchengemeinde-hittfeld.de

St.-Mauritius-Kirche

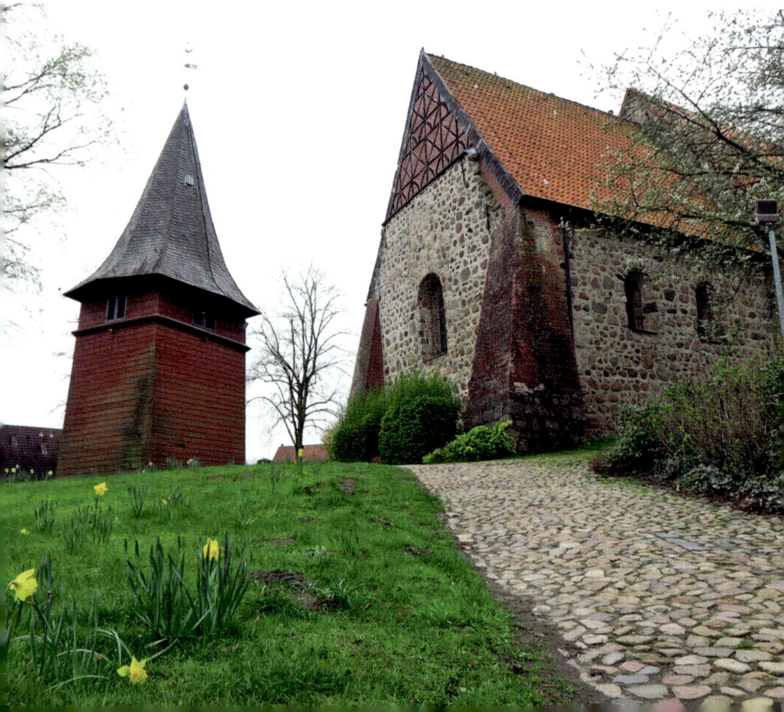

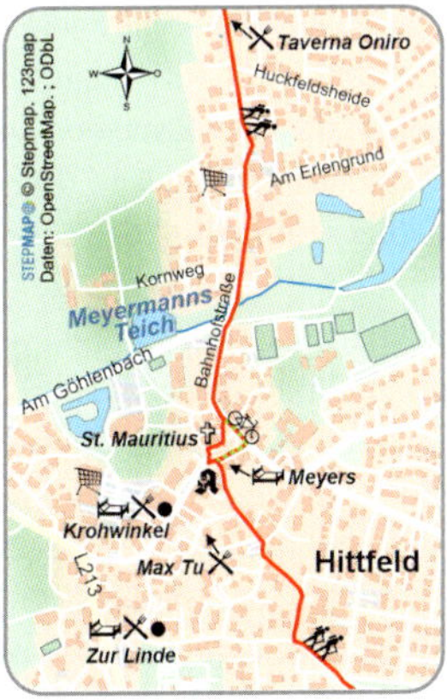

Gegenüber der Mauritiuskirche führt die Straße Hittfelder Twiete zwischen der Apotheke und dem Hotel Meyers südwärts. Nach 200 m wechseln Sie hinter einem Parkplatz links in die Straße Vogelsang und an deren Ende links in die Lindhorster Straße. An deren Ende geht es rechts über die A1 und gleich danach links in die Landstraße (In der Guten Zeit). Bei einem Landhandel ❻ zweigt der JW links in den Plumühler Weg ab und verlässt ihn 100 m nach einer Rechtskurve bei einer kleinen Oberleitung rechts auf einem Spurweg neben einer Baumreihe. Nach 500 m biegen Sie wieder rechts in einen Spurweg ein, queren den Lindhorster Graben, gehen bei der ersten T-Kreuzung links und kurz darauf am Asphaltende rechts. Der Weg mündet in den Horster Damm, dem Sie 200 m nach rechts folgen, ehe Sie nach links abzweigen (Richtung Harmstorf) und nach 250 m bei einer Kreuzung geradeaus gehen (Vor den Heidstücken). Es folgt eine lange Passage vorbei an Feldern und Feuchtwiesen der Seeveniederung.

Bei einer T-Kreuzung mit Bank biegen Sie rechts in den Radweg ein. Vor den Häusern von **Harmstorf** erreichen Sie eine Kreuzung ❼ und folgen dort dem für motorisierten Verkehr gesperrten Weg (Schild: „Anlieger frei") scharf links, vorbei an einem ⩩ Picknicktisch. 250 m nach dem Picknicktisch halten Sie sich bei einer Gabelung mit links einer Bank links und erreichen nach einer Rechtskurve die Harmstorf und Ramelsloh miteinander verbindende Seevestraße.

↳ Abstecher zum Gasthof in Harmstorf (➲ 2 x 1 km)

Rechts führt der Radweg – etwas monoton – in 10 Gehminuten auf den Gasthof in Harmstorf zu.

(🛏) ✕ Der Harmstorfer, Hauptstraße 22, 21228 Harmstorf, ☏ 041 05/529 21, ✉ info@derharmstorfer.de, 💻 www.derharmstorfer.de. Die 6 Zi des Gasthofs werden nur noch an Langzeitgäste vermietet (ab etwa € 30 p. P.), 🚪 Küche Mi-Fr 17:00-22:00, Sa und So 12:00-22:00, Gasthof an der Hauptstraße in Harmstorf

Der JW folgt dem Radweg neben der Seevestraße nach links – vorbei am Gasthof Pharos (☞ Ramelsloh) – über die Bahngleise und zweigt schließlich links in die nach Ramelsloh führende Harmstorfer Straße ab. Im Ort geht es bei der Kreuzung nach links (Hinter den Domherrenhöfen) und nach 100 m rechts auf dem Fußweg auf den Glockenturm der St.-Sixtus-und-St.-Sinitius-Kirche zu.

Ramelsloh

1.900 Ew.

Pharos zur Seeve, Hinter den Höllen 1, 21220 Seevetal, ☎ 041 85/29 75, www.pharos-zur-seeve.de, Buchung besser über Portale wie www.booking.com, da Hotelwebsite (2023) nicht gut funktionierte, DZ ab € 58, EZ ab € 51 zzgl. F, mediterrane Küche Mo-Sa 17:00-23:00, So 12:00-22:00, Gasthof 1 km westlich vom Ort, direkt am JW

MoOoVe Restaurant & Café, Ohlendorfer Straße 15, 21220 Seevetal, ☎ 041 85/797 39 99, www.mooove-ramelsloh.de, Di-Fr 12:00-15:00 und 17:00-22:00, Sa und So 12:00-22:00, Restaurant mit Terrasse am nördlichen Ortsrand nahe Autobahnauffahrt

Knolles Markt (Edeka), Ohlendorfer Straße 3, 21220 Seevetal, 400 m östlich der Kirche

Haltestelle „Ramelsloh, Hinter den Höfen", u. a. Linie 248 täglich mindestens stündlich Richtung Bahnhof Meckelfeld, www.hvv.de

Die **St.-Sixtus-und-St.-Sinitius-Kirche** ist die ehemalige Kirche des 1863 aufgelösten Stifts, das auf eine Landschenkung an Bischof Ansgar zurückgeht, der nach einem Wikingerüberfall 845 aus Hamburg fliehen musste. Die Kirche wurde 1889 zu einem neugotischen Hallenbau umgestaltet, wobei der mittelalterliche Chor erhalten blieb. Im Chor zeigen Glasfenster Ansgar mit der Reliquie des heiligen Sixtus, links und rechts von Ansgar stehen die für die Kirche namensgebenden heiligen Bischöfe von Reims, Sixtus und Sinitius.

♦ Kirchengemeinde Ramelsloh: Am Domplatz 8, 21220 Seevetal-Ramelsloh, ☎ 041 85/504 48 14, info@kirche-ramelsloh.de, www.kirchengemeinde-ramelsloh.de, Mo 10:00-12:00, Do 16:00-18:00

Das 1972 in die Gemeinde Seevetal eingemeindete Ramelsloh wurde bereits im 9. Jh. im Zusammenhang mit der Stiftgründung durch den Bischof Ansgar (s. o.) urkundlich erwähnt.

Etappe 3: Ramelsloh – Undeloh

23,3 km, 6 Std., ↑ 220 m, ↓ 160 m, ⇧ 13-133 m, 21,8 km

0,0 km	⇧ 25 m	Ramelsloh
2,8 km	⇧ 37 m	Marxener Himmelsachteck
4,4 km	⇧ 32 m	Marxen
13,0 km	⇧ 42 m	Hanstedt B&B BANK
15,0 km	⇧ 103 m	Wiese mit Picknicktischen
23,3 km	⇧ 85 m	Undeloh B&B ⌘

Der Jacobusweg passiert Felder und erreicht hinter Marxen das Tal des Heideflusses Schmale Aue, Ihr Wegbegleiter bis Hanstedt mit seiner St.-Jakobi-Kirche. Durch Wald und die Töpsheide als erste große Heidefläche der Tour geht es nach Undeloh, dem nördlichen Tor zur Lüneburger Heide.

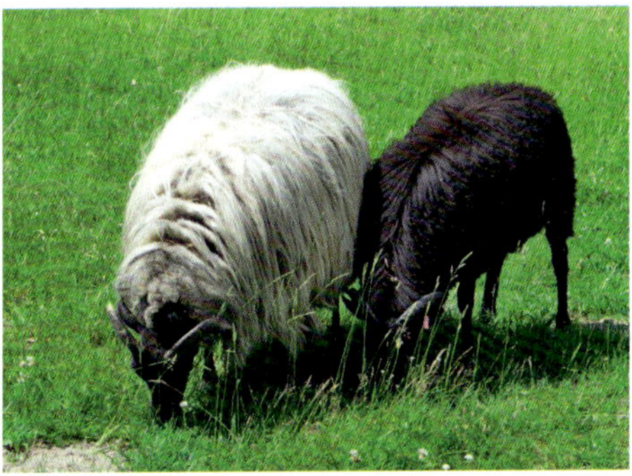

Heidschnucken am Wegesrand

Von Ramelsloh geht es auf der bekannten Harmstorfer Straße zurück zur Kreisstraße. Diese queren Sie und folgen der Straße Kleberland geradeaus südwärts parallel zur Bahnstrecke.

Nach 2 km liegt kurz hinter einer Kreuzung mit Obstwiese rechts der Jägerberg mit dem **Marxener Himmelsachteck** ❶. Dort zeigt eine Steinformation mit acht Findlingen Himmelsrichtungen und Sonnenstände.

Am Siedlungsbeginn von Marxen zweigt der JW bei einer T-Kreuzung nach links ab (Hinter der Bahn) und kurz darauf rechts in die Hauptstraße. Diese leitet südwärts durch Marxen.

Marxen

1.350 Ew.

LandHaus Zum LindenHof, Hauptstraße 18, 21439 Marxen, 041 85/41 82, info@landhaus-zum-lindenhof.de, www.landhaus-zum-lindenhof.de, 6 Zi, DZ ab € 170, EZ ab € 72 zzgl. F (€ 12), Mi-Fr 17:00-23:00, Sa und So 9:00-23:00, Gasthaus mit langer Geschichte (seit 1798) und moderner SchreibWeise direkt am JW

Treibhaus Marxen, Unter den Eichen 10, 21439 Marxen, 041 85/47 58, www.treibhaus-marxen.com, Restaurant Mo-Fr ab 16:00, Fr und Sa ab 15:00, So ab 14:00, Restaurant mit Wintergarten und großer Terrasse am Ortsrand

Am Ortsausgang von Marxen zweigt der JW beim LindenHof ❷ nach rechts in die Straße Zum Silberkamp ab. Diese führt erst durch Felder und später Wald zum Tal der Schmalen Aue. Am Wald- und Straßenende geht es auf einem kleinen Weg geradeaus in südliche Richtung – parallel zur mäandrierenden Schmalen Aue.

Nach einer Linkskurve erreicht der JW eine Straße und folgt ihr rechts zum Gehöft Schmalenfelde ❸. Dort gehen Sie bei der T-Kreuzung mit der Landstraße für 30 m nach links und biegen dann rechts in den Waldweg ab (Verkehrsverbot, „Anlieger frei“).

Radpilgernde meiden die JW-Route bis Hanstedt mit kleinen Wegen, indem sie bei der T-Kreuzung nach Schmalenfelde ❸ nach rechts abzweigen und nach Querung der Schmalen Aue links der Landstraße mit begleitendem Radweg folgen.

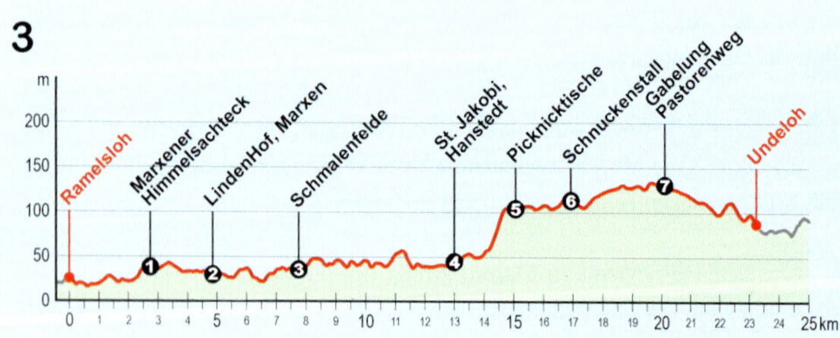

Nach 1,3 km zweigen Sie am Waldrand nach rechts ab und gehen südwärts bis zur T-Kreuzung mit einem Fahrweg, dem Sie rechts folgen.

Vor dem Tal der Schmalen Aue halten Sie sich links und biegen nach 500 m bei einer Gabelung des Grasweges nach rechts ab. Am Wegende wandern Sie bei der Entziehungsklinik Hansenbarg rechts, links an deren Zufahrt vorbei. Weiter geht es die nächste Abzweigung nach links und darauf nach rechts, über die Schmale Aue. Der sogenannte Verlobungsweg mündet in die Landstraße, deren begleitendem Radweg Sie links nach Hanstedt folgen, links vorbei an Discountern und dem 2016 errichteten Holzgebäude der Freien evangelischen Gemeinde Hanstedt, hervorgegangen aus der 1934 aus der Landeskirche ausgetretenen Holstenwall-Gemeinde.

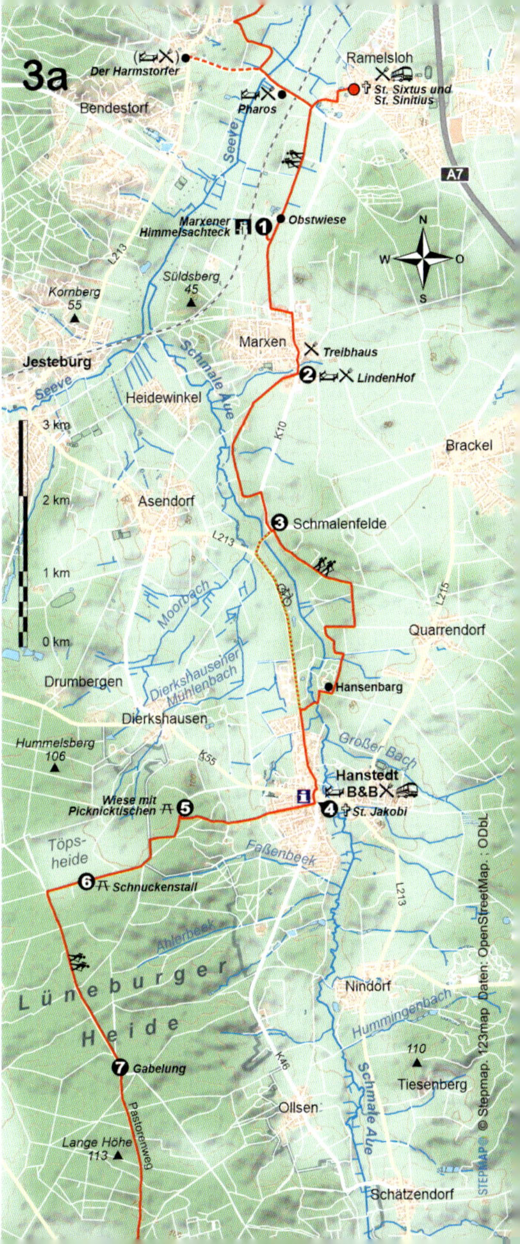

Nach dem Restaurant Heidekrug verlässt der JW die Landstraße und führt rechts (Am Ehrenmal) in die Dorfmitte von Hanstedt mit der St.-Jakobi-Kirche ❹.

Hanstedt B&B, 5.000 Ew.

Tourist-Information Hanstedt, Am Steinberg 2, 21271 Hanstedt, 041 84/525, info@Hanstedt-Nordheide.de, www.hanstedt-nordheide.de, in Sommersaison Mo-Fr 10:00-12:30 sowie Di, Do, Fr 15:00-17:00, ansonsten überwiegend nur vormittags, im alten Küsterhaus

Hotel Sellhorn, Winsener Straße 23, 21271 Hanstedt, 041 84/80 10, info@hotel-sellhorn.de, www.hotel-sellhorn.de, DZ ab € 140, EZ ab € 100, Küche täglich 12:00-21:00, großes Tagungshotel in Ortsmitte

B&B Privatzimmer Gring, Schloßstraße 14, 21271 Hanstedt, 041 84/237, p. P. ab € 25 inkl. F, günstige Unterkunft, südlich vom Zentrum, 400 m vom JW

Restaurant Heidekrug, Harburger Straße 8, 041 84/403, www.heidekrug-hanstedt.de, Di und Mi sowie Sa und So 11:00-14:30 und 17:00-22:00; die Öffnungszeiten sind ausdrücklich „je nach Auslastung variabel“.

Soetebiers Dorfbäckerei, bei der Kirche 14, 21271 Hanstedt, 041 84/898 64 64, www.soetebackt.de, Mo-Fr 6:00-18:00, Sa und So 7:00-16:30, zentrales Bäckerei-Café

Edeka im Zentrum, Bei der Kirche 4-10, 21271 Hanstedt, sowie Aldi und Netto am nördlichen Ortseingang, Harburger Straße 51 bzw. 45, 21271 Hanstedt

Heidjer-Apotheke, Bei der Kirche 30, 041 84/893 10, Fr 8:00-18:30, Sa 8:30-13:00

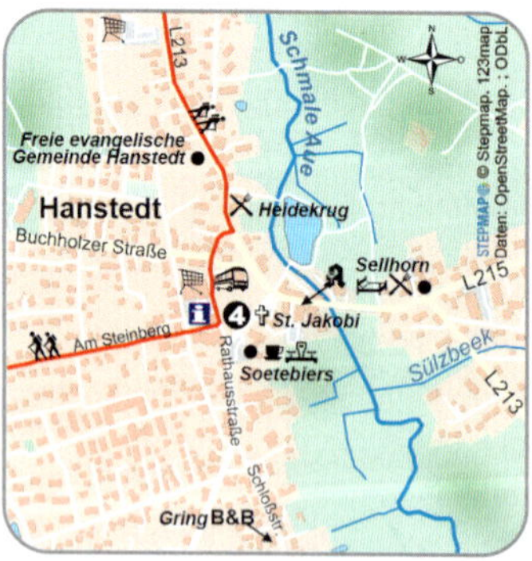

Haltestelle „Hanstedt, Kirche“, Mo-Fr mehrmals täglich Linie 4207 Richtung Buchholz und Egestorf, www.hvv.de, von Juli bis Oktober Heide-Shuttle 3 von/nach Buchholz und nach Undeloh, www.heide-shuttle.de

Die einschiffige neugotische Backsteinkirche **St. Jakobi** mit Platz für 600 Personen wurde 1882 erbaut und wird vom 36 m hohen Turm überragt. Aber schon lange vorher, im 12. Jh., wurde eine Kirche an dieser Stelle urkundlich erwähnt. Beachtenswert sind der Altar aus dem Jahr 1654 und die Buntfenster im Chorraum aus dem Jahr 1930.

täglich, Januar bis April Mo geschlossen; Kirchengemeinde St. Jakobi Hanstedt: Harburger Straße 4, 21271 Hanstedt, ☎ 041 84/224, info@st-jakobi-hanstedt.de, https://kirchengemeinde-hanstedt.wir-e.de, Di und Do 9:00-12:00

Der Riese Bruns

Mit der Hanstedter Kirche ist eine örtliche Sage verbunden, an die vor der Kirche eine 3 m hohe Statue erinnert: Die Tochter des Riesen Bruns soll seinerzeit über die zunehmende Christianisierung und damit Abwendung von heidnischen Bräuchen betrübt gewesen sein. Als dann noch für das hölzerne Glockenhaus eine den heidnischen Göttern geweihte Eiche gefällt wurde, nahm sie sich das Leben. Als Reaktion wollte der Vater mit seiner Schleuder einen Stein auf Hanstedt schleudern. Aber die Schnur riss und das Wurfgeschoss rollte herunter. Hinterher gab es ein Happy End für Hanstedt: Der Bischof Ansgar bekehrte und taufte den Riesen samt Gattin in der Schmalen Aue. An den Riesen erinnern heute das Stadtwappen sowie die Bronzestatue vor der Kirche.

Der Pilgerweg zweigt vor der Kirche nach rechts ab und leitet rechts am Kaufhaus Dittmar vorbei westwärts durch Wohngebiet und schließlich aus dem Ort heraus – zusammen mit dem Fernweg Heidepuzzle. Nach einer Kreuzung geht es durch Wald, wo Sie nach einer Wiese mit Picknicktischen ❺ und Parkplatz einen Schotterweg erreichen, dem Sie links folgen. Nach 250 m zweigen Heidepuzzle und Pilgerweg bei einer Kreuzung nach rechts und bei einem Unterstand vor der Töpsheide nach links ab. Kurz darauf halten Sie sich am Waldrand rechts Richtung Wesel und folgen dem Weg über die erste großflächige Heidelandschaft, in der bald ein Schnuckenstall ❻ an die einstige Heidebauernwirtschaft erinnert.

Picknicktisch beim Schnuckenstall

500 m nach dem Schafstall trennen sich der Pilgerweg und der Fernweg Heidepuzzle bei einer Kreuzung: Sie folgen dem JW nach links auf einer langen Geradeausstrecke durch Wald. Nach 2,5 km nehmen Sie bei einer Gabelung ❼ die rechte Variante Richtung Undeloh (**Pastorenweg**) und erreichen nach 3 km das bekannte Heidedorf Undeloh.

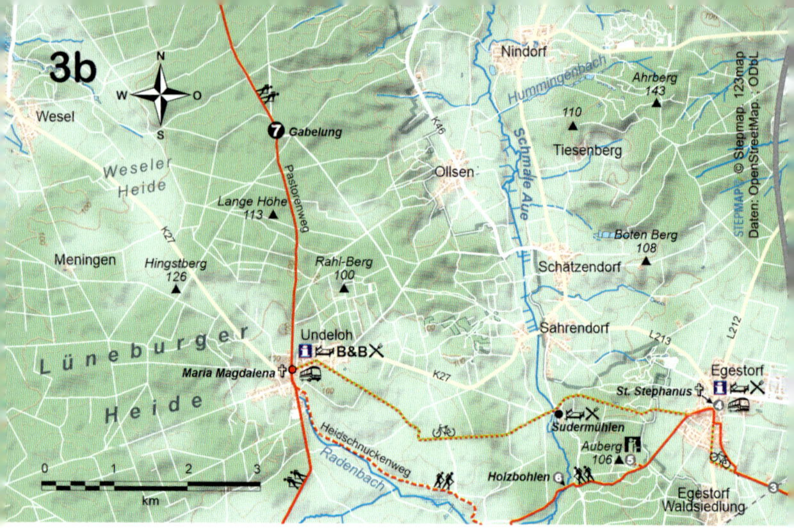

Undeloh

B&B, 900 Ew.

Verkehrsverein Undeloh und Umgebung e. V., Zur Dorfeiche 10, 21274 Undeloh, ☎ 041 89/333, info@undeloh.de, www.undeloh.de, Juli bis September täglich 10:00-15:00, sonst variierend; Hinweise auf der Website oder über die telefonische Ansage

Hotel Heiderose, Wilseder Straße 13, 21274 Undeloh, ☎ 041 89/311, info@hotel-heiderose.de, www.hotel-heiderose.de, mit 35 Zi, Terrasse und Wintergarten, € 10, DZ ab € 130, EZ ab € 90 inkl. F, Restaurant täglich bis 20:00, zentrales Fachwerkhotel

♦ Undeloher Hof, Wilseder Straße 22, 21274 Undeloh, ☎ 041 89/457, info@undeloher-hof.de, www.undeloher-hof.de, 34 Zi im Hotel sowie weitere günstigere in Dependancen, dort auch für € 12, DZ ab etwa € 100, EZ ab etwa € 65, ganzjährig täglich ab 8:00, Restaurant täglich 12:00-20:00, am südlichen Ortsende gegenüber dem Heide-ErlebnisZentrum

Hotel Landhaus Heideschmiede, Heimbucher Straße 27, 21274 Undeloh, ☎ 041 89/813 10, info@landhaus-heideschmiede.de, www.landhaus-heideschmiede.de, € 10, DZ ab € 90, EZ ab € 65 inkl. F. Das westlich im Ort gelegene Hotel garni gehört zum Hotel Heiderose, wird aber eigenständig geführt.

Garbers Hof, Zur Dorfeiche 4, 21274 Undeloh, 041 89/452, garbershof@t-online.de, www.degener-garbershof.de, DZ ab € 100, EZ ab € 65 inkl. F, FeWo ab € 85 zzgl. € 40 für Endreinigung, Hof mit Zi, FeWo sowie Kutschfahrtenangebot, neben der Maria-Magdalena-Kirche

B&B Hof Overbeck, Zum Loh 5, 21274 Undeloh, 041 89/246, cord-overbeck@t-online.de, , (auch Preis) auf Anfrage, EZ ab € 40, DZ ab € 70 inkl. F, rustikale Unterkunft in einfachem Zi auf Bauernhof nördlich im Ort, direkt am JW

Alter Schmiedehof, Wilseder Straße 7, 21274 Undeloh, 041 89/818 69 39, info@alterschmiedehof.com, www.alterschmiedehof.com, Mi-So 17:00-23:00, rustikal eingerichteter Gasthof im Zentrum

Teestube Undeloh, Zur Dorfeiche 15, 21274 Undeloh, 041 89/205, www.teestube-undeloh.de, ganzjährig Fr & Sa 13:00-21:00, in der Sommersaison auch Mo, Mi, Do 13:00-18:00

Heitmanns Hökerladen, Wilseder Straße 8, 21274 Undeloh, Mo-Fr 9:00-18:00, Sa 9:00-16:00, Ostern bis Oktober auch So 10:00-16:00, überwiegend Geschenkartikel, aber auch ein Grundsortiment an Lebensmitteln

Haltestelle „Undeloh, Osterdiecksfeld“, Linie 4611 von/nach Hanstedt und 4631 von/nach Buchholz und Salzhausen via Hanstedt mit wenigen Verbindungen an Schultagen, www.hvv.de; alternativ zwischen Juli und Oktober Heide-Shuttle 3 von/nach Buchholz oder 2 von Tostedt und Handeloh, zurück nach Tostedt über Oberhaverbeck und Wintermoor, www.heide-shuttle.de

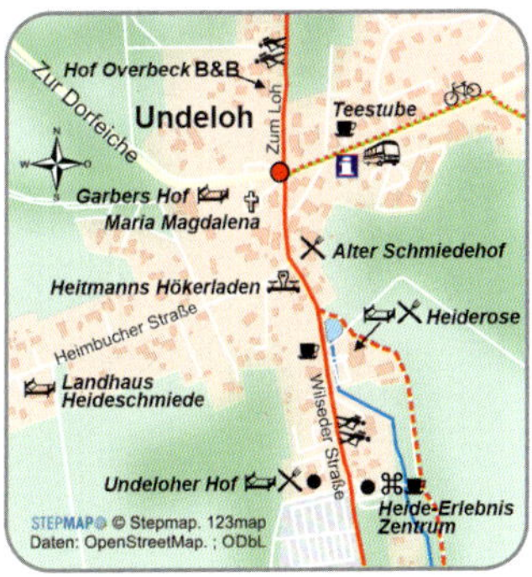

Die **Maria-Magdalena-Kirche** wurde erstmals im 12. Jh. urkundlich erwähnt. Der jetzige Bau ist ein romanisches Kirchenschiff aus Feldsteinen mit rund 1 m breiten Mauern und einem um 1644 in Fachwerk erneuerten Chorraum. Der separate hölzerne Glockenturm überragt die idyllische Heidekirche um 8 m. Deren drei Glocken läuten um 7:00 und 19:00 zum Gebet sowie um 12:00 mittags – bis 1986 noch mit Handbetrieb.

Die mechanische Turmuhr muss alle drei Tage aufgezogen werden. Südlich der Kirche zeigen ein Kräutergarten und Apfelbaum die Vielfalt der Schöpfung und Kulturlandschaft.

♦ April bis September 10:00-19:00, Oktober bis März 10:00-16:00; Kirchengemeinde: Wilseder Straße 2, 21274 Undeloh, ☏ 041 89/282, KG.undeloh@evlka.de, www.kirche-undeloh.de, Fr 10:00-12:00

⌘ ☕ Das **Heide-ErlebnisZentrum** dokumentiert am Südrand auf drei Ebenen die Entstehung, Natur und Pflege der Heide. Zum Ausstellungsgebäude des VNP gehört ein Café mit Garten.

♦ Wilseder Straße 23, 21274 Undeloh,
www.verein-naturschutzpark.de/heide-erlebniszentrum,
Mi-So 10:30-16:30, Eintritt frei

Heide-ErlebnisZentrum

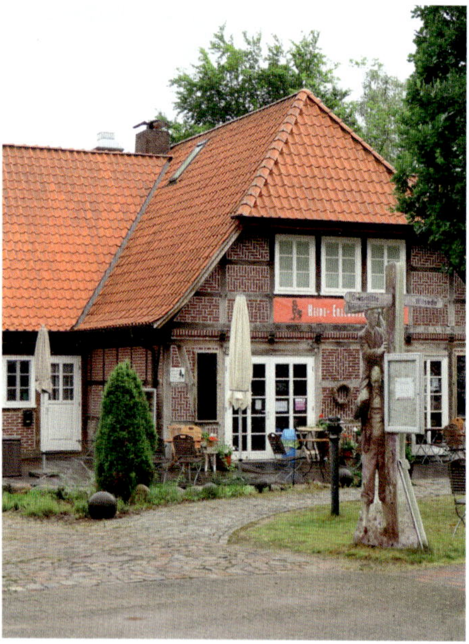

Das Heidedorf Undeloh gilt als nördliches Eingangstor zur Lüneburger Heide und ist entsprechend gut besucht – vor allem an Wochenenden zur Heideblüte im Spätsommer. Von dem 900-Einwohner-Dorf starten die meisten Tagesbesucherinnen und Tagesbesucher zu Fuß, per Rad oder mit einer der vielen Kutschen ihre Ausflugstour in die nördliche Lüneburger Heide Richtung Wilsede oder in das Radenbachtal. Der Ortsname soll langobardischen Ursprungs sein und als „Quellhain" den Wald an der Quelle des Radenbaches bezeichnen.

Etappe 4: Undeloh – Niederhaverbeck

9 km, 2 Std. 30 Min., 121 m, 100 m, 70-169 m, 8,2 km

0,0 km	85 m	Undeloh B&B
4,2 km	128 m	Wilsede
5,7 km	169 m	Wilseder Berg
8,1 km	103 m	Haus Heidetal B&B
9,0 km	106 m	Niederhaverbeck

Gleich hinter Undeloh beginnen die weiten Heideflächen der Lüneburger Heide – im August ein violettes Blütenmeer. Im autofreien Heidedorf Wilsede bieten das Heidemuseum Dat ole Huus eine kulturgeschichtliche und die Milchhalle eine kulinarische Reise zurück in die Zeit der traditionellen Heidebauernwirtschaft. Über den 169 m hohen Wilseder Berg – die höchste Erhebung der Heide – geht es zuletzt entlang der Haverbeeke zum Heidetal und von dort auf einem Kutschenweg nach Niederhaverbeck.

Heide zwischen Undeloh und Wilsede

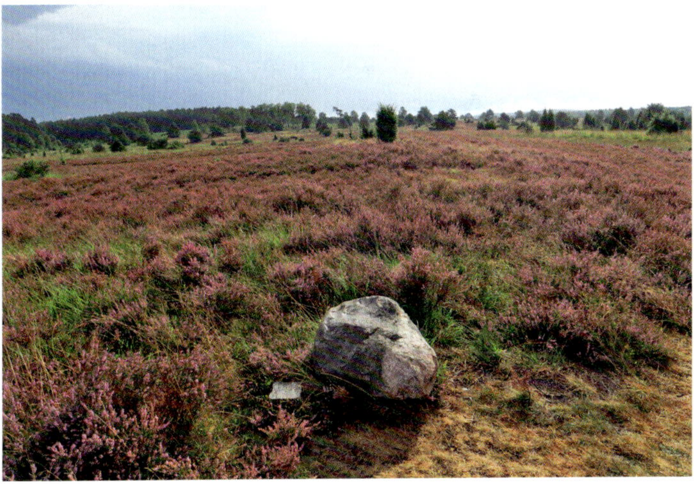

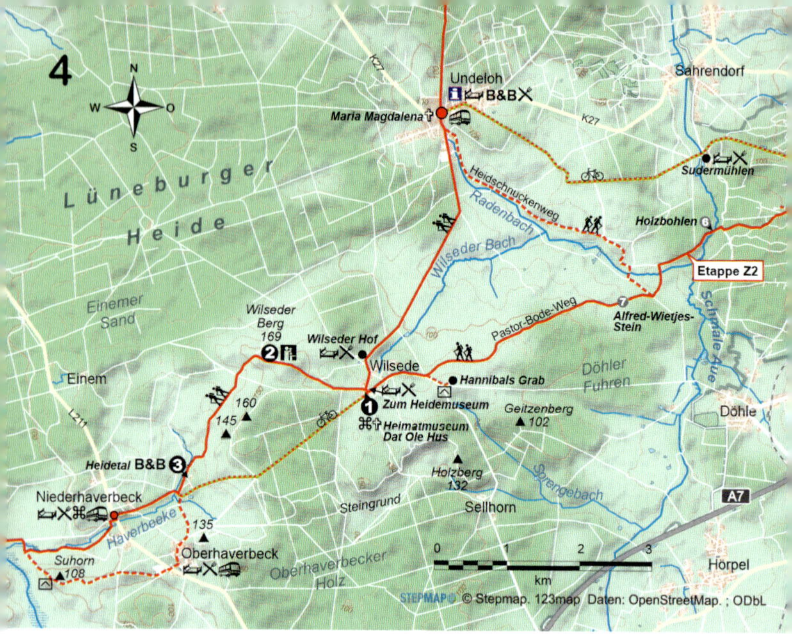

☺ *Diese recht kurze Etappe könnte gut mit der ebenfalls kurzen Etappe 5 zu einer knapp 20 km langen Tagesetappe kombiniert werden!*

🚲 Radfahren ist auf den ausgewiesenen Radwegen im Kerngebiet der Heide nicht immer einfach. Gerade bei dieser Etappe geht es über Kutschenwege mit Kopfsteinpflaster und Sand – beides nicht ideal zum Radeln.

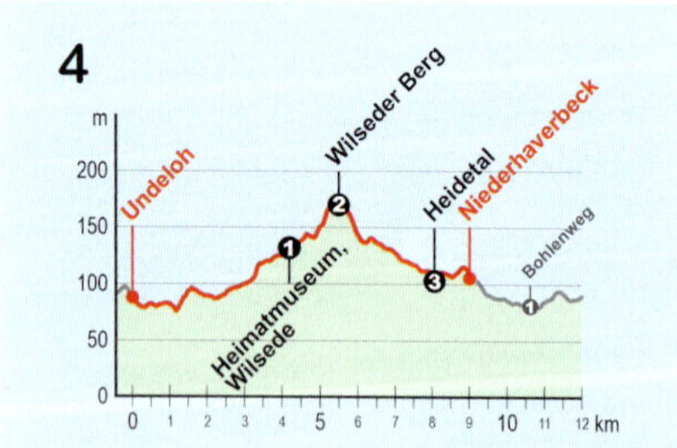

Von Undeloh führt der Pilgerweg zunächst neben dem für Kutschen ausgebauten Hauptweg durch weite Heide nach Wilsede und verlässt Undeloh südwärts vorbei am Heide-Erlebnis-Zentrum und dem Parkplatz.

Alternativroute Heidschnuckenweg bis Wilsede (➲ 4,6 km länger)

Eine landschaftlich abwechslungsreichere, aber längere Strecke bietet der Heidschnuckenweg; es geht zunächst durch das Radenbachtal und nach Querung des Baches entlang des Pastor-Bode-Weges durch Heide und Wälder nach Wilsede (entspricht ab dem Bach Etappe Z2) mit der Wacholder-Fels-Formation Hannibals Grab als Höhepunkt. Eine genaue Wegbeschreibung erübrigt sich, da der Heidschnuckenweg mit „H" hervorragend markiert ist. Er startet in Undeloh hinter dem Hotel Heiderose oder optional hinter dem Heide-ErlebnisZentrum.

Am Wilseder Hof erreicht der Kutschenweg das autofreie Wilsede. Dort halten Sie sich anfangs links und bei der Kreuzung rechts, ehe Sie die Dorfmitte beim **Heidemuseum Dat ole Huus ❶** und rechts einem Freilichtgelände mit historischen Treppenspeichern erreichen.

Historischer Treppenspeicher

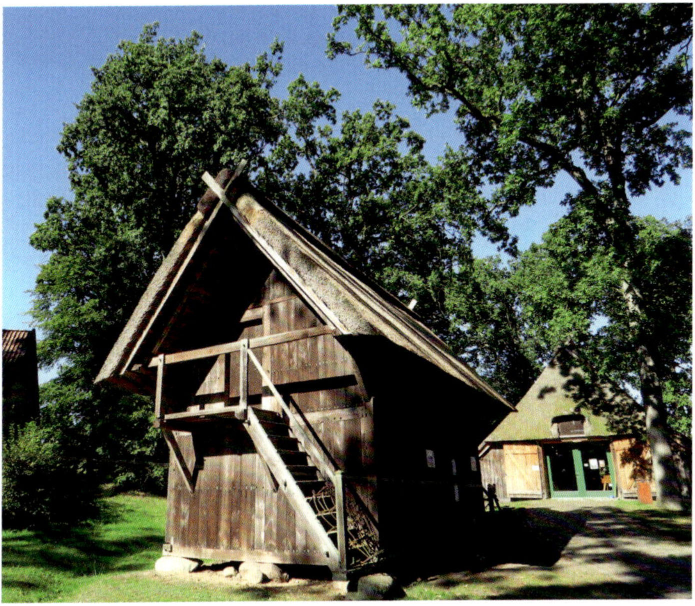

Wilsede

🛏 ✕ ☕ 🛒 ✞ ⊙ ⌘, 30 Ew.

🛏 ✕ Gasthaus zum Heidemuseum, Wilsede 9, 29646 Bispingen, ☏ 041 75/217, ✉ info@zumheidemuseum.eu, 💻 www.zum-heidemuseum.eu, 12 Zi, die oberen mit WC/Dusche auf dem Gang, 🐕 € 5, ÜF ab € 45 p. P., 🚪 Restaurant Mi-So ab 10:00, zentrales Restaurant mit großer Terrasse, 20 m entferntes, reetgedecktes Gästehaus

♦ Wilseder Hof, Wilsede 2c, 29646 Bispingen, ☏ 041 75/311, ✉ info@wilsederhof.de, 💻 www.wilsederhof.de, 🐕 € 10, DZ ab € 95, EZ ab € 65 inkl. F, 🚪 Mai bis Oktober Mi-So 11:00-17:00, am nördlichen Dorfrand, direkt am JW

✕ 🛒 Milchhalle Wilsede, Wilsede 10, 29646 Bispingen, ☏ 041 74/80 29 32, ✉ info@vereinnaturschutzpark.de, 🚪 täglich 10:00-16:00, im Sommer auch länger, im Winter Mi-Fr geschlossen, vom VNP betriebenes SB-Restaurant mit einfachen Gerichten sowie traditionellem Gebäck aus Buchweizenmehl

☕ Mein Teegarten, Wilsede 6, 29646 Bispingen, 💻 www.meinteegarten.de, 🚪 Ostern bis Oktober Mi-So 12:00-18:00, Café mit überwiegend biologischen und regionalen Produkten sowie hausgemachtem Gebäck

🛒 Museumsladen neben der Milchhalle mit Literatur und regionalen Produkten, 🚪 Mitte Juli bis Oktober

⌘ Das **Heidemuseum Dat ole Huus** macht seinem (plattdeutschen) Namen alle Ehre als ältestes Fachhallenhaus der Lüneburger Heide. Das 1742 erbaute Gebäude stand ursprünglich in Hanstedt und wurde 1907 in Wilsede neu aufgebaut. Der Dorflehrer Bernhard Dageförde gründete hier eines der ältesten Freilichtmuseen Deutschlands. Das Museum dokumentiert die Heidebauernwirtschaft mit dem Alltag der Heidebäuerinnen und Heidebauern vor rund 150 Jahren. Die Eintrittskarte ermöglicht auch den Zugang zum Schafstall auf dem Gelände des benachbarten Freilichtmuseums mit wechselnden Ausstellungen.

♦ Wilsede 3A, 29646 Bispingen, 💻 www.verein-naturschutzpark.de/heidemuseum-wilsede, 🚪 Mai bis Oktober täglich 10:00-16:00, Eintritt € 3

⌘ ✞ ⊙ ⊼ Auf dem Freilichtgelände befindet sich neben dem um 1609 bei Soltau erbauten und 1964 hierhin versetzten Fachwerkhaus De Emhoff eine Andachtskapelle. Das Gelände bietet auch eine Picknickgelegenheit.

Das Haufen- und Heidedorf Wilsede wurde erstmals im 13. Jh. urkundlich erwähnt und bestand im Mittelalter nur aus zwei Höfen. Der Ort entwickelte sich gemächlich ab 1800 und zählte im 19. Jh. bereits neun (!) Wohnhäuser sowie eine Schule. Im 20. Jh. wurden zwei Häuser aus der Umgebung hier neu aufgebaut; das Heidemuseum Dat ole Huus aus Hanstedt und das Bauernhaus De Emhoff aus Emmerdingen. Lebte Wilsede früher von der Heidebauernwirtschaft mit Heidschnucken, dominiert heute der Tourismus mit Tagesgästen. In der Hauptsaison im August und September sind das rund 10.000 am Tag – bei weniger als 30 Einwohnerinnen und Einwohnern!

🚲 Der Abschnitt ab Wilsede führt über kleinere Wege, die mit geländegängigen Rädern machbar sind; einfacher aber wäre der Kutschenweg von Wilsede nach Niederhaverbeck, der den Wilseder Berg links umgeht. Bei einer Gabelung 2 km nach Wilsede nehmen Sie am Waldrand den rechten Fahrweg Richtung Niederhaverbeck.

Vor dem Museum Dat ole Hus zweigt der JW rechts ab und führt im Gleichlauf mit dem Heidschnuckenweg (H) auf den **Wilseder Berg ❷** (169 m), der höchsten Erhebung der Lüneburger Heide. Der Wilseder Berg wurde wie andere markante Erhebungen Niedersachsens im 19. Jh. von Carl Friedrich Gauß zur Landesvermessung des Königreichs Hannover als ein Messpunkt der Triangulation genutzt.

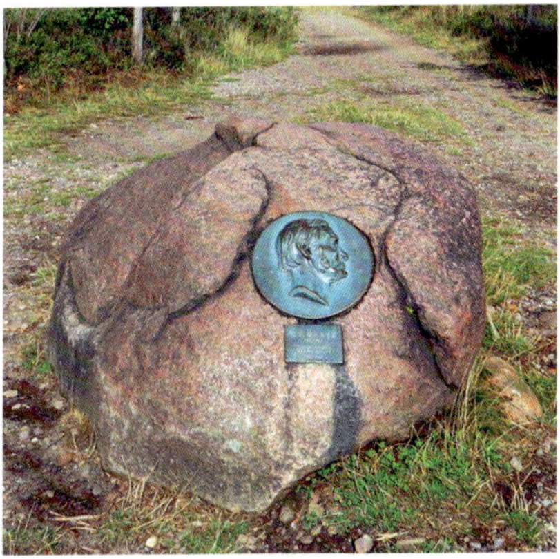

Auf dem Wilseder Berg

weiter Blick vom Plateau auf die norddeutsche Tiefebene

Auf dem Plateau verzweigt sich der Weg in zwei aussichtsreiche Pfade, die vor dem Abstieg wieder zusammenkommen. Nach dem Abstieg halten Sie sich bei einer T-Kreuzung links, folgen dem JW sowie dem Heidschnuckenweg durch Heidelandschaft und queren dabei einen Kutschenweg. Dieses Gebiet wurde um 1909 als eines der ersten Gebiete Deutschlands unter Naturschutz gestellt – vor allem auf Betreiben Pastor Bodes (☞ Seite 19).

Ein Waldstück kündigt das Heidetal an, wo der Weg der Haverbeeke flussabwärts folgt. Wenige Minuten nach einem Schafstall erreichen Sie eine T-Kreuzung am Gelände der Pension Heidetal ❸, erbaut 1908 als Kurhaus.

B&B Haus Heidetal, Niederhaverbeck 10, 29646 Bispingen, ☏ 051 98/743, anette.bockelmann@heidetal.info, www.heidetal.info, 🚲, EZ und DZ ab € 70 p. P. inkl. F, nur August und September, einfache Zi im früheren Kurhaus mit Veranda und Gemeinschaftsräumen, u. a. Bibliothek; Buchung für nur eine Nacht nur nachrangig oder kurzfristig möglich!

Etappenziel Ober- statt Niederhaverbeck (➲ gleich lang)

Als Alternative zu Niederhaverbeck bietet sich Oberhaverbeck mit weiteren Übernachtungs- und Einkehrgelegenheiten an. Der schönste Zuweg zweigt bei der T-Kreuzung bei der Pension Heidetal ❸ links ab. Nach 50 m nehmen Sie in der Linkskurve den rechts abzweigenden Weg nach **Oberhaverbeck**. Diese Streusiedlung mit wenigen Häusern erreichen Sie nach 600 m.

Oberhaverbeck

, 80 Ew. (Haverbeck)

Hofcafé Bockelmann, Oberhaverbeck 1, 29646 Bispingen, ☏ 051 98/981 11 14, info@hof-bockelmann.de, www.hof-bockelmann.de, FeWo ab etwa € 80, Café März bis Oktober Mo-Sa 13:00-17:00, Hof am Rand der Heide mit Café sowie Laden mit regionalen Produkten und Ferienwohnungen

Hotel Stimbekhof, Oberhaverbeck, 29646 Bispingen, ☏ 051 98/98 10 90, moin@stimbekhof.de, www.stimbekhof.de, € 25 inkl. Hundenäpfe und Schlummerdecke, DZ ab € 175, EZ ab € 125, Hofcafé und Küche (nur für Hausgäste) täglich 15:00-16:30 und Di-Sa 18:30-21:30, Wellness-Hotel der oberen (Preis-)Klasse mit vielen regionalen und biologischen Produkten in altem Hof

♦ Das kleine Landhaus, Oberhaverbeck 8, 29646 Bispingen, ☏ 051 98/98 71 14, info@kleines-landhaus-bispingen.de, www.kleines-landhaus-bispingen.de, DZ ab € 75, EZ ab € 51, in Sommermonaten auch HP, ruhig gelegene Pension mit günstigen Zimmern

✕ Calluna Imbiss, täglich 10:00-18:00, günstige Sättigung mit günstigen Öffnungszeiten am Hauptparkplatz

Haltestelle „Oberhaverbeck", Linie 156 und Heide-Shuttle ☞ Niederhaverbeck

An der T-Kreuzung folgen Sie dem Kutschenweg nach rechts und erreichen wenige Minuten nach der Linkskurve Niederhaverbeck mit dem Infozentrum des VNP zur Linken.

Niederhaverbeck ✕ ⊙ ⌘, 80 Ew. (Haverbeck)

✕ ⊙ Landhaus Haverbeckhof, Niederhaverbeck 2, 29646 Bispingen, ☏ 051 98/989 80, info@haverbeckhof.de, www.haverbeckhof.de, 27 Zi sowie Restaurant Harmshof und Kaffeegarten, DZ ab € 100, EZ ab € 55 inkl. F, Restaurant Mi und Do 17:00-22:00, Fr und So 12:00-17:00 sowie Sa 12:00-22:00, direkt am Ziel

Hotel Landhaus Eickhof, Niederhaverbeck 8, 29646 Bispingen, ☏ 051 98/12 88, info@landhaus-eickhof.de, www.landhaus-eickhof.de, frei (O-Ton auf Anfrage: „Hunde sind bei uns kostenfrei und wenn der Hund für sein Herrchen bürgt, darf das Herrchen sogar mit"), DZ ab € 90 und FeWo ab € 105, jeweils inkl. F, Landhaus mit Zi und FeWo, 250 m vor dem Ziel rechts vom Weg

Haltestelle „Niederhaverbeck", Linie 156, selten, nur an Schultagen von/nach Bispingen und Schneverdingen, vnn.de; alternativ zwischen Juli und Oktober mehrere Heide-Shuttle-Verbindungen: Linie 1 von Bispingen nach Schneverdingen, Linie 2 von Undeloh nach Tostedt, www.heide-shuttle.de

⌘ Das **Naturinformationshaus Niederhaverbeck** des VNP vermittelt in einem alten Fachwerkhaus mit der Ausstellung „Bienenwelten" Hintergründe zum Heidehonig.

♦ Niederhaverbeck 3, 29646 Bispingen, www.verein-naturschutzpark.de/naturinformationshaus, Mitte Juli bis Ende Oktober täglich 10:00-17:00, Eintritt frei

Niederhaverbeck bildet zusammen mit Oberhaverbeck den Mittelpunkt der Lüneburger (Nord-)Heide; von keinem anderen an das öffentliche Straßennetz angebundenen Ort ist man so schnell auf dem Wilseder Berg. Der Ortsname geht zurück auf den Bach Haverbeeke, der hier zu einem Löschteich aufgestaut wird.

Etappe 5: Niederhaverbeck – Schneverdingen

9,9 km, 2 Std. 30 Min., 60 m, 68 m, 79-108 m, 10,5 km

0,0 km	106 m	Niederhaverbeck
1,7 km	80 m	Picknicktisch hinter Bohlenweg über Haverbeeke
6,5 km	94 m	Sylvestersee
9,9 km	98 m	Schneverdingen, Eine-Welt-Kirche
		(Schneverdingen Ortsmitte ca. 2 km B&B BANK)

Von Niederhaverbeck nach Schneverdingen folgt der Pilgerwege der östlichen Variante des Heidschnuckenweges. Beide Wege begleiten zunächst die Haverbeeke und leiten entlang des Spitzbubenweges durch Wald in die Osterheide, bis in die 1990er-Jahre ein Truppenübungsplatz. Nach deren Querung erwartet Sie hinter einem schmalen Kiefernwaldstreifen die Heidestadt Schneverdingen mit der Eine-Welt-Kirche.

Start ab Ober- statt Niederhaverbeck

In Oberhaverbeck orientieren Sie sich zum großen Parkplatz mit dem Heide-Imbiss und folgen von dort dem gut markierten Rundweg „Heideschleife Tütsberg“ Richtung Suhorn. Bei einer Kreuzung gehen Sie geradeaus über die Heide.

Nach 1 km bietet sich ein schönes Panorama auf die Wümmeniederung von der Suhorn-Hütte mit dem nach dem langjährigen VNP-Ehrenvorsitzenden Alfred Töpfer benannten Aussichtspunkt.

500 m nach der Hütte erreichen Sie den JW und den Heidschnuckenweg beim Bohlenweg ❶ über die Haverbeeke.

Radpilgernde fahren anfangs besser auf der rechten statt linken Seite der Haverbeeke und folgen dem regulären Routenverlauf wieder kurz hinter dem Bohlenweg ❶ – durchgehend radgeeignet bis kurz vor Schneverdingen.

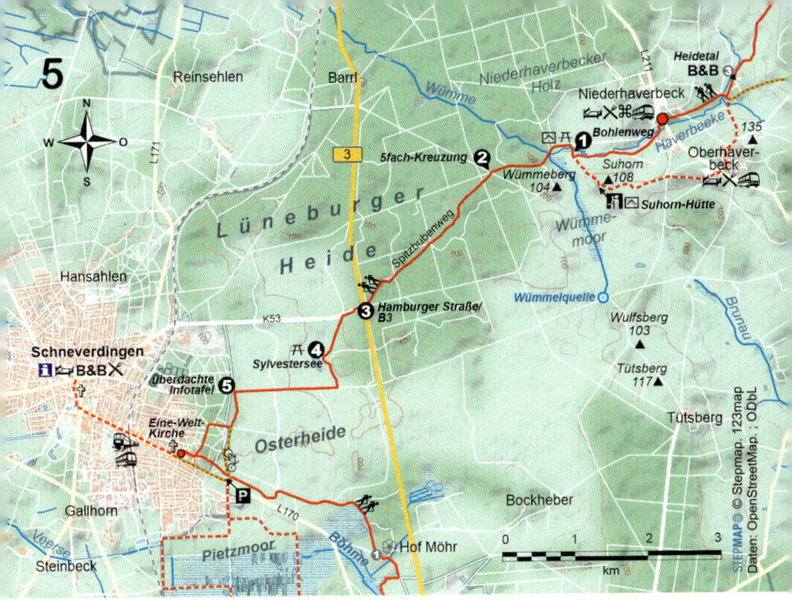

Ab Niederhaverbeck folgt der JW zusammen mit dem Heidschnuckenweg (H) unterhalb vom Landhaus Haverbeckhof der Haverbeeke auf deren linker Seite und quert nach 1,5 km rechts mit einem Bohlenweg ❶ den Bach.

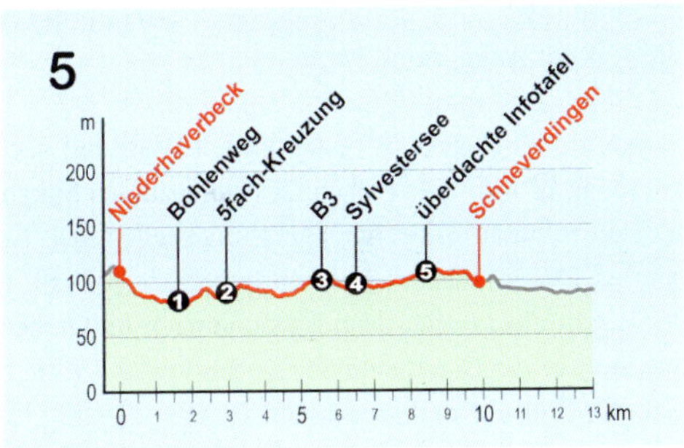

Picknicktisch hinter der Haverbeeke

Bei der Gabelung hinter der Haverbeeke folgen Sie dem JW und dem Heidschnuckenweg nach links vorbei an einem Unterstand und queren sich links haltend die Wümme, die wenige Kilometer links in einer Niederung entspringt.

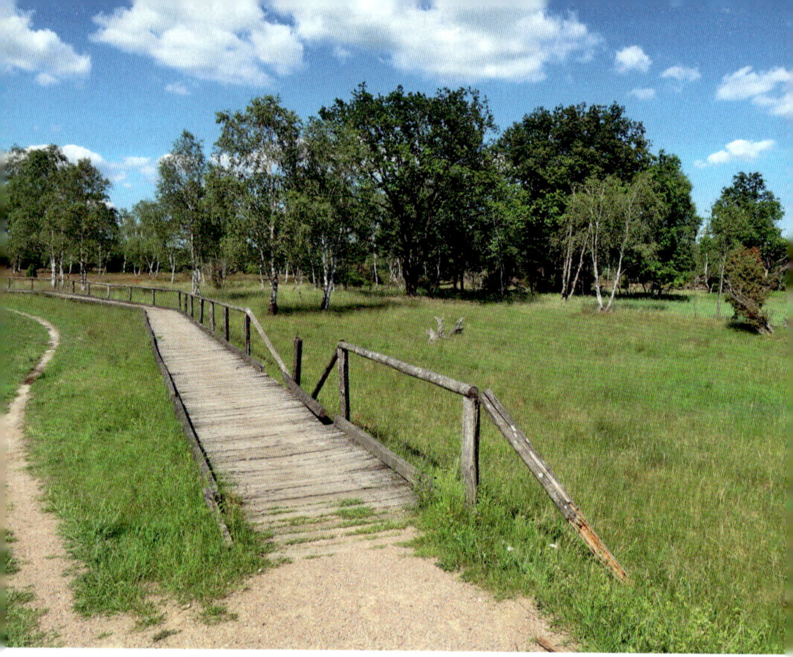

Steg in der Nähe der Wümme

Nach 150 m geht es rechts in den Wald und nach 700 m bei einer 5fach-Kreuzung ❷ halb links entlang des sogenannten **Spitzbubenweges**, dessen Name auf den früheren Salzschmuggel zurückgehen soll. Nach längerer Waldpassage quert der Weg rechts die Hamburger Straße (B3) ❸, folgt für 100 m geradeaus der Landstraße, zweigt dann links und nach 150 m bei einer Kreuzung noch einmal links in die Osterheide ab, die bis in die 1990er-Jahre als Truppenübungsplatz für britische und kanadische Truppen diente.

Am **Sylvestersee** ❹ lädt ein Picknicktisch zur Pause ein.

500 m nach dem Sylvestersee biegen Sie bei einer T-Kreuzung nach rechts ab und wandern 1,4 km geradeaus durch die Osterheide zum Waldrand, wo Sie bei der überdachten Infotafel ❺ nach links gehen.

Bei der folgenden Kreuzung zweigen Sie nach rechts und nach 300 m nach links ab.

Mit dem Rad fahren Sie bei der Kreuzung wegen der folgenden Waldpfade besser geradeaus auf dem Rad- und Heidschnuckenweg Richtung Osterheide und Hof Möhr weiter und radeln nach 600 m beim Wanderparkplatz Osterheide rechts auf der Heberer Straße nach Schneverdingen mit der Eine-Welt-Kirche 200 m nach der Ortseinfahrt.

Die Markierungen weisen durch Kiefernwald nach Schneverdingen, wo Sie am Ortsrand rechts in die Ernst-Dax-Straße abbiegen. Nach 150 m liegt zur Linken die Eine-Welt-Kirche.

Zum Bahnhof (➲ 0,8 km) und Ortsmitte von Schneverdingen (➲ 2 km)
Zur Ortsmitte orientieren Sie sich links zur Heberer Straße und folgen dieser nach rechts, vorbei am Hotel Ramster. Nach 800 m geht es über den Bahnübergang mit dem Bahnhof zur Rechten und weiter geradeaus, vorbei an Supermärkten. In der Rechtskurve der Straße bei der Volksbank führt der schönste Weg zum Zentrum geradeaus in den Park, dort nach rechts zur Peter-und-Paul-Kirche und der sich dahinter befindenden Ortsmitte mit dem Stadtbrunnen vor dem Rathaus sowie dessen Figuren heimischer Sagen.

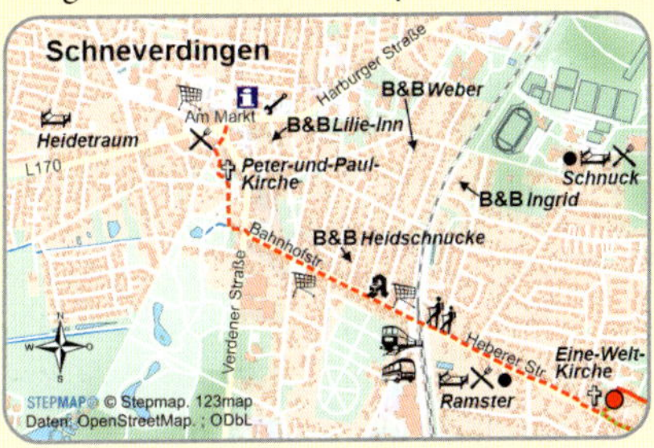

Schneverdingen

B&B, 19.000 Ew.

Tourist-Information Schneverdingen, Rathauspassage 18, 29640 Schneverdingen, ☎ 051 93/938 00, touristik@schneverdingen.de, www.heidenlust.de, November bis April Mo-Fr 9:00-17:00, Mai bis Oktober Mo-Fr 9:00-18:00 sowie Sa 10:00-13:00, im Sommer auch Sa bis 16:00 sowie So 10:00-13:00

Landhotel Schnuck, Osterwaldweg 55, 29640 Schneverdingen, ☎ 051 93/80 80, hotel@landhotel-schnuck.de, www.landhotel-schnuck.de, großes Tagungshotel mit 126 Zi, DZ ab € 120, EZ ab € 100, Bar (Biergarten) täglich ab 11:00, warme Küche täglich 12:00-14:00 und 18:00-21:30, am nordöstlichen Ortsrand, 1 km vom JW

Hotel Ramster, Heberer Straße 16, 29640 Schneverdingen, ☏ 051 93/68 88, info@hotel-ramster.de, www.hotel-ramster.de, 11 Zi, DZ ab € 120, EZ ab € 65, etwas unkonventionell ist die Servicepauschale von € 14 für F und WLAN (und Parken), Restaurant Di-So 17:30-20:00 und Fr-So auch 12:00-15:00, 400 m von der Eine-Welt-Kirche und dem JW

♦ Schäferhof, Heberer Straße 100, 29640 Schneverdingen, ☏ 051 93/35 47, info@hotel-schaeferhof.com, www.naturhotel-schaeferhof.com, Fachwerkhaus mit 21 Zi und Restaurant, ÜF ab etwa € 80, Restaurant Mi-So 11:30-21:00, am Pietzmoor 1 km östlich von Schneverdingen am Anfang von Etappe 6

Hotel Heidetraum, Heinrich-Wahls-Straße 14, 29640 Schneverdingen, ☏ 051 93/80 07 00, info@hotel-heidetraum.de, www.hotel-heidetraum.de, kleines Hotel garni mit 7 Zi, DZ ab € 100, EZ ab € 70, im Westen des Ortes, 3 km vom JW

B&B Pension/Boardinghouse Lilie-Inn, Berkingstraße 6, 29640 Schneverdingen, 01 76/32 41 20 65, office@lilie-inn.de, www.lilie-inn.de, ÜF ab € 50 p. P., modernes Ambiente in traditionellem Wohnhaus nahe dem Zentrum, 2 km vom JW

♦ Pension Ingrid, Fritz-Reuter-Straße 5, 29640 Schneverdingen, ☏ 051 93/12 14, info@pension-schneverdingen.de, www.pension-schneverdingen.de, 4 Zi, DZ ab € 100, EZ ab € 60, nahe der Bahnlinie, 1,5 km vom JW

♦ Pension Heidschnucke, Mittelweg 3, 29640 Schneverdingen, ☏ 051 91/39 66 33 77, info@pension-heidschnucke.de, www.pension-heidschnucke.de, DZ ab € 67, EZ ab € 53 zzgl. F, Unterkunft mit 3 Zi, zwischen Bahnhof und Zentrum, 1,2 km vom JW

♦ Jens Weber, Am Brammer 38, 29640 Schneverdingen, Buchung über www.booking.com, DZ ab € 52, EZ ab € 45, kein F, östlich vom Zentrum, 1,7 km vom JW

Passend zur Eine-Welt-Kirche bietet Schneverdingen gastronomisch eine breites internationales Spektrum: italienisch, griechisch, türkisch, indisch, chinesisch, vietnamesisch, aber auch norddeutsch. Eine Auswahl:

♦ Rice and Spice, Heberer Straße 61, 29640 Schneverdingen, ☏ 051 93/806 99 15, www.rice-and-spice.de, Mo-Fr 11:00-14:00 und 17:0-22:00 sowie Sa und So 14:00-22:00, indische und singapurische Küche nahe der Eine-Welt-Kirche

♦ Da Romeo, Osterwaldweg 2, 29640 Schneverdingen, ☏ 051 93/98 66 88, www.daromeo.de, Di-So 18:00-22:00 sowie Di-Fr und So 12:00-14:30, beliebter Italiener im Zentrum

M-One, Markt 1, 29640 Schneverdingen, ☏ 051 93/51 77 70, www.m-one-restaurant.de, täglich 9:00-0:00. Der Name dieses lebendigen Restaurant-Cafés bezeichnet die zentrale Adresse Markt 1.

zahlreiche Supermärkte im Ort, v. a. am Bahnhof und in der Ortsmitte

Heide-Apotheke Schneverdingen, Schulstraße 2, 29640 Schneverdingen, ☏ 051 93/12 43, www.die-heideapotheke.de, Mo-Fr 8:30-18:30, Sa 8:30-13:00, im Zentrum

Stadt Apotheke, Verdener Straße 13, 29640 Schneverdingen, ☏ 051 93/21 21, www.eimer-apo.de. Mo-Fr 8:00-19:00, Sa 8:00-13:00, gegenüber der Peter-und-Paul-Kirche

Bahnhof Apotheke Schneverdingen, Bahnhofstraße 35, 29640 Schneverdingen, ☏ 051 93/524 53, www.ihre-bahnhof-apotheke.de, Mo-Fr 8:00-18:30, Sa 8:30-13:00

Fahrräder von Fintel, Harburger Straße 9A, 29640 Schneverdingen, ☏ 051 93/62 26, info@von-fintel.de, www.von-fintel.de, Mo, Di, Do, Fr 9:00-12:30 und 14:00-18:00, Sa 9:00-12:30

Die Heide-Shuttles halten am Bahnhof sowie in der Ortsmitte: Linie 1 vom Bahnhof Wintermoor und Richtung Heber, Bispingen sowie Ober- und Niederhaverbeck sowie Linie 4 von Ober- und Niederhaverbeck und Heber in Richtung Soltau, Wolterdingen nach Bispingen, www.heide-shuttle.de.

stündliche Regionalbahnverbindungen Richtung Hannover und Buchholz

Die **Eine-Welt-Kirche** der Schneverdinger Markusgemeinde entstand 1999 als Teil des EXPO-Projektes „Welt-Forum-Wald“. Die großen Glasflächen und die Wahl des Standorts auf einem Spazier- und Schulweg symbolisieren die Offenheit zur Begegnung. Die statt Pfeifen mit digitaler Tonerzeugung arbeitende Orgel kann von Besucherinnen und Besuchern erprobt werden. Während der Baustoff der Kirche mit heimischem Eichen- und Kiefernholz regional ist, besteht der Eine-Erde-Altar der Kirche aus mehreren Tausend sogenannten Erdbüchern – Bodenproben von Spenderinnen und Spendern aus allen Teilen der Erde.

Mit diesem Projekt soll das Naturelement Erde mit dem Kultursymbol Buch verbunden werden. Jährlich kommen beim Erdfest neue Bodenspenden hinzu. Zielmarke sind 7.000 Erdbücher, rund 5.500 sind bisher online katalogisiert: www.eine-erde-altar.org.

♦ Ostern bis Reformationstag täglich 10:00-12:00 und 15:00-17:00; Kirchenbüro: Markusgemeinde, Friedensstraße 3, 29640 Schneverdingen, ☏ 051 93/12 49, markusgemeinde@eine-welt-kirche.de, www.markusgemeinde-schneverdingen.de, Mo und Di 10:00-12:00 sowie Mi und Do 16:00-18:00

✞ ⊙ Die **Peter-und-Paul-Kirche** wurde im 18. Jh. an der Stelle einer baufälligen Vorgängerkirche aus Feldsteinen erbaut und im 19. Jh. erweitert. Dabei wurde der hölzerne Glockenturm durch einen neugotischen Turm ersetzt, der aber 1907 abbrannte. Der jetzige 50 m hohe Turm ist ein Neubau von 1918. Im Innern fallen das bronzene Taufbecken aus dem 14. Jh. und die Kanzel von 1745 auf.

♦ Kirchengemeinde: Friedenstraße 3, 29640 Schneverdingen, ☏ 051 93/12 49, kirchenbuero@peterundpaul.de, www.peterundpaul.de, Mo und Di 10:00-12:00 sowie Mi und Do 16:00-18:00

Schneverdingen ist das westliche Tor zum Naturpark Lüneburger Heide. Bekannt ist der Ort für den Höpener Heidepark im Norden sowie die anlässlich der EXPO 2000 errichtete Eine-Welt-Kirche (s. o.). In der Ortsmitte erinnert ein Brunnen mit Figuren an heimische Sagen.

Stadtbrunnen in Schneverdingen

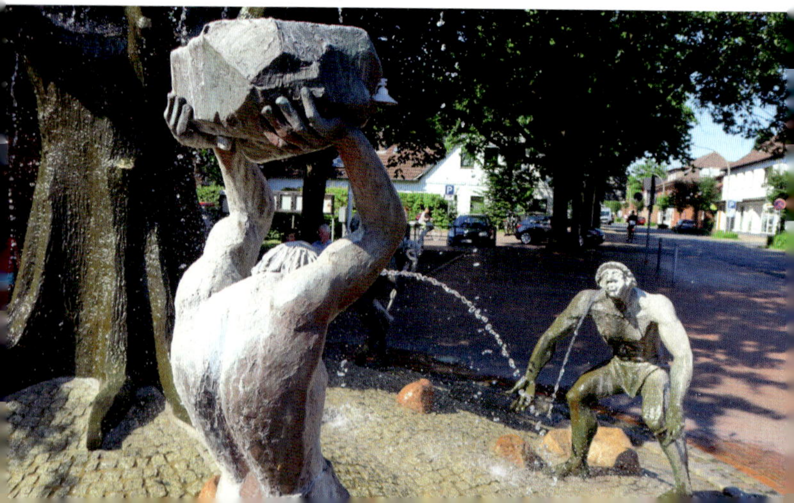

Etappe 6: Schneverdingen – Soltau

➲ 20,8 km, ⌛ 5 Std., ↑ 100 m, ↓ 138 m, ⇧ 50-98 m, 🚲 20,6 km

0,0 km	⇧ 98 m	Eine-Welt-Kirche ✝ ⊙
3,5 km	⇧ 91 m	Hof Möhr ✿
6,1 km	⇧ 78 m	Heber 🛏 ⛺ ✕ ✝ ⊙ 🚌
11,9 km	⇧ 74 m	Luisenhof 🛏
13,4 km	⇧ 74 m	Wolterdingen 🛏 ✝ ⊙ 🚌 🚆
16,7 km	⇧ 80 m	Ebsmoor ⊠ ⛩
18,3 km	⇧ 66 m	Camping Röders' Park ⛺ ✕
19,9 km	⇧ 65 m	Soltau Therme ✕ 🏊
20,8 km	⇧ 60 m	Soltau i 🛏 B&B ✕ ☕ 🛒 ⚕ BANK 📯 ✚ 🔧 🏊 ✝ ⊙ ⌘ 🚌 🚆

Von Schneverdingen quert der Jacobusweg zunächst wieder die Osterheide. Vor einem Waldstück wäre ein Abstecher zu dem mit einem Holzbohlenweg erschlossenen Pietzmoor möglich – dem größten Moorgebiet der Lüneburger Heide. Hinter dem Hof Möhr erreicht der Pilgerweg das Böhmetal und folgt der Böhme mit mehreren Flussquerungen und Umwegen südwärts nach Soltau.

Von der Kirche ein Stück auf bekannten Weg zurück verlässt der JW Schneverdingen in östliche Richtung. Nach dem schmalen Kiefernwald öffnet sich die Osterheide, die Sie vorbei am Besucherparkplatz parallel zur Straße auf dem breiten Weg queren.

🚲 Radpilgernde verlassen Schneverdingen einfacher auf der Heberer Straße Richtung Heber und wechseln 500 m nach dem Ort beim Wanderparkplatz Osterheide auf den links parallel zur Straße verlaufenden Kutschenweg – jetzt wieder mit JW-(und H-)Markierungen.

↳ Rechts liegt jenseits der Straße das renaturierte Pietzmoor mit Quelle der Böhme, das von einem großteils auf Holzbohlen führenden, ➲ 7 km langen Heideschleifen-Rundweg erschlossen wird.

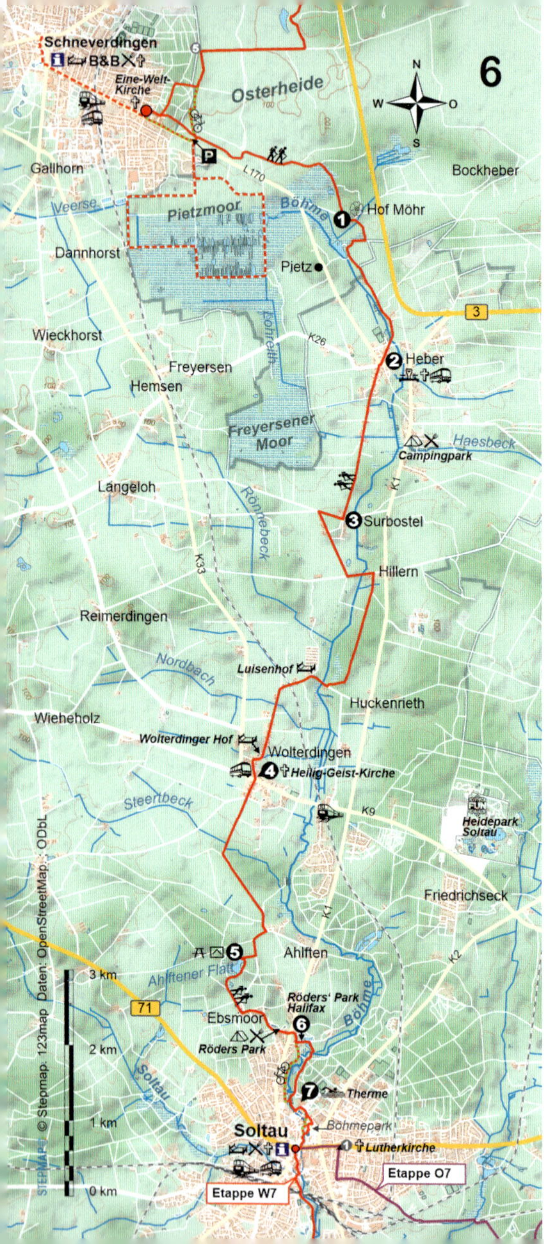

Nach einer Linkskurve verlässt der JW den Hauptweg nach rechts Richtung Hof Möhr – zusammen mit dem Heidschnuckenund Freudenthalweg (F).

Nach einer Infostation über Böden geht es auf Holzbohlen durch Auwald zum Hof Möhr ❶, Hauptsitz des VNP.

Wer sein Rad schiebt, meistert die Passage über die Holzbohlen.

Der **Hof Möhr** bietet als Verwaltungssitz des VNP und der Naturschutzakademie selbst zwar kein Infozentrum (diese sind in Undeloh und Niederhaverbeck), dafür ein nettes Außengelände mit u. a. Wildblumen- und Streuobstwiese, verschiedenen Nisthilfen, Insektenhotels und Pflanzenkläranlage.

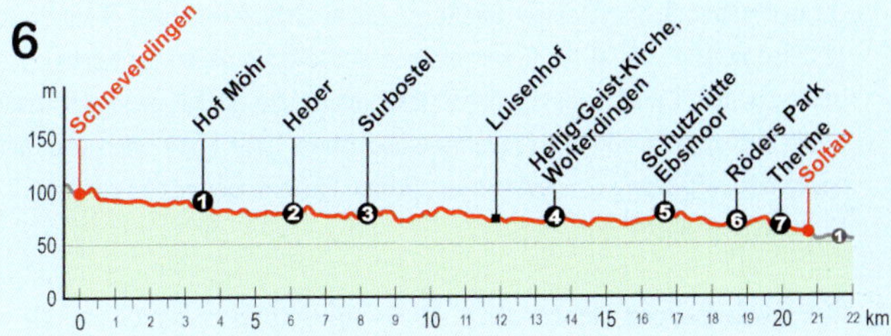

Vor dem Hof stehend wenden Sie sich nach links. Während nach der folgenden Linkskurve der Heidschnuckenweg nach dem Hof Möhr nach links abzweigt, verläuft der JW zusammen mit dem Freudenthalweg nach rechts. Bei der folgenden T-Kreuzung vor einem Feld trennen sich auch diese beiden Wege: Der Freudenthalweg führt nach links, Sie folgen der Pilgermuschel nach rechts am Waldrand entlang.

🚲 Mit dem Rad folgen Sie für die nächsten 500 m lieber dem Freudenthalweg: also bei der T-Kreuzung links und sich zweimal rechts haltend wieder zur Route.

Nach einer lang geschwungenen Linkskurve führt der JW in den Wald und verläuft parallel zur Böhme südwärts – abwechselnd durch Wald und Felder. Nach Querung der Böhme erreichen Sie Heber mit einer Straßenkreuzung rechts vor einem Hofladen ❷.

Heber

800 Ew.

Camping Park Lüneburger Heide, Badeweg 3, 29640 Schneverdingen, ☏ 051 99/275, info@camping-lh.de, www.camping-lh.de, Camping auf Standardstellplatz p. P. ab € 20, Bungalow ab € 55 (für 1 Nacht nur in Nebensaison), Campingplatz März bis Oktober, Restaurant Di-Sa 17:00-20:00, 1 m km südlich von Heber an der Hauptstraße, daher eher nur für Notfälle oder Radpilgerinnen und Radpilger

Lahde's Hofladen, Schneverdinger Straße 17, 29640 Schneverdingen, ☏ 051 99/229, www.lahdes-hof.de, Mo-Sa 8:00-19:00, So 9:00-18:00, landwirtschaftliche Produkte und Lebensmittel der Region

Gutkauf Heber, Schneverdinger Straße 12, 29640 Schneverdingen, Mo-Sa 6:00-12:30 sowie Mi-Fr 15:00-18:00, kleiner Lebensmittelladen neben der Kirche

Heide-Shuttles Linie 1 vom Bahnhof Wintermoor und Schneverdingen Richtung Heber, Bispingen, Ober- und Niederhaverbeck sowie Linie 4 von Ober- und Niederhaverbeck in Richtung Schneverdingen, Soltau, Wolterdingen nach Bispingen, www.heide-shuttle.de

Die **Friedenskirche Heber** wurde 1956 auf Betreiben der Gemeinde und deren Bewohnerinnen und Bewohner mit viel privatem Engagement (und Geld) an der Stelle einer früheren Kapelle errichtet, nachdem ein Landwirt den Grund zur Verfügung gestellt hatte. Das Kirchenbüro wird von der Markusgemeinde der Eine Welt-Kirche betreut (☞ Schneverdingen).

Wenige Meter nach Querung der Hauptstraße folgen Sie dem JW und dem Freudenthalweg links entlang der Lindenstraße Richtung Surbostel. Nach 2,1 km und schnurgeradem Verlauf biegen Sie beim **Hof Surbostel ❸** rechts in die Surbosteler Straße ab und nach 350 m scharf links in die Straße Richtung Hillern. Am Ende folgt der JW der Straße Am Wacholderpark links und nach 350 m bei Gebäuden dem Waldweg rechts. Nach einem Rechtsknick erreicht der JW eine Straße, folgt ihr rechts über die Böhme und mündet bei **Luisenhof** in die Straße In der Reith ein, auf der Sie links die Bahngleise queren.

Hotel-Pension Luisenhof, In der Heide 9, 29614 Soltau, ☏ 051 91/39 70, info@hotel-pension-luisenhof.de, www.hotel-pension-luisenhof.de, Pension mit 9 Zi, DZ ab € 65, EZ ab € 35, zwischen Böhme- und Bahnquerung

Nach der Bahnquerung schwenkt die Straße nach links und führt nach Wolterdingen, wo Sie links zur Heilig-Geist-Kirche ❹ abzweigen.

Wolterdingen

1.100 Ew.

Wolterdinger Hof, In der Reith 5, 29614 Soltau, ☏ 051 91/148 54, info@wolterdinger-hof.de, www.wolterdinger-hof.de, 13 Zi, € 8, DZ ab € 60, EZ ab € 35, am Weg

Haltestelle „Wolterdingen, Kirche", Linie 200 Mo-Sa mindestens alle 2 Stunden Richtung Soltau, vnn.de

Bahnhof Wolterdingen 1 km südöstlich von der Kirche mit stündlichen Verbindungen der Heidebahn Richtung Hannover und Buchholz

✞ ⦿ Die **Heilig-Geist-Kirche** geht in ihrer jetzigen Form auf das 19. Jh. zurück, soll aber nach einer Überlieferung bereits im 13. Jh. gestiftet worden sein. Das Bronzetaufbecken von 1430 ist für heutige Bedürfnisse überdimensioniert; damals wurden die Kinder bei der Taufe noch ganz untergetaucht. Den Tauchgang verhindert heute eine bei Taufen eingesetzte Messingschale. Reliefs schmücken die Außenwand der Taufe, darunter auch Pilgerzeichen aus beliebten Wallfahrtsorten um 1400. Der Altar von 1450 zeigt an den Seiten Figuren der Apostel, darunter Jakobus. Der separate hölzerne Glockenturm mit seinen vier Glocken geht auf das Jahr 1417 zurück.

♦ Ende März bis Ende Oktober täglich 8:00-18:00; Kirchengemeinde: Wolterdinger Dorfstraße 2, 29614 Soltau-Wolterdingen, ☏ 051 91/92 75 20, torsten.schoppe@gmail.com, https://kirche-wolterdingen.wir-e.de

In Wolterdingen queren Sie die Soltauer Straße und folgen der Brinkstraße geradeaus heraus aus dem Dorf (später Alte Kirchstraße). Abzweigungen ignorierend erreichen Sie bei einem Hof eine T-Kreuzung, folgen dort der Straße rechts am Waldrand entlang und durch eine Linkskurve. Nach einer Hochspannungsleitung zweigt der JW rechts ab Richtung Ahlftener Flatt. Kurz darauf führt der JW links an diesem eiszeitlich entstandenen Heideweiher vorbei.

Picknickgelegenheit mit Schutzhütte **Ebsmoor** ❺ hinter der Linkskurve des Weges direkt am Ufer des Weihers

Der Weg schwingt nach dem Weiher im Linksbogen durch den Wald und setzt sich in der kleinen Straße Ebsmoor in das gleichnamige Dorf hinein fort. Bei der Straßenkreuzung in Ebsmoor zweigen Sie nach links ab und passieren nach 5 Minuten einen Campingplatz.

Camping Röders' Park, Ebsmoor 8, 29614 Soltau, ☏ 051 91/21 41, www.roeders-park.de, € 3, Stellplatz p. P. ab € 16, ganzjährig, Gasthaus im Sommer täglich 18:00-22:00, in der Nebensaison mit Ruhetagen

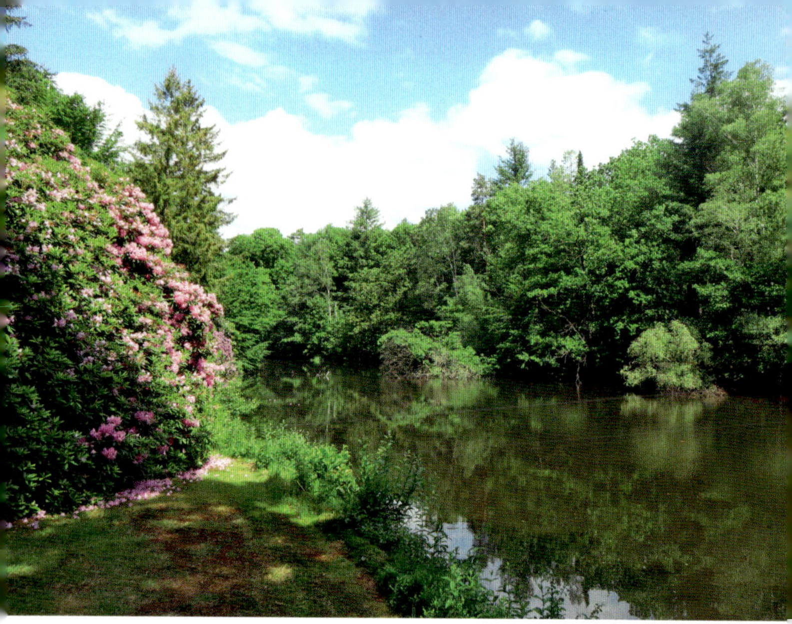

Röders Park

Hinter dem Campingplatz queren Sie leicht links versetzt die Harburger Straße und folgen dem Weg Am Halifax. Bei der folgenden Kreuzung führt Sie der Einfrielinger Weg in den Park mit altem Baumbestand.

🚲 Beim Park radeln Sie bei der Kreuzung geradeaus Richtung Soltau, zweigen nach 900 m nach links ab und queren die Soltau. Sie folgen bis kurz nach der Therme ❼ wieder dem JW, ehe Sie im Böhmepark auf dem Radweg Richtung Zentrum radeln.

Für den Park sind zwei Namen geläufig: **Halifax** – die kanadische Stadt liegt auf demselben (53.) Breitengrad – oder **Röders Park ❻**. Der Soltauer Filzfabrikant Wilhelm Röders ließ hier um 1900 nach Kauf einer 25 ha großen Agrarfläche den heutigen Park mit seinen drei Seen anlegen. Nach dem Teich zweigt der JW nach rechts ab, quert an dessen Ende die Böhme und folgt anschließend rechts den bekannten Fernwegen Heidschnuckenweg und den Freudenthalweg parallel zur Böhme Richtung Soltau.

Bei der Therme ❼ verlassen die Routen den Wald und schwingen in einer Kurve in den Böhme-Familienpark.

Soltau Therme, Mühlenweg 17, 29614 Soltau, www.soltau-therme-online.de, 10:00-21:00, Eintritt variabel, im Spektrum zwischen „Sprintertarif" für 70 Minuten im Schwimmbad (€ 4,50) und „All in"-Tageskarte (ca. € 30), Thermalbad mit Schwimmbad innen und außen, Solebad, Sauna und Wellness

therme lounge am Wellnessbad, täglich 10:00-20:00, mit Außenterrasse oder Blick in den Solepavillon, auch für „Nicht-Schwimmerinnen und Nicht-Schwimmer" zugänglich

Die gut markierte Route (H, F, Muschel) schlängelt sich durch den Park und erreicht nach Querung der Böhme und einem Parkplatz die Wilhelmstraße, wo 30 m weiter rechts die zentrale Fußgängerzone beginnt. In Soltau trennt sich der Jacobusweg in eine westliche (Etappe W7-W10) und östliche Variante (Etappe O7-O16).

Soltau

B&B BANK, 22.000 Ew.

Soltau-Touristik, Am Alten Stadtgraben 3, 29614 Soltau, ☏ 051 91/828 28, touristik@stadt-soltau.de, www.soltau-touristik.de, Mo-Do 9:00-17:00 sowie Fr 9:00-14:00, Mai bis Oktober auch Sa 9:00-12:00

Als touristischer Schwerpunkt zwischen Nord- und Südheide bietet Soltau eine große Auswahl an Hotels; hier eine Auswahl von überwiegend günstig und ruhig gelegenen:

- Hotel MyLord, Mühlenweg 7, 29614 Soltau, ☏ 051 91/97 86 17, info@mylord2000.de, www.mylord2000.de, 12 Zi sowie Gartenwirtschaft, DZ ab € 85, EZ ab € 65, am Ortseingang an der Böhme nahe der Therme, 80 m vom JW
- Hotel-Pension Am Böhmepark, Bornemannstraße 3, 29614 Soltau, ☏ 051 91/980 20, info@hotel-am-boehmepark.de, www.hotel-am-boehmepark.de, 10 Zi, DZ ab € 76, EZ ab € 60 zzgl. F (€ 10), Hotel garni zwischen Böhmepark und Kreisverkehr, 100 m vom JW
- Dat Greune Eck, Alter Badeweg 2, 29614 Soltau, ☏ 051 91/163 57, info@dat-greune-eck-soltau.de, www.dat-greune-eck-soltau.de, € 10, DZ ab € 70, EZ ab € 47, Hotel garni am Böhmepark, 150 m vom JW

Heideparadies, Lüneburger Straße 6, 29614 Soltau, ☏ 051 91/30 86, info@hotel-heideparadies.de, www.hotel-heideparadies.de, mit 18 Zi, DZ ab € 90, EZ ab € 62, Hotel an der Hauptstraße nahe der Lutherkirche

B&B Pension Mertens, Harm-Tyding-Straße 6, 29614 Soltau, ☏ 051 91/41 00, info@pension-mertens.de, www.pension-mertens.de, ÜF ab € 40, kleine Privatunterkunft mit Garten, Zi teilw. mit Terrasse, 1 km östlich vom Zentrum

Alexander's, Wilhelmstraße 2, 29614 Soltau, ☏ 051 91/96 81 16, www.alexanders-soltau.de, täglich 10:00-0:00, Restaurant mit Terrasse am Beginn der Fußgängerzone

♦ Delphi, Wilhelmstraße 4, 29614 Soltau, ☏ 051 91/187 00, täglich 17:30-22:00 sowie Fr-So 11:45-14:30, griechisches Restaurant neben obigem

♦ Don Camillo, Hagen 9, 29614 Soltau, ☏ 051 91/97 50 11, www.doncamilloesandrone.de, Di-So 12:00-14:30 und 17:30-22:30, beliebter Italiener am Marktplatz

Café Chocolat, Bornemannstraße 7, 29614 Soltau, ☏ 051 91/97 53 13, Mi-So 9:00-18:00, nettes Café am Böhmepark

♦ Hildes Café, Georges-Lemoines-Platz 5, 29614 Soltau, ☏ 051 91/964 80 02, hildes-cafe.de, Mo-So 9:00-17:00, Café am Südende der Fußgängerzone

im Zentrum Lidl, Am Alten Stadtgraben 5, 29614 Soltau, oder etwas südlich davon ALECO BioMarkt, Georges-Lemoine-Platz 13, 29614 Soltau, im Umkreis auch Rewe und Aldi

Löwen Apotheke, Wilhelmstraße 6, 29614 Soltau, ☏ 051 91/24 00, www.loewen-apo-soltau.de, Mo-Fr 8:00-18:00, Sa 8:00-12:30, am Nordende der Fußgängerzone

♦ Medicus-Apotheke, Walsroder Straße 8, 29614 Soltau, ☏ 051 91/125 55, www.medicusapotheke.de, Mo-Fr 8:00-18:30, Sa 8:00-12:30, nahe dem Südende der Fußgängerzone

Fahrradsport Schulz, Marktstraße 31-33, 29614 Soltau, ☏ 051 91/44 88, fahrradsport-schulz@t-online.de, www.fahrradsport-schulz.de, Di-Fr 10:00-13:00 und 14:00-18:00, Sa nur 10:00-13:00

♦ Fahrrad Moors „XS“, Bergstraße 8, 01 51/21 30 44 80, Mo-Fr 8:00-14:00

Heide-Shuttle Linie 4 von Ober- und Niederhaverbeck, Heber, Schneverdingen in Richtung Wolterdingen und Bispingen, www.heide-shuttle.de

Regionalbahnverbindungen im Stundentakt Richtung Hannover und Buchholz sowie im 2-Stunden-Takt Richtung Bremen und Uelzen

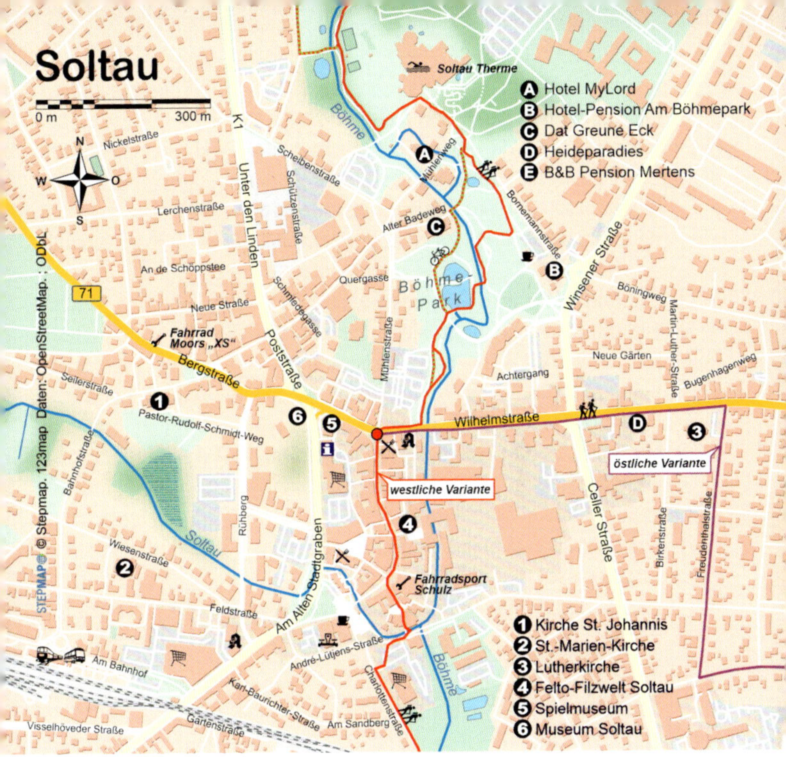

✞ Die erstmals 1464 urkundlich erwähnte evangelische **Kirche St. Johannis** gilt als ältestes Gotteshaus in Soltau. Nach einem Brand wurde die 1755 erbaute spätbarocke Saalkirche 1908 im neubarocken Stil neu errichtet, kurz vor dem Bau einer weiteren evangelischen Kirche.

♦ Kirchengemeinde St. Johannis: Rühberg 7, 29614 Soltau, ☏ 051 91/22 63, https://stjohannis.wir-e.de, Di-Fr 10:00-12:00 sowie Do auch 15:00-17:00

✞ Die katholische **St.-Marien-Kirche** ist ein Neubau von 1975 an der Stelle der neubarocken Vorgängerkirche von 1901, an die noch der Glockenturm mit seinem Zwiebeldach erinnert. Der Zustrom von katholischen Flüchtlingen und Heimatvertriebenen machte den Neubau erforderlich.

♦ Kath. Pfarrgemeinde St. Maria: Feldstraße 22, 29614 Soltau, ☏ 051 91/36 36, st-maria-soltau@ewetel.net, www.st-maria-soltau.de

✞ Die **Lutherkirche** wurde 1911 als zweites evangelisches Gotteshaus Soltaus errichtet, nachdem die evangelische Johanniskirche abgebrannt und die Einwohnerzahl im Zuge der Industrialisierung stark gestiegen war.

♦ täglich 9:00-17:00; Kirchengemeinde: Ginsterweg 19, 29614 Soltau, ☏ 051 91/927 37 88, Keno.Eisbein@evlka.de, www.lutherkirche-soltau.de

⌘ ⊙ Die **Ausstellung felto** führt in der Fußgängerzone in einer alten Filzfabrik in den Filz von Soltau ein, nicht bildlich gemeint. Die Produktion dieses Textilstoffes aus Schafwolle hat eine lange Tradition in Soltau, mit vielseitigen Einsatzmöglichkeiten, etwa als Dämm- oder Filterstoff. Eine Aussichtsplattform bietet einen netten Blick auf das Ortszentrum.

♦ Marktstraße 19, 29614 Soltau, www.filzwelt-soltau.de, täglich 10:00-18:00, Eintritt € 8

⌘ ⊙ Das **Spielmuseum Soltau** präsentiert von Autos bis Zirkuswelten Kinderträume zum Anfassen.

♦ Poststraße 7, 29614 Soltau, www.spielmuseum-soltau.de, täglich 10:00-18:00, Eintritt € 5

⌘ Das **Museum Soltau** gegenüber vom Spielmuseum beleuchtet die Stadtgeschichte.

♦ Poststraße 11, 29614 Soltau, www.museum-soltau.de, Di-So 14:00-17:00, Eintritt € 3

Soltau liegt günstig zwischen Nord- und Südheide am Zusammenfluss von Soltau und Böhme und ist mit der Therme, dem nahen Heidepark und mehreren Museen ein beliebter Anlaufpunkt für Touristinnen und Touristen. Außerdem hat die verkehrsgünstig gelegene Stadt eine lange Tradition als Industriestandort, darunter Teebeutel, Textil (Filz), Betonteile, Backwaren (Harry) und Maschinenbau. Mittelpunkt ist die Fußgängerzone mit dem westlich gelegenen Marktplatz Hagen und dem dortigen Heiratsbrunnen von 1978.

(Westliche) Hauptvariante von Soltau via Walsrode

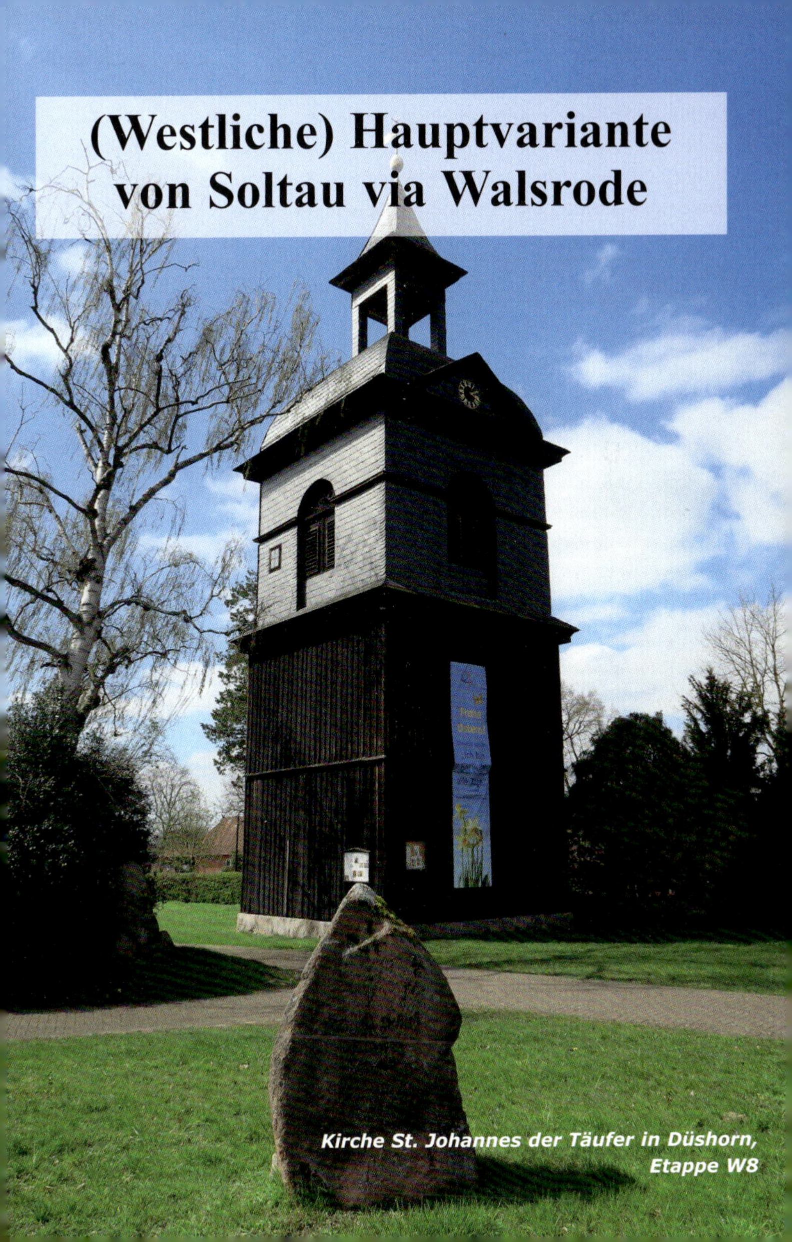

Kirche St. Johannes der Täufer in Düshorn, Etappe W8

Die westliche Variante folgt mit einigen Schlenkern von Soltau über Bad Fallingbostel nach Walsrode der Böhme und nach kurzem Abschnitt über Krelingen ab Hodenhagen der Leine zum Kloster Mariensee. Kurz vor dem Kloster Mariensee mündet bei Amedorf die östliche Variante in den Weg ein.

Etappe W7: Soltau – Bad Fallingbostel

23,3 km, 6 Std., 100 m, 113 m, 37-66 m, 23,3 km

0,0 km	60 m	Soltau B&B
5,6 km	46 m	Camping Imbrock
10,0 km	51 m	Gutskapelle Wense
14,0 km	49 m	Park Allerhop
15,8 km	45 m	Dorfmark B&B BANK
23,3 km	47 m	Bad Fallingbostel BANK

Der westliche Jacobusweg folgt nach Bad Fallingbostel großteils der Böhme, zu napoleonischen Zeiten der Grenzfluss zwischen Frankreich und dem Königreich Westphalen. Anfangs begleitet der Pilgerweg den nach den in Bad Fallingbostel geborenen Schriftsteller-Brüdern benannten Freudenthalweg, der allerdings ab kurz vor dem Ziel auf der anderen Flussseite verläuft.

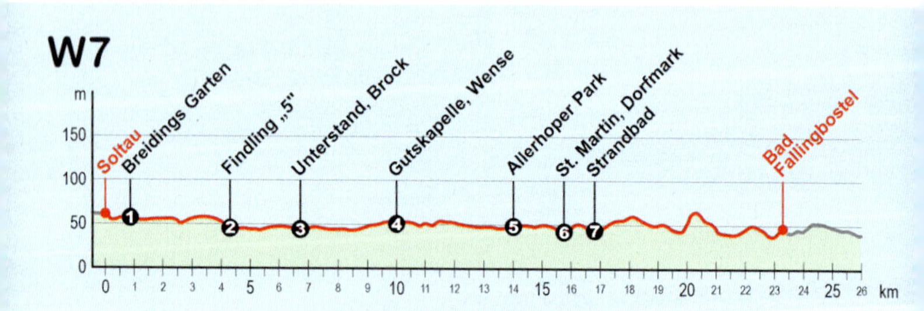

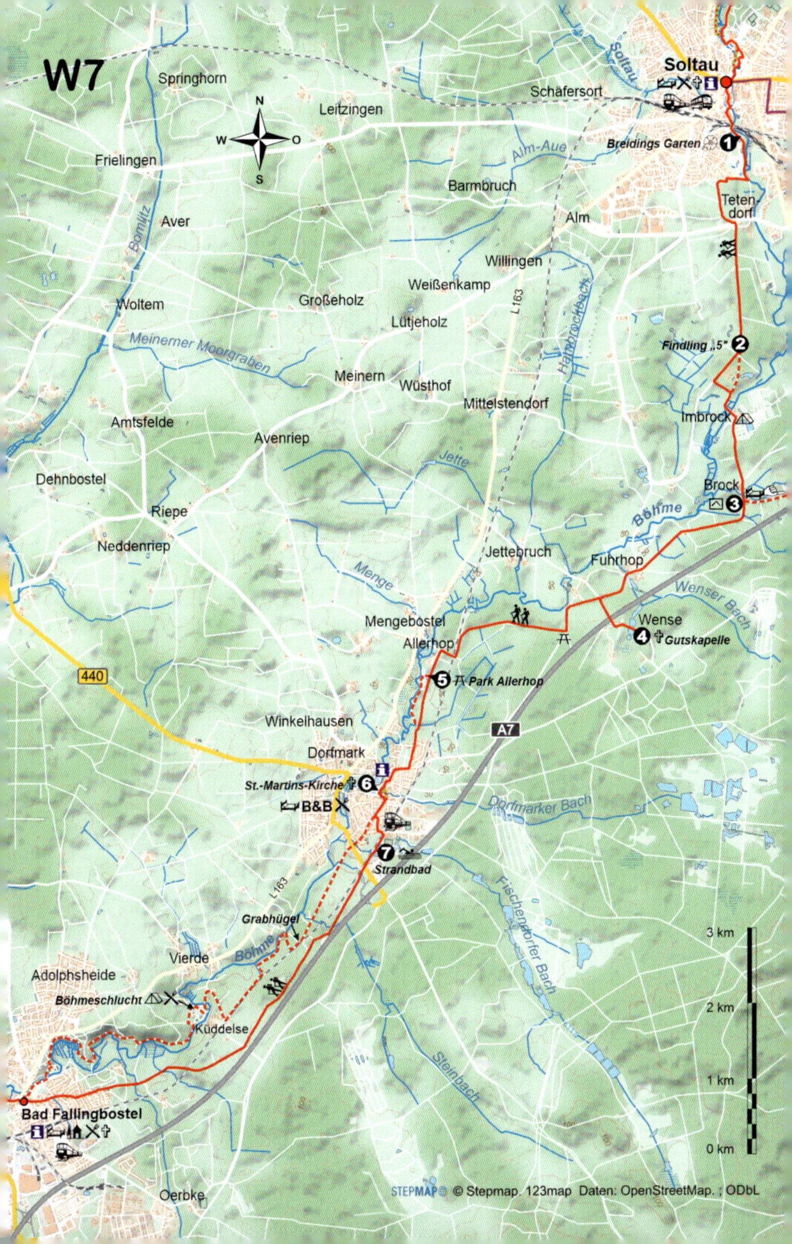

W7
Springhorn
Leitzingen
Soltau
Schäfersort
Breidings Garten
Frielingen
Alm-Aue
Barmbruch
Teten-dorf
Aver
Bomlitz
Alm
Willingen
Weißenkamp
Woltem
Großeholz
Lütjeholz
L 163
Hahnbrockbach
Meinerner Moorgraben
Findling „5"
Meinern
Wüsthof
Mittelstendorf
Amtsfelde
Imbrock
Avenriep
Jette
Dehnbostel
Brock
Böhme
Riepe
Neddenriep
Jettebruch
Fuhrhop
Menge
Wenser Bach
Wense
Mengebostel
Gutskapelle
Allerhop
440
Park Allerhop
Winkelhausen
A7
Dorfmark
St.-Martins-Kirche
B&B
Dorfmarker Bach
Strandbad
L 163
Grabhügel
Fischendorfer Bach
Vierde
Böhme
3 km
Adolphsheide
Böhmeschlucht
2 km
Küddelse
Steinbach
1 km
Bad Fallingbostel
0 km
Oerbke
STEPMAP © Stepmap. 123map Daten: OpenStreetMap. ; ODbL

Der JW verlässt Soltau in südlicher Richtung: nach der Fußgängerzone entlang der Charlottenstraße rechts am Discounter Aldi vorbei. Nach der Bahnunterführung folgen Sie dem Pilgerweg sowie dem Fernwanderweg Freudenthalweg (F) links über den Radweg. Rechts liegt der an einen englischen Landschaftspark erinnernde **Breidings Garten ❶**, benannt nach und im 19. Jh. gesponsert vom gleichnamigen Soltauer Unternehmen für Filz und Bettfedern.

Am Ende des Parks halten Sie sich – anders als der Freudenthalweg – bei einer Bank rechts, folgen dem Weg auf den Wald zu und weiter geradeaus am Waldrand entlang. Bei Abzweigungen gehen Sie zunächst links und bei einer Kreuzung 200 m nach einer lang geschwungenen Linkskurve im Wald geradeaus. Sich links haltend erreichen Sie kurz darauf eine Landstraße, zweigen dort für 20 m nach links und dann nach rechts ab (F). Nach 250 m zweigt der Freudenthalweg halb rechts ab, Sie aber pilgern geradeaus auf der Straße Tetendorfer Weg weiter. Der JW knickt nach weiteren 1,5 km bei einem Findling mit der Ziffer „5" ❷ halb rechts ab und führt bei der folgenden Straßenabzweigung (nach 500 m) nach links.

Allee zur Gutskapelle Wense

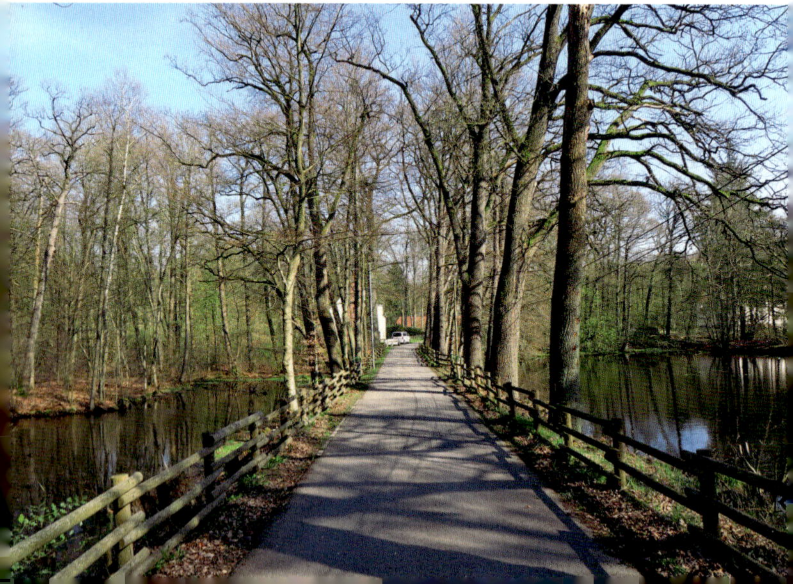

↳ Viel schöner und (➲ 250 m) kürzer ist der bei dem Findling mit der Ziffer „5“ geradeaus verlaufende Waldweg (X mit Pfeil), der nach 600 m bei einem Trafohäuschen wieder die Straße mit dem JW erreicht und ihr links folgt. So vermeiden Sie 800 m Straße!

Nach Querung der Böhme passiert die Straße bei Imbrock einen Campingplatz.

⛺ Camping Imbrock, Imbrock 4, 29614 Soltau, ☏ 051 91/52 02, 💻 www.camping-imbrock.de, 🐕 € 3, ab € 20 zzgl. € 2 p. P., 🚪 ganzjährig, großer Platz mit 25 ha großem Gelände

Der JW führt weiter südwärts und passiert vor einem Rechtsschwenk in akustischer Reichweite der A7 mit Autorauschen einen ⌂ Unterstand ❸.

↳ 100 m vor dem Unterstand ❸ ist nach links ein 600 m langer Abstecher zu einer Übernachtungsgelegenheit möglich:

🛏 Hotel Garni Bei Ulbrichs, Brock 6-7, ☏ 051 91/97 96 94, ✉ ulbrich.betriebsservice@t-online.de, 💻 www.ulbrich-betriebsservice.de, 🛁, 🐕 € 15, DZ ab € 80, EZ ab € 60 zzgl. F (€ 10), Hotel- und Cateringbetrieb 600 m östlich von der Strecke mit einigen Zi und eingebauter kleiner Küche

Der Pilgerweg folgt nach Querung eines Baches der Straße Fuhrhop durch die Rechtskurve und zwischen Böhmetal (rechts) sowie A7 (links) nach Fuhrhop. An dessen Dorfende quert er, jetzt wieder zusammen mit dem Freudenthalweg, den Wenser Bach. 500 m danach zweigt der JW nach links ab zu einem 800 m langen Abstecher (pro Strecke) unter der A7 hindurch zur Gutskapelle Wense ❹.

✝ Die **Gutskapelle Wense** liegt in der verwilderten Parklandschaft des ehemaligen Gutes Wense, heute Teil des Truppenübungsplatzes Bergen-Belsen. Das Gotteshaus entstand 1672 als Gruft und Gutskapelle der Familie Wense, nachdem der hölzerne Vorgängerbau im 30-jährigen Krieg abgebrannt war. Die prächtige Innenausstattung mit dem auffällig verzierten Altar ist großteils auffällig blau bemalt.

Sie wandern wieder zurück und folgen dem JW im Gleichlauf mit dem Freudenthalweg nach links parallel zur Böhme, biegen 200 m nach einer Linkskurve bei einem Picknicktisch nach rechts ab und erreichen sich rechts haltend nach Querung der Bahngleise **Allerhop**, einen Ortsteil von Mengeborstel. Gleich bei der ersten Kreuzung – noch vor der Böhmebrücke – biegen Sie nach links ab. Am Ortsende beginnt bei einem Rastplatz mit Infotafel der Park Allerhop ❺, durch den der Freudenthalweg führt. Der JW folgt der Straße südwärts nach Dorfmark.

Schöner und nur 150 m länger ist der (nicht radgeeignete) Verlauf vom Freudenthalweg durch den Park Allerhop und danach auf einem Pfad durch Bruchwald neben der Böhme. Nach 800 m erreichen Sie wieder die Straße mit dem JW (Rennbahn) und folgen ihr rechts nach Dorfmark.

In Dorfmark biegen Sie nach dem Friedhof nach rechts ab, halten sich vor der Brücke über die Böhme links und folgen den Markierungen durch das Dorf (Großer Hof, rechts Marktstraße, links Hauptstraße). Beim Hotel Deutsches Haus geht es halb rechts zur St.-Martins-Kirche ❻, links an dieser vorbei und nach der Bachbrücke zum Dorfbrunnen.

Radfahrerinnen und Radfahrer bleiben in Dorfmark auf der Hauptstraße und radeln auf ihr rechts an der Kirche (ggf. mit Abstecher) und dem Platz mit Dorfbrunnen vorbei.

Dorfmark B&B BANK, 3.200 Ew.

Dorfmark Touristik, Marktstraße 1, 29683 Bad Fallingbostel, 051 63/366 01 60, info@dorfmark-touristik.de, www.dorfmark-touristik.de, Mo, Di, Do 10:00-12:00, im alten Rathaus

Hotel Deutsches Haus, Hauptstraße 26, 29683 Bad Fallingbostel, 051 63/12 32, annamaria1mayr@web.de, www.deutsches-haus-dorfmark.de, DZ € 64, EZ € 42, Küche Di-So 17:00-20:00, So auch 11:30-14:00, traditionelles Fachwerkgebäude am Park

Hotel-Pension Zum Böhmegrund, Fischerdorfer Straße 5, 29683 Bad Fallingbostel, 051 63/819, zum-boehmegrund@gmx.de, www.pension-zum-böhmegrund.de, 12 Zi, DZ ab € 65, EZ ab € 45 zzgl. F,

Restaurant täglich 12:00-14:30 und 18:00-22:00, kleines Hotel mit italienischem Restaurant Primavera im Fachwerkhaus an der Hauptstraße am südlichen Ortsrand und der Böhme

B&B Privatzimmer Erika Wittenberg, Hauptstraße 42, 29683 Bad Fallingbostel, 051 63/66 31, privatzimmer.wittenberg@gmx.net, Zi ab € 35 p. P. für 1 Nacht zzgl. F (€ 8), günstiges Zi im OG eines Privathauses zwischen Dorfmitte und Bahnhof, direkt am JW

Gasthaus Meding, Poststraße 10, 29683 Bad Fallingbostel, 051 63/313, www.gasthaus meding.de, Di-Sa 16:30-22:00, Mi-Sa auch 10:00-14:00 sowie So 11:00-14:00 und 17:00-21:30, Gasthaus nahe am Bahnhof

Eisdiele Da Mario, Hauptstraße 36, 29683 Bad Fallingbostel, täglich 10:00-0:00, zentral mit Sitzgelegenheit draußen

Edeka, Poststraße 2, 29683 Bad Fallingbostel, 100 m vom Bahnhof

Linden-Apotheke, Hauptstraße 52, 29683 Bad Fallingbostel, 051 63/20 66, www.linden-apotheke-dorfmark.de, Mo-Sa 8:30-12:30, Mo, Di, Do, Fr auch 14:30-18:00

stündliche Regionalbahnverbindungen Richtung Hannover und Buchholz

Die am Rand des Bürgerparks gelegene **St.-Martins-Kirche** aus Feldsteinen ersetzte 1708 den gotischen Vorgängerbau. Der hölzerne Glockenturm von 1519 mit seinen drei Glocken ist auf Anfrage begehbar.

♦ April bis Oktober täglich 10:00-17:00; Kirchengemeinde: Hauptstraße 12, 29683 Bad Fallingbostel, 051 63/329, kg.dorfmark@evlka.de, www.kirchengemeinde-dorfmark.de

Vom Brunnen folgen Sie der Hauptstraße durch Dorfmark südwärts, zweigen vor dem Edeka nach links Richtung Bahnhof (Poststraße) und nach 50 m bei Nr. 6 rechts in den mit Brettern abgegrenzten Grasweg ab. An dessen Ende biegen Sie links in die Becklinger Straße ab und queren die Bahngleise.

Entlang der Böhme nach Bad Fallingbostel (➲ 0,8 km länger)

Eine etwas längere, aber landschaftlich schönere Route zum Etappenziel (nicht radgeeignet) bietet der mit „F“ markierte Freudenthalweg. Dazu gehen Sie ab dem Edeka weiter geradeaus auf der Hauptstraße und später auf einem gepflasterten Weg.

150 m nach einem bronzezeitlichen Grabhügel, benannt nach einer ehemaligen 1.000-jährigen Linde, zweigt der Freudenthalweg nach rechts und vor einer Holzbrücke nach links ab. Der Pfad windet sich durch Auwald neben der Böhme und nähert sich den Bahngleisen, ehe Sie sich rechts halten und nach einem Linksbogen mit Querung der Böhme einen Campingplatz passieren.

⛺ ✕ Campingplatz & Restaurant Böhmeschlucht, Vierde 22, 29683 Bad Fallingbostel, ☎ 051 62/56 04, 💻 www.boehmeschlucht.de, Zeltstellplatz inkl. 1 Person € 10, Übernachtung für 1 Person im Bauwagen € 18, 🚪 Anfang April bis Ende Oktober, Restaurant Mo, Do und Fr 17:30-22:00, Sa und So 10:30-22:00

Nach Verlassen des Campingplatzes durch den Hauptausgang halten Sie sich zweimal links (der Freudenthalweg führt weiter landeinwärts durch Wald) und wandern rechts von der Böhme vorbei an der Wolfsschlucht nach Bad Fallingbostel, das Sie beim Kurpark erreichen. Nach Querung der Böhme gehen Sie rechts, queren den Fluss nach 350 m noch einmal rechts und gleich darauf links und erreichen kurz darauf am Rathaus an der Vogteistraße wieder den Pilgerweg.

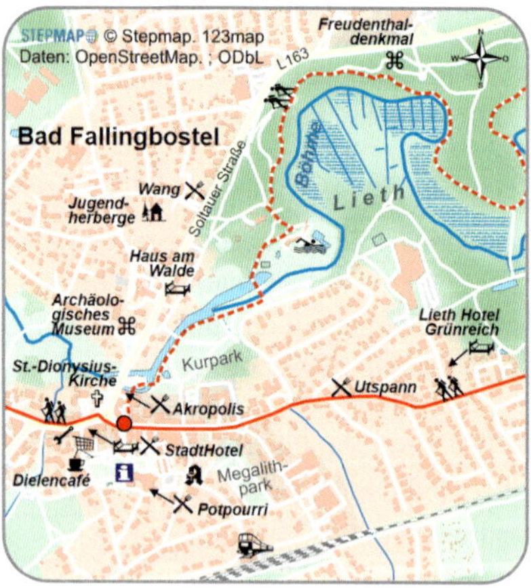

Nach dem Bahnübergang zweigt der JW nach rechts ab, führt vorbei am 🏊 Strandbad ❼ des aufgestauten Fischendorfer Baches und weiter durch einen von der Bahnlinie (rechts) und A7 (links) eingegrenzten Korridor mit abwechselnd Wald und freier Fläche. 2 km nach einer Autobahnraststätte zur Linken trifft der JW auf eine kleine Straße, folgt ihr geradeaus über die Bahngleise und zwischen kleinen, mit Waldstreifen abgegrenzten Feldern nach Bad Fallingbostel.

☺ Der reguläre JW macht in Bad Fallingbostel beim Kreisverkehr einen linken ↬ Abstecher zum wenig ansprechenden Bahnhof (➲ 700 m länger), fast ausschließlich entlang Straßen. Wenn Sie nicht unbedingt mit der Bahn fahren müssen, gehen Sie daher besser beim Kreisverkehr direkt geradeaus 150 m entlang der Vogteistraße in das Ortszentrum.

Bad Fallingbostel

10.750 Ew.

Tourist-Information Bad Fallingbostel, Sebastian-Kneipp-Platz 1, 29683 Bad Fallingbostel, ☏ 051 62/40 00, badfallingbostel@vogelpark-region.de, www.vogelpark-region.de, Mo-Do 9:00-12:00 und 13:00-17:00, Fr 9:00-13:00, im Juli und August auch Sa 9:30-12:30

StadtHotel, Kirchplatz 1, 29683 Bad Fallingbostel, ☏ 051 62/13 03, info@stadthotel-fallingbostel.de, www.stadthotel-fallingbostel.de, 19 Zi, DZ ab € 100, EZ ab € 80 inkl. F, im Zentrum, Hotel garni in Ortsmitte

♦ Haus am Walde, Soltauer Straße 14, 29683 Bad Fallingbostel, ☏ 051 62/974 80, info@hotelhausamwalde.de, www.hotelhausamwalde.de, DZ ab etwa € 75, EZ ab € 50, nördlich der Böhme, 300 m vom JW

♦ Lieth Hotel Grünreich, Kolkweg 13, 29683 Bad Fallingbostel, ☏ 051 62/90 02 26, info@hotel-fallingbostel.de, www.hotel-fallingbostel.de, DZ ab € 100, EZ ab € 70, östlich vom Zentrum am Ortseingang, 50 m vom JW

Jugendherberge Bad Fallingbostel, Liethweg 1, 29683 Bad Fallingbostel, ☏ 051 62/22 74, bad-fallingbostel@jugendherberge.de, www.jugendherberge.de → Bad Fallingbostel, ÜF im Mehrbettzimmer ab € 30, ganzjährig, Jugendherberge mit 95 Zi 300 m nördlich vom Stadtrand, 500 m vom JW

✕ Als Kurort bietet Bad Fallingbostel viele Einkehrmöglichkeiten; eine Auswahl:

✕ Restaurant und Café Utspann, Quintusstraße 13, 29683 Bad Fallingbostel, ☏ 051 62/21 14, www.utspann.info, Mi-Mo 12:00-22:00, Hof mit Gastronomie und Pferdehaltung sowie Kutschfahrangeboten, östlich vom Zentrum direkt am JW

✕ Restaurant Potpourri, Sebastian-Kneipp-Platz 1, 29683 Bad Fallingbostel, ☏ 051 62/90 29 88, www.potpourri-fallingbostel.de, Mi-So 18:00-22:00, neben der Touristinfo

♦ Restaurant Wang, Soltauer Straße 21, 29683 Bad Fallingbostel, ☏ 051 62/66 66, www.restaurant-wang.de, täglich 12:00-14:00 und 18:00-22:00, chinesisches Lokal nahe der JH

Restaurant Akropolis, Kirchplatz 6, 29683 Bad Fallingbostel, ☏ 051 62/18 11, www.akropolis-heidekreis.de, täglich 11:30-14:00 und 17:00-22:00, griechisches Lokal an der Böhme

Dielencafé, Scharnhorststraße 4, 29683 Bad Fallingbostel, ☏ 051 62/413 91 76, Di-So 9:00-17:30, Hofcafé im Zentrum

im Zentrum Bioladen Tante Emma, Vogteistraße 6, 29683 Bad Fallingbostel, www.bio-tante-emma.de, außerdem Rewe, Kirchplatz 1, 29683 Bad Fallingbostel, weitere Supermärkte außerhalb

Kur-Apotheke, Vogteistraße 10, 29683 Bad Fallingbostel, ☏ 051 62/988 60, www.kurapotheke-fallingbostel.de, Mo-Fr 8:00-18:00, Sa 8:00-12:30, im Zentrum

♦ Stadt-Apotheke, Hindenburgstraße 5, 29683 Bad Fallingbostel, ☏ 051 62/915 03, www.stadt-apotheke-fal.de, Mo-Fr 8:00-13:00 und 14:30-18:00, Sa 8:00-12:30, zwischen Zentrum und Bahnhof

Fahrradhaus Unruh, Walsroder Straße 3, 29683 Bad Fallingbostel, 01 52/26 95 08 41, Mo-Fr 9:00-18:00, Sa 9:00-13:00

stündliche Regionalbahnverbindungen Richtung Hannover und Buchholz

✞ ⊙ Die **St.-Dionysius-Kirche** ersetzte im 19. Jh. einen älteren Vorgängerbau. Die klassizistische Saalkirche erhielt 1904 den heutigen Westturm. Der Opferstock in dessen Eingang wurde aus einem Balken des früheren Glockenstuhls geschnitzt. Auf den Zusammenhang weist die Inschrift hin: „Zweihundert Jahre in Wetter und Sturm trug ich die Glocken im Glockenturm. Nun muss ich in meinen alten Tagen ein Sammelbecken für Arme tragen. 1695-1904." Die schwere Eichentür des Turms stellt zwei biblische Motive dar: Jakobs Traum und der anklopfende Christus.

♦ Sommerhalbjahr Mo-Fr 15:00-17:00; Kirchengemeinde: Kirchplatz 9b, 29683 Bad Fallingbostel, ☏ 051 62/913 83, kg.fallingbostel@evlka.de, www.kirche-fallingbostel.de, Di und Do 10:00-12:00

⌘ Das **Archäologische Museum** beleuchtet Geologie und Paläontologie der Region mit stein- und bronzezeitlichen Funden. Das nur selten geöffnete Museum lohnt allein wegen des Fachwerkgebäudes aus dem 17. Jh. einen Abstecher: Dieses ehemalige Forsthaus gilt als ältestes Gebäude in Bad Fallingbostel.

♦ Michelsenstraße 1, 29683 Bad Fallingbostel, April bis Oktober Do 16:00-18:00 sowie jeden 1. und 3. So im Monat 14:00-17:00, Eintritt gegen Spende

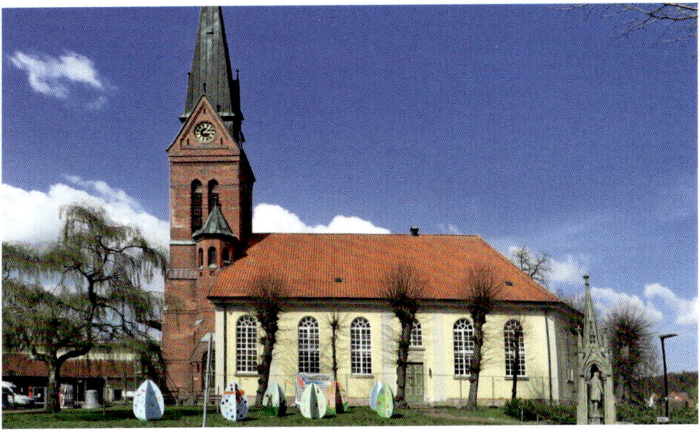

St.-Dionysius-Kirche

Bad Fallingbostel war ab 1975 ein staatlich anerkannter Kurort. Dieses Prädikat wurde 2015 widerrufen, weil die Stadt für das Kurwesen keine Mittel investieren wollte. Den Namenszusatz „Bad" darf der Ort aber weiterhin führen. Ein anderes Vorhaben erhitzte die Gemüter stärker: Bad Fallingbostel sollte im Jahr 2011 mit Walsrode und Bomlitz zur „Böhmestadt" fusioniert werden; das Vorhaben wurde aber bei einer Bürgerbefragung in Bad Fallingbostel mit einer klaren Mehrheit von 80 % (bei 63 % Wahlbeteiligung) eindeutig abgelehnt.

Brüder Freudenthal

Die bekanntesten Söhne von Bad Fallingbostel sind zwei Brüder: die beide um 1850 hier geborenen Heimatschriftsteller August und Friedrich Freudenthal. Sie schrieben in unterschiedlichen Sprachen bzw. – je nach Sichtweise – Dialekten: Friedrich überwiegend Nieder- und August Hochdeutsch. Bekannt wurden vor allem Augusts vierbändigen Reiseberichte „Heidefahrten" über die Lüneburger Heide, weshalb heute ein 151 km langer Fernwanderweg quer durch die Region nach den Schriftstellern benannt ist. Im Zentrum von Bad Fallingbostel erinnert ein Denkmal an die beiden Brüder.

📖 **Freudenthalweg** von Lutz Granert, Conrad Stein Verlag, Band 496,
ISBN 978-3-86686-790-1, € 14,90

Etappe W8: Bad Fallingbostel – Krelingen

25,6 km, 6 Std. 30 Min., ↑ 170 m, ↓ 175 m, ⇧ 24-76 m, 25,7 km

0,0 km	⇧ 47 m	Bad Fallingbostel BANK ⌘
5,0 km	⇧ 41 m	Meinerdingen
8,4 km	⇧ 41 m	Walsroder Bahnhof
11,8 km	⇧ 25 m	Walsrode BANK ⌘
18,0 km	⇧ 46 m	Düshorn
25,6 km	⇧ 42 m	Krelingen

Der Jacobusweg führt zunächst nach Walsrode, dem Hauptort der sogenannten Vogelpark-Region. Nach einer Runde um die Stadt, viel Grün und dem alten Kloster folgen Sie dem Fluss Fulde wieder zur Böhme, ehe Sie Walsrode verlassen. Felder, Wälder und Wiesen begleiten Sie über Düshorn nach Krelingen mit dem 1965 gegründeten Geistlichen Rüstzentrum. Der Seminarbetrieb auf einer Fläche von 8 ha ist aus einem Bauernhof als christliches Freizeitzentrum für Jugendliche hervorgegangen.

In Bad Fallingbostel halten Sie sich am Kreisverkehr vor der Kirche etwas links und folgen dem Kirchplatz und der Walsroder Straße Richtung Walsrode. Bei der folgenden Gabelung vor der Sparkasse gehen Sie rechts (Walsroder Straße), nach 200 m noch einmal rechts (Hermann-Löns-Straße) und folgen der Straße nach 300 m durch die Linkskurve (Tietlinger Lönsweg).

Sie verlassen Bad Fallingbostel in westliche Richtung entlang des Tietlinger Lönsweges, zunächst weiter zusammen mit dem Freudenthalweg. Dieser verabschiedet sich beim Hotel Sanssouci ❶, das sich in einem früheren Gutshaus befindet, nach rechts und führt durch die Tietlinger Wacholderheide mit dem Lönsgrab nach Walsrode.

Hotel Sanssouci, Tietlingen 4, 29664 Walsrode, ☏ 051 62/90 10 40, www.hotel-sanssouci.de, DZ ab € 70, EZ ab € 55, eher einfache, aber günstige Zi in altem Gutshaus von 1936

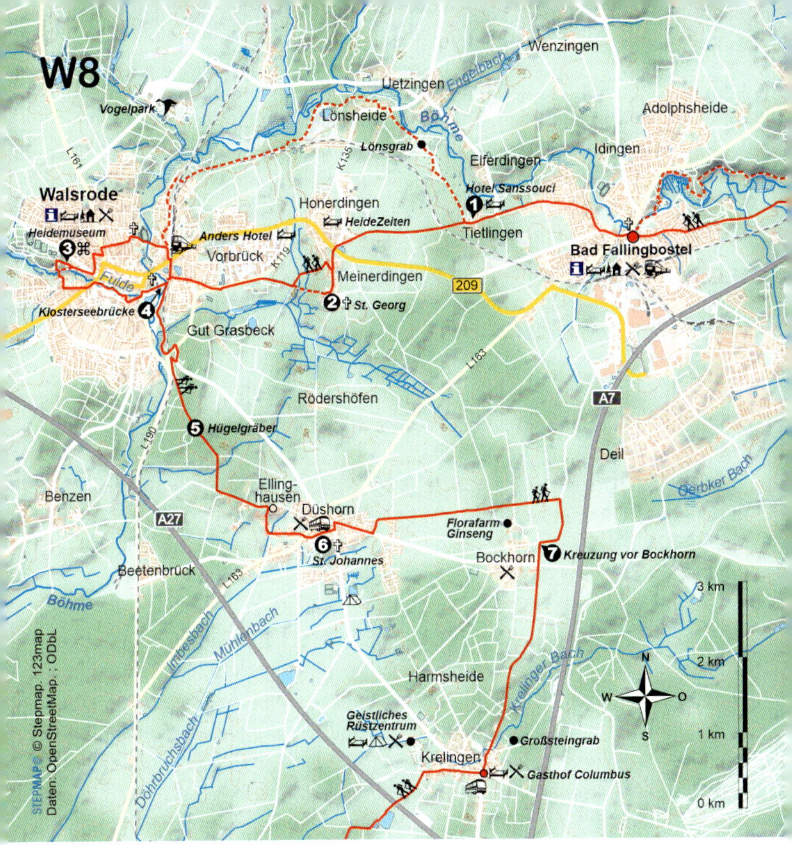
W8
Vogelpark
Walsrode
Heidemuseum
Anders Hotel
Vorbrück
Fulde
Klosterseebrücke
Gut Grasbeck
Uetzingen
Wenzingen
Engelbach
Lönsheide
Böhme
Lönsgrab
Adolphsheide
Idingen
Elferdingen
Hotel Sanssouci
Honerdingen
HeideZeiten
Tietlingen
Bad Fallingbostel
Meinerdingen
St. Georg
209
L161
K135
K119
L163
L190
A7
A27
Rödershöfen
Hügelgräber
Deil
Benzen
Elling-
hausen
Düshorn
St. Johannes
Florafarm
Ginseng
Bockhorn
Kreuzung vor Bockhorn
Oerbker Bach
Beetenbrück
Böhme
Imbesbach
Mühlenbach
Harmsheide
Krelinger Bach
Döhrbruchsbach
Geistliches
Rüstzentrum
Großsteingrab
Krelingen
Gasthof Columbus
N
W
O
S
3 km
2 km
1 km
0 km
STEPMAP © Stepmap. 123map
Daten: OpenStreetMap.; ODbL

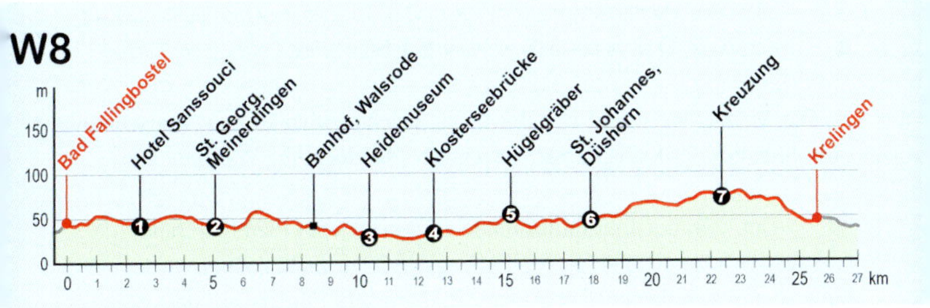
W8
m
150
100
50
0
Bad Fallingbostel
Hotel Sanssouci
St. Georg, Meinerdingen
Banhof, Walsrode
Heidemuseum
Klosterseebrücke
Hügelgräber
St. Johannes, Düshorn
Kreuzung
Krelingen
0 1 2 3 4 5 6 7 8 9 10 11 12 13 14 15 16 17 18 19 20 21 22 23 24 25 26 27 km

Variante durch den Tietlinger Wacholderhain nach Walsrode (➲ 0,7 km länger)

Für eine Passage durch den netten Tietlinger Wacholderhain folgen Sie nach dem Hotel Sanssouci dem Freudenthalweg nach rechts und in den Wacholderhain mit Grab und Denkmal des Heidedichters Hermann Löns. Nach der Heide führt der Freudenthalweg in den Wald, umrundet eine Mergelgrube und folgt zuletzt den Bahngleisen nach Walsrode, wo der Freudenthalweg und der JW beim Bahnhof wieder zusammentreffen.

Auf dem JW gehen Sie weiter geradeaus. Bei Honerdingen quert der JW die B209 und führt geradeaus nach **Meinerdingen** mit der St. Georg-Kirche ❷.

Meinerdingen

900 Ew. (Gemeinde Honerdingen)

Hotel HeideZeiten, Silberweg 1, 29664 Walsrode, ☏ 051 61/60 25 25, www.housity.net/hotel/heidezeiten, DZ ab € 90, EZ ab € 80, kleines Garni-Hotel vor der Kreuzung mit der B209, 300 m vom JW

Die gotische **Saalkirche St. Georg** wurde ursprünglich um 1200 in romanischem Stil mit Feldsteinen errichtet und im 14. Jh. nach kompletter Zerstörung gotisch neu erbaut. Aus jener Zeit stammt das Taufbecken als eines der ältesten Ausstattungsstücke. Der separate hölzerne Glockenturm wurde um 1500 erbaut.

♦ April bis Oktober täglich 9:00-19:00, Kirchenbüro: Dorfallee 16, 29664 Walsrode-Meinerdingen, ☏ 051 61/87 90, kg.meinerdingen@evlka.de, www.kirchengemeinde-meinerdingen.de, Mo, Mi, Fr 9:00-12:00. Das Kirchenbüro bietet Interessierten auf Anfrage rund 30 Minuten dauernde Führungen an.

Kirch-Café, Di 14:00-18:00, ehrenamtlich betriebenes Café vor der Kirche

Die Markierung macht von der Kirche einen straßenlastigen Nordschwenker, obwohl hinter der Kirche direkt ein schöner Pfad Richtung Walsrode führt.

Der (auch für Radfahrende ausgeschilderte) Pfad führt hinter der Kirche westwärts durch Wald und erreicht nach 500 m am Waldende wieder den JW. Sie ersparen sich damit 1 km asphaltierte/betonierte Strecke auf dem JW.

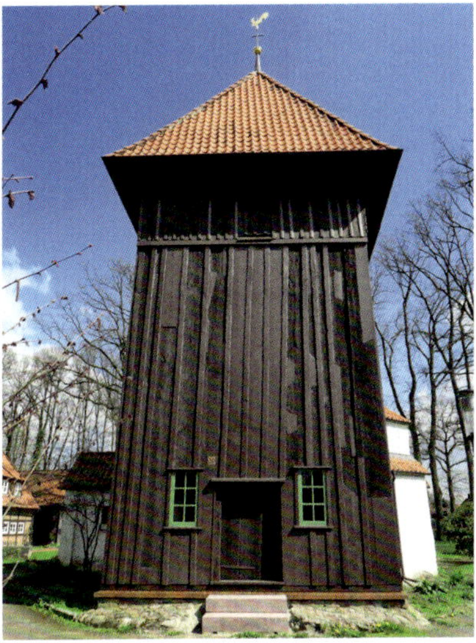

Saalkirche St. Georg

Der Originalverlauf führt von der Kirche 200 m zurück nördlich in die Dorfmitte von Meinerdingen. Dort geht es bei der Gabelung mit Briefkasten nach links und nach 100 m beim Unterstand links in den ausgewiesenen Radweg nach Walsrode. Bei der folgenden Kreuzung kommen die Varianten wieder zusammen und führen auf einem Schotterweg westwärts Richtung Walsrode. Der JW nähert sich vor dem Gewerbegebiet von Walsrode der Umgehungsstraße und begleitet diese oberhalb auf einem Feldweg. Bei der Einmündung in die Straße queren Sie diese und folgen auf der anderen Straßenseite hinter der Lärmschutzwand dem Weg Richtung Walsrode (Meinerdinger Kirchweg, später Am Bullerberg). Vor der Bahnstrecke gehen Sie rechts in die Sackgasse und queren die Gleise beim nächsten Bahnübergang.

Abkürzung ohne Walsrode-Runde (➲ 4,6 km kürzer)

Wenn Sie auf die Walsrode-Runde verzichten wollen und sich mit dem dortigen Kloster begnügen, halten Sie sich vor der Bahnstrecke (vorm Abzweig in die Sackgasse) links und folgen der Straße Am Bullerberg über die Bahngleise. Gleich danach gehen Sie links zwischen Zäunen weiter und erreichen die zum Kloster und in den Ort führende lange Holzbrücke über die Böhme.

Nach dem Bahnübergang zweigt der JW nach rechts ab, führt links am Bahnhof vorbei und beginnt eine Runde um Walsrode mit mehreren Kirchen, Parks und als Höhepunkt dem Kloster. Am Bahnhof von Walsrode biegen Sie links in die Ostdeutsche Allee ab, gehen rechts an einem Schulzentrum vorbei und queren danach die Böhme. Am Parkende zweigen Sie bei der (katholischen) Kirche nach links ab.

✞ Die katholische Kirche **St. Maria Vom Heiligen Rosenkranz** entstand um 1950 in eher sachlichem Stil und wurde 1963 erweitert.

💻 www.sankt-maria.net

Nach 50 m biegen Sie beim Gymnasium rechts in die Grünstraße und nach einem Linksabzweig (Bergstraße) bei einem Radladen rechts in die kopfsteingepflasterte Straße ab (Dammstraße). An deren Ende biegen Sie links in die Marktstraße zum Wald **Eckernworth** ab, auch als „Grüne Lunge" von Walsrode bezeichnet. Rechts führt die Hermann-Löns-Straße in diesen Wald mit bis zu 300 Jahre alten Buchen und Eichen sowie dem Heidemuseum ❸.

Optional (➲ 200 m kürzer) können Sie auch vorher den halb links abzweigenden schöneren Waldweg nehmen und diesem rechts neben der Fulde zur Brücke mit dem JW folgen, versäumen dann aber das Heidemuseum.

⌘ ⊙ Das **Heidemuseum Rischmannshof** bietet als eines der ältesten Freilichtmuseen Deutschlands eine Zeitreise mehrere Jahrhunderte zurück. Eine Hofanlage illustriert die Heidebauernwirtschaft mit u. a. Backhaus, Bauerngarten, Bienenzaun, Scheune, Schmiede, Schuhmacherstelle sowie Zweiständerhaus mit einer Ausstellung zu Walsrode und dem Löns-Zimmer.

♦ Hermann-Löns-Straße 8, 29664 Walsrode, 💻 www.heidemuseum-walsrode.de, April bis Ende November Mi-So 13:00-17:00, Mi-Sa auch 10:00-12:30, Eintritt € 1

Am Ende der Straße zweigen Sie vor der Waldgaststätte nach links ab.

✕ Waldgaststätte Eckernworth, Hermann-Löns-Straße 19, ☏ 051 61/57 61, 💻 www.eckernworth.de, Di-So ab 10:00, Waldgasthof mit großer Terrasse, in dem Hermann Löns bei seinen Walsrode-Besuchen gewohnt haben soll

Am Ende einer Treppe schwenkt der JW nach links, verlässt den Wald und führt nach Querung der Böhme links am Parkplatz vorbei. Die Straße Am Waldbad mündet in die Meirehmer Straße, der Sie links zur Verdener Straße folgen. Dort gehen Sie 100 m nach links, ehe Sie rechts wieder eine Grünanlage erwartet: Der JW begleitet die Fulde durch den Fuldepark.

☺ Vor der Stadthalle macht die Markierung einen unnötigen Linksschwenker über die Böhme; kürzer und einfacher ist es, geradeaus zwischen Fulde (links) und Stadthalle (rechts) weiterzugehen.

Hinter der Stadthalle folgen Sie wieder dem JW: Es geht nach rechts und beim folgenden Kreisverkehr links. Die Saarstraße leitet Sie zu den Küchenwiesen, die Sie leicht links versetzt queren – links liegt das Kloster Walsrode.

Walsrode

24.000 Ew.

Tourist-Information Vogelpark-Region, Lange Straße 20, 29664 Walsrode, ☏ 051 61/789 74 82, info@vogelpark-region.de, www.vogelpark-region.de, Mo-Do 9:00-12:00 und 13:00-17:00, Fr 9:00-13:00, im Juli und August auch Sa 9:30-12:30

Anders Hotel Walsrode, Gottlieb-Daimler-Straße 11, 29664 Walsrode, ☏ 051 61/60 70, info@anderswalsrode.de, www.hotel-walsrode.de, 75 Zi, DZ ab € 100, EZ ab € 80, Hotel im Gewerbegebiet am Ortsanfang, 800 m vom JW

Hotel Hannover, Lange Straße 5, 29664 Walsrode, ☏ 051 61/55 16, hotelhannover@t-online.de, www.hotelhannover-walsrode.de, mit 17 Zi, DZ ab etwa € 100, EZ ab € 70, zentral gegenüber vom Kloster gelegenes, 200 Jahre altes Hotel

♦ Walsroder Hof, Lange Straße 48, 29664 Walsrode, ☏ 051 61/58 10, www.walsroderhof.de, DZ ab etwa € 80, EZ ab € 70, zeitgemäßes Hotel im Zentrum

♦ Hotel Stadtschänke, Lange Straße 73, 29664 Walsrode, ☏ 051 61/57 76, Buchung über Portale wie stadtschaenke-walsrode.de, Zimmerpreise auf Anfrage, kleines zentrales familiengeführtes Hotel mit 11 Zi in einem Haus im Tudorstil

♦ Landhaus Walsrode, Oskar-Wolff-Straße 1, 29664 Walsrode, ☏ 051 61/986 90, www.landhaus-walsrode.de, € 8, DZ ab € 85, EZ ab € 70, kleines Hotel am Waldrand von der Eckernworth mit 18 Zi, 100 m vom JW

kleines Pilgerzimmer mit Dusche/WC im Kloster Walsrode, Kirchplatz 2, 29664 Walsrode, Klosterbüro: ☏ 051 61/485 83 80, info@kloster-walsrode.de, www.kloster-walsrode.de, Mo-Do 10:00-12:00, Ü € 35 p. P.

✗ zahlreiche Einkehrgelegenheiten in der Ortsmitte, von denen ein veganes Restaurant und eines (erstgenanntes) mit den Schwerpunkten Integration, Regionalität und Nachhaltigkeit als außergewöhnlich hervorstechen:

♦ Bistro 37, Moorstraße 39, 29664 Walsrode, ☏ 051 61/91 10 37, www.37-walsrode.de, Mi-Sa 11:30-22:00, Restaurant mit Bistro-Ambiente, Terrasse und Veranstaltungen

♦ Zauberkessel, Bergstraße 12, 29664 Walsrode, ☏ 051 61/60 97 57, Mi, Fr und Sa 17:00-22:00, vegane Küche und selbst gebrautes Bier in mittelalterlichem Ambiente

in Zentrumsnähe kurz vor der Eckernworth Netto, Neue Straße 10a, 29664 Walsrode, sowie Penny und Aldi kurz vor dem Fuldepark, Von-Stoltzenberg-Straße, 29664 Walsrode

Stadt-Apotheke, Moorstraße 50-52, 29664 Walsrode, ☏ 051 61/711 55, www.stadt-apotheke-walsrode.de, Mo-Fr 8:00-18:30, Sa 8:00-12:30, nördlich vom Zentrum

♦ Löns Apotheke, Großer Graben 3, 29664 Walsrode, ☏ 051 61/987 80, www.loens-apotheke-walsrode24.de, Mo-Fr 8:00-18:30, Sa 8:00-12:30, im Zentrum

♦ Alte Rats-Apotheke, Lange Straße 16, 29664 Walsrode, ☏ 051 61/55 63, Mo-Fr 8:00-18:30, Sa 8:30-13:00, zwischen Zentrum und Kloster

Velobox, Bergstraße 8, 29664 Walsrode, ☏ 051 61/481 18 70, info@velobox-walsrode.de, www.velobox-walsrode.de, Mo-Fr 9:00-18:00, Sa 9:00-13:00

stündliche Regionalbahnverbindungen Richtung Hannover und Buchholz

Das **Kloster Walsrode** wurde bereits im Jahr 986 urkundlich erwähnt und präsentiert sich heute als harmonische Barockanlage aus dem 18. Jh. mit nettem Garten. Die ältere Klosterkapelle weist noch Reste aus dem Mittelalter auf. In napoleonischer Zeit wurde das Stift aufgehoben, drei Jahre von französischen Truppen besetzt und entwickelte sich danach zu einem evangelischen Damenstift, das seit 1980 auch bürgerliche Frauen aufnimmt – fast 300 Jahr lang war es ausschließlich den Töchtern der adeligen Landstände vorbehalten.

Für Pilgerinnen und Pilger steht eine eigene Kapelle zur Verfügung; dort kann auch der Pilgerpass abgestempelt werden.

♦ Kirchplatz 2, 29664 Walsrode, www.kloster-walsrode.de, Klostergelände und Kapelle täglich bis 18:00, im Winter bis 17:00, Führungen durch die Klosterdamen April bis Oktober nachmittags

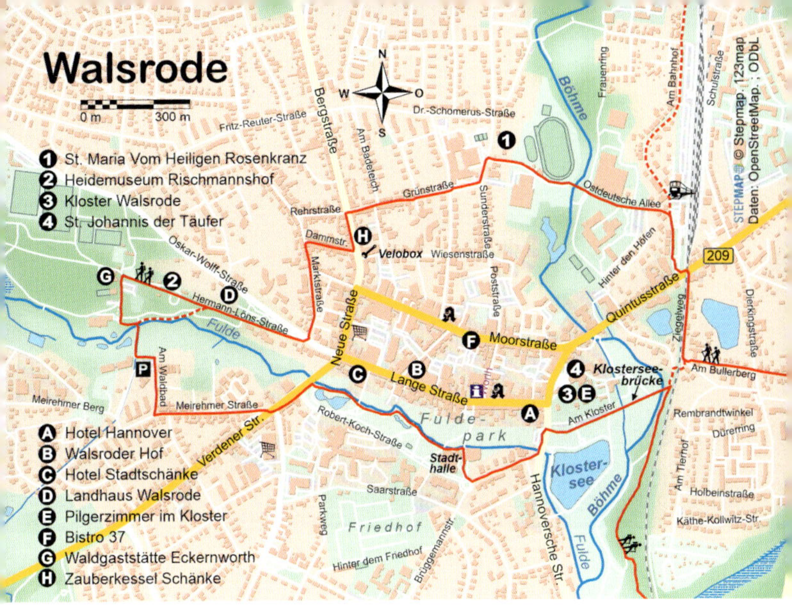

✝ ⊙ Neben der Klosterkirche steht die **Stadtkirche St. Johannis der Täufer**, erbaut 1850 an der Stelle von mindestens drei Vorgängerkirchen, an die noch der Turm (1786) und die Marienglocke erinnern (1437). Im Inneren stechen das Walsroder Kruzifix aus der Zeit um 1500 aus der Schule des Holzschnitzers Hans Brüggemann sowie die kostbare Orgel hervor.

♦ täglich 10:00-16:00; Kirchengemeinde Walsrode: Am Kloster 1, 29664 Walsrode, ☎ 051 61/713 52, kg.walsrode@evlka.de, www.kirchengemeinde-walsrode.de, Mo, Mi und Fr 10:00-11:00

Walsrode ist bekannt für seinen **Vogelpark**, mit 40.000 Vögeln und 650 Arten der weltweit größte seiner Art. Marketingleute bewerben die ganze Region mit dem Namen dieses Parks („Vogelpark-Region"). Der Vogelpark liegt allerdings abseits vom Pilgerweg. Ab Walsrode ist er mit Bürgerbus 556 erreichbar, www.buergerbus-walsrode.de.

Der Pilgerweg quert südlich vom Kloster den Park mit dem Klostersee und quert die Böhmeniederung über die 2023 anstelle eines hölzernen Vorgängerbaus neu erbaute, 150 m lange Klosterseebrücke ❹.

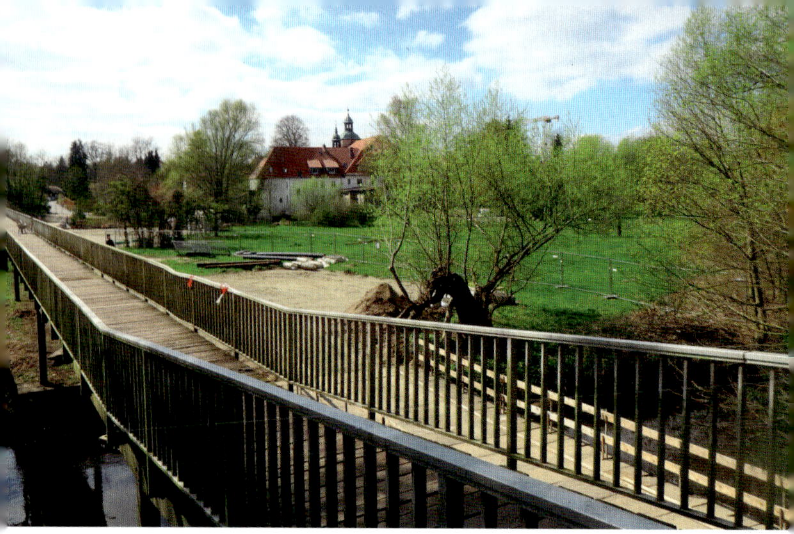

Klosterseebrücke

🚲 Radpilgerinnen und Radpilger schieben ihren Drahtesel besser über die Brücke!

Am Ende der Brücke zweigt der JW scharf nach rechts ab, begleitet die Bahnstrecke und führt anschließend in den Auwald zwischen der Böhme (rechts) und der Bahnstrecke (links). Bei Abzweigungen halten Sie sich links und unterqueren nach dem rosa Gebäude des Casanova-Clubs und einer Linksabzweigung die Bahngleise. Den folgen Kreisverkehr müssen Sie im Dreiviertelkreis links zur rechts abzweigenden Düshorner Landstraße Richtung Düshorn und Bockhorn umgehen/-fahren. Diese verlassen Sie nach 150 m rechts durch die Sackgasse, folgen der Straße durch den Linksbogen und gehen links oberhalb der Bahnstrecke und Straße durch den Uhlenbusch in gerader Linie in südöstliche Richtung.

Nach 1 km macht der Waldweg eine Rechtskurve; der JW verläuft geradeaus durch die Holzschranke. Rechts liegt ein Hügelgräberfeld ❺ mit im Wald nur schwer erkennbaren Grabhügeln von 10 m Durchmesser und 1 m Höhe. Nach 300 m halten Sie sich bei einer Gabelung rechts und an der folgenden T-Kreuzung mit der Landstraße links.

Vor Ellinghausen zweigt der JW rechts ab und führt nach einem Linksschwenk bei einer Remise und vor einem Teich entlang der Straße Ellinghausen auf die Düshorner Kirche ❻ zu.

Düshorn ✕ ☕ ⛪ ✝ ⊙ 🚌, 2.100 Ew.

✋ ⛺ Der in älteren Verzeichnissen erwähnte Campingplatz am Mühlenteich bietet nur noch Dauer- und Mobilheimstellplätze, 💻 www.campingplatz-muehlenteich.de.

✕ Düshorner Hof, Fallingbosteler Straße 14, 29664 Walsrode, ☎ 051 61/56 92, 🚪 Mo, Di, Fr, Sa 18:00-21:00 und So 11:30-13:30

♦ Zwei weitere (ehemalige) Gaststätten sind nur an wenigen Tagen in der Woche abends oder zu Veranstaltungen geöffnet: das Gasthaus zur Trompete (Celler Straße 10, 29664 Walsrode) und Gasthaus am Walde (Wedden 1, 29664 Walsrode) neben der Kirche.

⛪ ☕ Dorfladen & Café Düshorn, Mühlenstraße 2, 29664 Walsrode, ☎ 051 61/602 79 73, 💻 www.dorfladen-dueshorn.de, 🚪 Mo-Fr 8:30-12:30 und 14:30-18:30, Sa 8:00-13:00

🚌 Bushaltestelle „Düshorn, Verkehrsverein" in Ortsmitte, Linie 502 Mo-Sa mehrmals täglich von/nach Walsrode und Krelingen, 💻 vnn.de → Heidekreis

✝ ⊙ Die **Kirche St. Johannes der Täufer** geht im heutigen Erscheinungsbild auf das 18. Jh. zurück, aber schon um 1021 wurde ein Kirchspiel Düshorn urkundlich erwähnt. Sehenswert sind die Renaissancekanzel aus dem 16. Jh. sowie der hölzerne Taufengel mit Taufschale, der an einer Kette heruntergelassen werden konnte und das im 30-jährigen Krieg zerstörte Taufbecken ersetzte. Auf dem Kirchhof erzählen die großen Grabsteine Geschichten aus dem Leben der dort Bestatteten.

♦ 🚪 Mai bis Oktober täglich 9:00-16:00; Kirchengemeinde: ☎ 051 61/74 02 40, ✉ heike.bunke@evlka.de, 💻 www.kirchengemeinde-dueshorn.de

☺ Hinter der Kirche liegt auf ehemaligen Schweinewiesen das 1989 angelegte Biotop **Weddewiesen**; ein Park mit Teichen am Waldrand.

In Düshorn gehen Sie auf der Kirchstraße links an der Kirche vorbei, zweigen am Ende nach links ab und hinter dem Dorfladen rechts in die Celler Straße.

☺ Am Dorfende biegen Sie bei einer Holzbank links in den Deiler Weg (D3) ab, auch wenn die Markierungen geradeaus weisen, die Hauptstraße länger begleiten und später nach links weisen. Der Deiler Weg erreicht 200 m nach einer Rechtskurve bei einer Kreuzung wieder die Markierungen.

Der Deiler Weg führt ostwärts mit weiter Sicht über die Felder und zunehmendem Autorauschen der A7 im Ohr. Zur Rechten liegt die Florafarm Ginseng, wo seit mehr als 40 Jahren die asiatische Heilpflanze angebaut wird (www.florafarm.de). Vor der A7 halten Sie sich bei einer T-Kreuzung rechts und erreichen 200 m nach einer Rechtskurve mit der A7 im Rücken eine Kreuzung ❼.

☺ Der JW macht hier einen weiten straßenlastigen Umweg über Bockhorn ohne besondere kulturelle Sehenswürdigkeiten; und der einzige Dorfkrug ist nur abends geöffnet. Von daher zweigen Sie bei der Kreuzung abkürzend besser nach links ab und meiden so rund 1 km Straße.

Der Krelinger Weg führt, zunächst durch Felder und später Waldgebiet, in das nette Heidedorf Krelingen, bekannt durch sein Geistliches Rüstzentrum (GRZ) westlich und ein jungsteinzeitliches Großsteingrab östlich vom Ort.

Krelingen

, 800 Ew.

Gasthof Columbus, Krelingen 19, 29664 Walsrode, ☏ 051 67/326, www.gasthaus-columbus.de, 2 Zi, € 5, DZ ab € 76, EZ ab € 50, Restaurant Mo, Mi, Fr und Sa 12:00-14:00 und 18:00-21:00, So 12:00-15:00, in der Dorfmitte

⊙ Geistliches Rüstzentrum (GRZ) mit angegliedertem Freizeit- und Tagungszentrum, Krelingen 37, 29664 Walsrode, ☏ 051 67/971 45, rezeption@grz-krelingen.de, www.grz-krelingen.de, DZ ab € 85, EZ ab € 70, kleiner Naturzeltplatz ab 15 € p. P. inkl. Stellplatz, christliches Tagungszentrum mit vielseitigen Unterbringungsmöglichkeit für Pilgernde, 300 m nordwestlich von Krelingen

Bushaltestelle „Krelingen, Burnplatz“ in Ortsmitte, Linie 502 Mo-Sa mehrmals täglich von/nach Walsrode, vnn.de → Heidekreis

Das Heidedorf Krelingen ist seit der Gebietsreform 1974 ein Ortsteil von Walsrode. Bekannt ist der Ort durch das Geistliche Rüstzentrum sowie durch ein jungsteinzeitliches Steingrab im Nordosten des Ortes.

Etappe W9: Krelingen – Schwarmstedt

23 km, 7 Std., ↑ 80 m, ↓ 96 m, ⇧ 19-47 m, Rad 24 km

0,0 km	⇧ 42 m	Krelingen
8,5 km	⇧ 25 m	Hodenhagen B&B BANK
10,8 km	⇧ 24 m	Ahlden
14,2 km	⇧ 26 m	Büchten
15,1 km	⇧ 26 m	Grethem
18,2 km	⇧ 24 m	Bothmer Windmühle
23,0 km	⇧ 26 m	Schwarmstedt B&B BANK

Der Jacobusweg nähert sich bei dieser Etappe dem Aller-Leine-Tal und quert den Fluss hinter Hodenhagen auf dem Weg nach Ahlden mit seinem Schloss und der Kirche St. Johannis mit ihrem Wehrturm. Parallel zur Aller geht es südwärts nach Schwarmstedt, das nach Querung des Allerzuflusses Leine erreicht wird.

Die Aller vor Ahlden

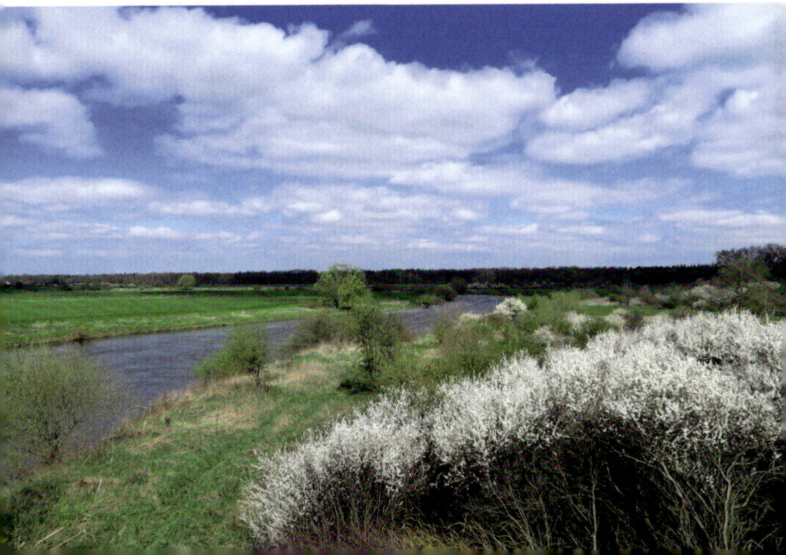

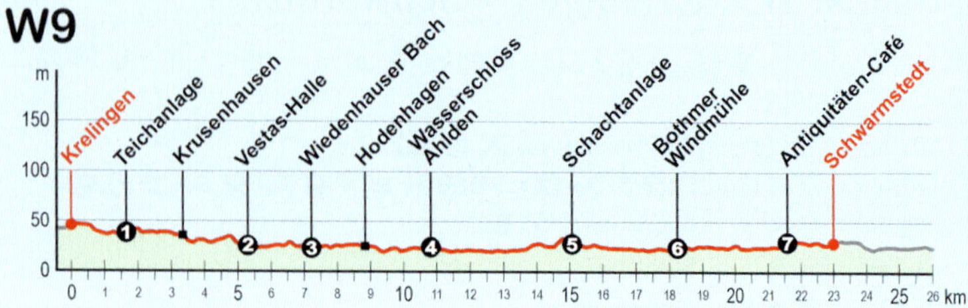

Der Pilgerweg verlässt Krelingen von der Hauptstraße westwärts Richtung Krusenhausen (An der Bünte) und zweigt am Siedlungsende mit der für Veranstaltungen genutzten Heinrich-Kemner-Halle des GRZ zur Rechten nach links Richtung Krusenhausen/Teichanlage ab. Nach Querung der A27 und einem Fischteich ❶ schwenkt die kleine Straße nach rechts und später nach links, um danach in Wald einzutauchen. Dieser lichtet sich nach Krusenhausen und der JW leitet durch Feldflur mit kleinen Waldstücken, ehe Sie bei Hodenhagen ein Gewerbegebiet empfängt, wo unter anderem der dänische Windradproduzent Vestas ein Ersatzteillager betreibt. Geplant ist eine fünfmal (!) größere Halle zur Wellpappenproduktion, gegen die eine örtliche Bürgerinitiative Sturm läuft (💻 www.bi-hodenhagen.de).

Links liegen der Flugplatz von Hodenhagen und dahinter in 1 km Entfernung der Serengeti-Park, Europas größter Safari-Park mit 1.500 frei laufenden Tieren.

Der JW führt rechts an der Vestas-Halle ❷ vorbei, quert danach rechts haltend erst den Krelinger Bach, dann den Kreuzförthsbach und folgt kurz darauf der Straße Basselmannsheide links über den Wiedenhausener Bach ❸ nach Hodenhagen.

Variante durch Hodenhagen (➲ gleiche Länge)

Hodenhagen lässt sich auch auf weniger straßenlastigen Wegen durchqueren, und zwar dem schönen **Bürgermeister-Nuß-Weg** am Ufer des Wiedenhausener Baches.

Nach der Querung des Wiedenhausener Baches ❸ biegen Sie rechts in den Grasweg neben dem Bach ab. Der Weg begleitet den Bach erst auf der linken, später auf der rechten Seite. Bei Abzweigungen folgen Sie immer dem Bachverlauf, teilw. mit Brücken sowie Schildern des nach einem langjährigen Bürgermeister benannten Uferpfads.

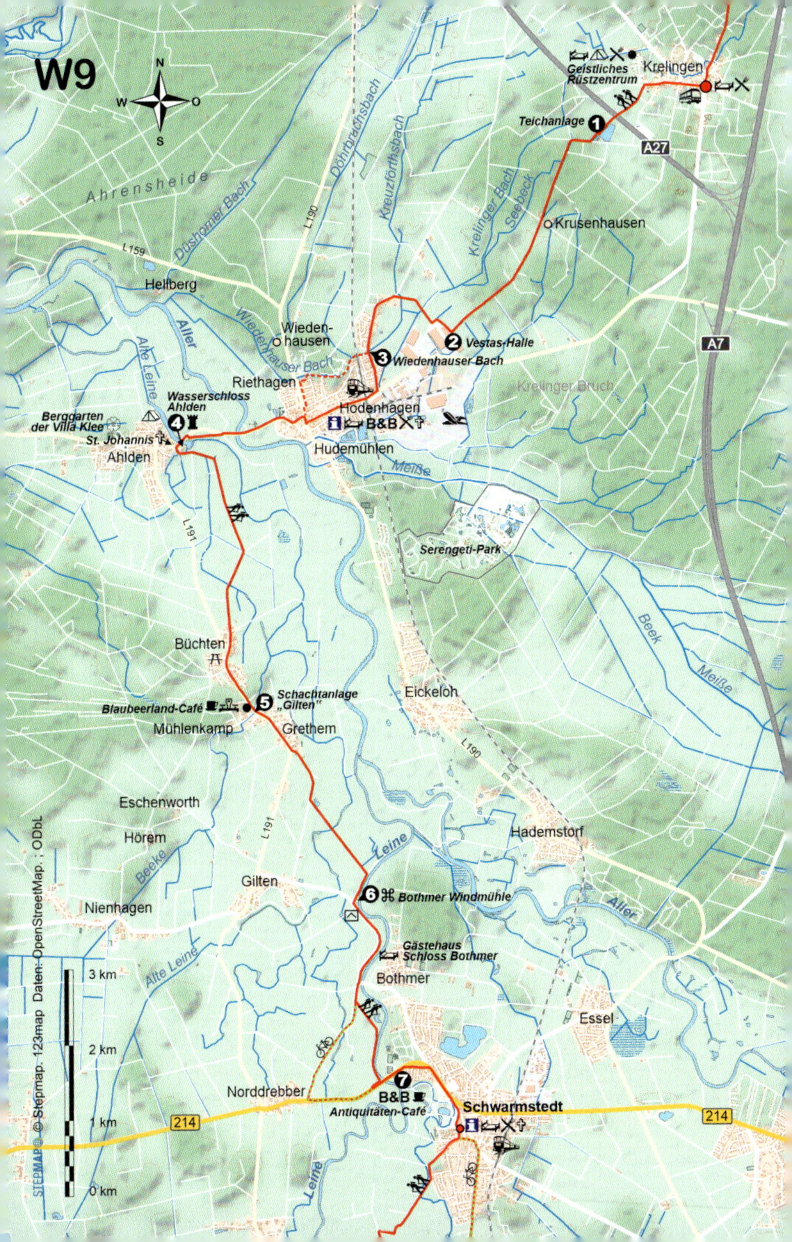

W9
N
O
S
W
Geistliches Rüstzentrum
Krelingen
Teichanlage
A27
Ahrensheide
Dürhrbachsbach
Kreuzförthsbach
Krelinger Bach
Seebeck
Krusenhausen
L190
L159
Düshorner Bach
Hellberg
Aller
Alte Leine
Wiedenhausen
Wiedenhauser Bach
Vestas-Halle
Wiedenhauser Bach
A7
Kreliner Bruch
Riethagen
Hodenhagen
B&B
Wasserschloss Ahlden
Berggarten der Villa Klee
St. Johannis
Ahlden
Hudemühlen
Meiße
L191
Serengeti-Park
Beek
Meiße
Büchten
Schachtanlage „Gilten"
Blaubeerland-Café
Mühlenkamp
Grethem
Eickeloh
L190
Eschenworth
Hörem
Beeke
L191
Hademstorf
Leine
Gilten
Bothmer Windmühle
Aller
Nienhagen
Gästehaus Schloss Bothmer
Alte Leine
Bothmer
3 km
2 km
1 km
0 km
Essel
Norddrebber
B&B
Antiquitäten-Café
Schwarmstedt
214
214
Leine
STEPMAP © Stepmap, 123map Daten: OpenStreetMap; ODbL

150 m nach dem Seitenwechsel auf die rechte Seite gehen Sie bei der Gabelung links über die Holzbrücke und auf dem Pfad in die Wohnsiedlung, wo Sie rechts gehen, nach der Linkskurve der Straße südwärts (Unten den Eichen) und am Ende rechts zum Edeka und dann links, wo Sie wieder die JW-Markierung erreichen.

Dort leitet der JW rechts entlang der Bahnhofstraße in die Ortsmitte und über den Bahnübergang und dann rechts in die Heerstraße.

Hodenhagen

B&B BANK, 3.150 Ew.

Tourist-Information Ahlden/Hodenhagen, Bahnhofstraße 30, 29693 Hodenhagen, 051 64/97 07 81, www.urlaub-aller-leine-tal.de, Mo-Fr 8:30-12:00, außerdem Mo, Di und Do 14:00-15:00, im Rathaus

Michel & Friends Hotel Lüneburger Heide, Hudemühlenburg 18, 29693 Hodenhagen, 051 64/80 90, hodenhagen@achat-hotels.com, www.achat-hotels.com/hotels/lueneburger-heide, 122 Zi, DZ ab € 90, EZ ab € 70, Restaurant mit Schwimmbad, Sauna und Gartenterrasse am Südrand des Ortes, 500 m vom JW

B&B the cosy home, Kampsunder 16, 29693 Hodenhagen, 051 64/80 10 50, info@thecosyhome.de, www.thecosyhome.de, 9 Zi, DZ ab € 100, EZ ab € 90, am Ortseingang nahe der Querung des Wiedenhausener Baches, 200 m vom JW

♦ Gästehaus Beckord, Erlengrund 2, 29693 Hodenhagen, 01 76/56 95 87 58, www.beckordhodenhagen.de, DZ ab € 60, EZ ab € 50. Es gibt kein F, aber Bäckereien in der Nähe und die Küchennutzungsmöglichkeit. Tee und Kaffee sind gratis. In Bahnhofsnähe, 50 m vom JW

Tendur, Bahnhofstraße 61c, 29693 Hodenhagen, Di-So 11:30-22:00, zentral gelegenes türkisches Restaurant

Café am Deich, Heerstraße 31, 29693 Hodenhagen, www.cafe-am-deich.de, Mo-Mi, Fr, Sa 12:00-21:00, So ab 9:00

Edeka, Alleestraße 1, 29693 Hodenhagen, zentraler Supermarkt an der Hauptstraße und dem JW

Löwen-Apotheke, Bahnhofstraße 13, 29693 Hodenhagen, 051 64/911 33, www.ghz-hodenhagen.de, Mo-Fr 8:00-18:30, Sa 8:00-13:00

stündliche Regionalbahnverbindungen Richtung Hannover und Buchholz

Vom Edeka wandern Sie zunächst auf der Allerstraße südwestwärts zur Aller, queren den Fluss und wechseln nach der Brücke auf die links parallel verlaufende Alte Landstraße, an deren Ende es auf dem Radweg neben der aktuellen Landstraße über den alten Flussarm der Leine geht, die früher (in Fließrichtung der Aller) hinter Ahlden, heute aber ein ganzes Stück vor Ahlden in die Aller mündet(e). Nach dem Altarm erreichen Sie Ahlden mit Kirche und Schloss ❹.

Ahlden

⛺ ✞ ⊙ ♜ ✿, 1.500 Ew.

⛺ Campingplatz Ahlden, Worthweg 5, 29693 Ahlden, ☎ 051 64/80 26 95, 📱 01 60/97 36 48 19, ✉ urlaub@campingplatz-ahlden.de, 💻 www.campingplatz-ahlden.de, 🐕 € 3, Zelten p. P. € 6 zzgl. Stellplatz € 6, Mietwohnwagen ab € 70, 🚪 März bis Oktober, schön gelegen am nördlichen Ortsrand an der Alten Leine

✞ ⊙ Die **Kirche St. Johannis der Täufer** entstand 1848 an Stelle des bei einer Überschwemmung zerstörten Vorgängerbaus. Der massive quadratische Turm geht auf das frühe Mittelalter (9. Jh.) zurück, einst Turm der Missionskirche. Eine im Turm angesiedelte seltene Fledermausart (Mausohr) verzögerte die um 2000 begonnene Renovierung um mehrere Jahre.

♦ Kirchengemeinde: Große Straße 6, 29693 Ahlden, ☎ 051 64/910 78, ✉ KG.Ahlden@evlka.de, 💻 www.kirchengemeinde-ahlden.de, 🚪 Mo 9:00-12:00 und Do 16:00-19:00

♜ Das **Wasserschloss Ahlden** wurde 1549 als dreiflügeliger Fachwerkbau in Hufeisenform erbaut. Gegenüber lag früher auf der anderen Flussseite die heute nur in Ruinen erhaltene mittelalterliche Bunkenburg. Das Schloss Ahlden war ursprünglich von einem Wall und doppelten Wassergraben umgeben. Der Wall wurde 1690 bei der Anlage eines Barockgartens nach französischem Vorbild eingeebnet und die Gräben im 19. Jh. großteils zugeschüttet. Das Schloss diente ab 1694 für 32 Jahre als Gefängnis für Prinzessin Sophie Dorothea von Braunschweig-Lüneburg. Die Anlage wurde 1975 für DM 90.000 an ein Kunstauktionshaus verkauft, dessen Einnahmen heute den Unterhalt des Schlosses finanzieren.

„Prinzessin von Ahlden"

Prinzessin Sophie Dorothea von Braunschweig-Lüneburg wurde als Tochter des Herzogs von Braunschweig-Lüneburg, Georg Wilhelm, gegen ihren Willen mit ihrem Cousin verheiratet, dem späteren britischen König Georg I. Dieser bevorzugte jedoch seine Mätresse, während Prinzessin Sophie Dorothea ihre Ehe aus familiären und wirtschaftlichen Gründen nicht aufgeben durfte. Die Folge: Flucht, Festnahme und feudales Gefängnis im Schloss mit einem 40-köpfigen Wachtrupp. Ihr Sohn bestieg ein Jahr nach dem Tod Sophie Dorotheas als Georg II. den britischen Thron. Das Schicksal der sogenannten „Prinzessin von Ahlden" wurde von Theodor Fontane literarisch verarbeitet und 1948 verfilmt.

✿ Ahlden ist neben dem Schloss und der Kirche bekannt für seinen im 19. Jh. im Landhausstil angelegten **Berggarten der Villa Klee** mit Steintisch, Obstwiese und saniertem **Teehaus** von 1850 auf einer alten, bewaldeten Binnendüne am Nordrand des Ortes.

Der JW folgt der Radroute nach links, rechts am Wasserschloss vorbei, und führt südwärts parallel zur Aller und der Alten Leine nach **Büchten** mit ⛩ Picknicktisch und Infotafel zur Dorfchronik. Von Büchten geht es auf dem Radweg neben der Kreisstraße nach **Grethem**. Hier wurde vor rund 100 Jahren Kalisalz gewonnen – insgesamt förderten neun Bergwerke im Aller-Leine-Tal bis in die 1920er-Jahre diesen für die Düngerproduktion wichtigen Grundstoff. Heute ist die Region vor allem für Blaubeeren bekannt, mit der Plantage Blaubeerland neben der alten Schachtanlage Gilten ❺.

☕ Blaubeerland-Café, Grethemer Hauptstraße 35, 💻 www.blaubeerland-cafe.de, 🚪 zur Erntezeit Juli/August täglich 8:00-18:00, sonst Fr-So 13:00-18:00, Hofladen mit Produkten rund um Blaubeeren täglich 8:00-17:00

Am Ende von Grethem verlassen Sie vor einem ⛩ Picknicktisch die Hauptstraße in der Rechtskurve, folgen links der Radroute Richtung Schwarmstedt südwärts und biegen nach 700 m links in die Stichstraße zur Leine ab (Schild: „max. 6 t"), wo Sie rechts entlang des Deichs wandern bzw. radeln. Bei der Bothmer Windmühle ❻ biegen Sie links auf die Landstraße ab, vorbei an einem ⌂ ⛩ Unterstand.

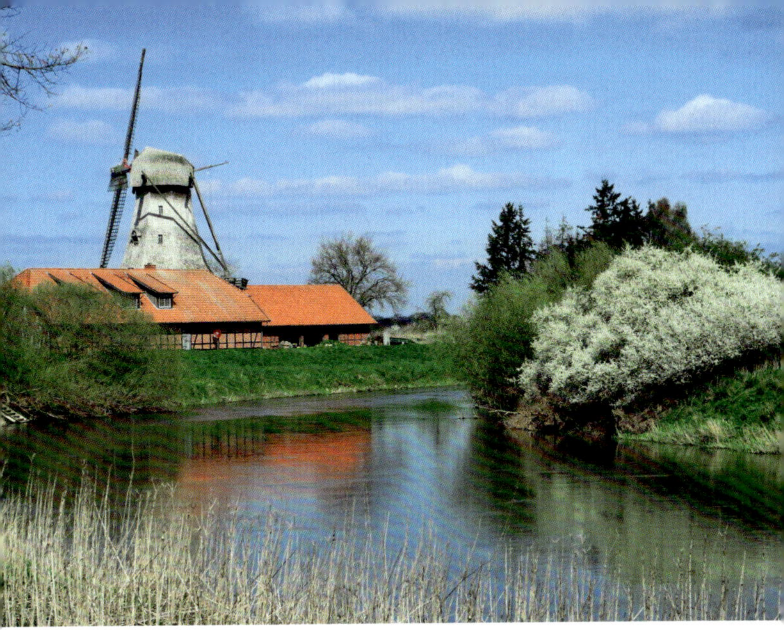

Bothmer Windmühle

⌘ Die 1822 im Holländerstil erbaute **Bothmer Windmühle** ersetzte eine hier am Leineufer stehende mittelalterliche Wassermühle.

Bei einer Straßenbrücke über die Leine bleiben Sie auf der westlichen Flussseite und zweigen nach 200 m links in den Weg ab, der zur Brücke der B214 über die Leine führt.

🚲 Radpilgerinnen und Radpilger folgen statt der linken Abzweigung lieber der kleinen Straße geradeaus und zweigen an deren Ende links auf den Radweg neben der B214 ab.

✋ Die Leinebrücke der B214 wird bis 2024 neu erbaut; bis dahin ist mit Umleitungen im Baustellenbereich zu rechnen!

Nach der B214-Brücke begleitet der JW die B214 auf dem rechtsseitigen Radweg nach Schwarmstedt.

☺ Schöner ist nach der Brücke folgende Abkürzung durch das Wohngebiet (➲ 100 m kürzer): Nach der Brücke führt bei der rechten Zufahrt zum Antiquitäten-Café (s. u.) ❼ halb rechts eine Straße (Deichweg, später Gartenstraße) leicht aufwärts, nach einer Rechtskurve durch ein Wohngebiet und mündet nach 400 m wieder in die B214 mit dem rechts in die Ortsmitte führenden Radweg.

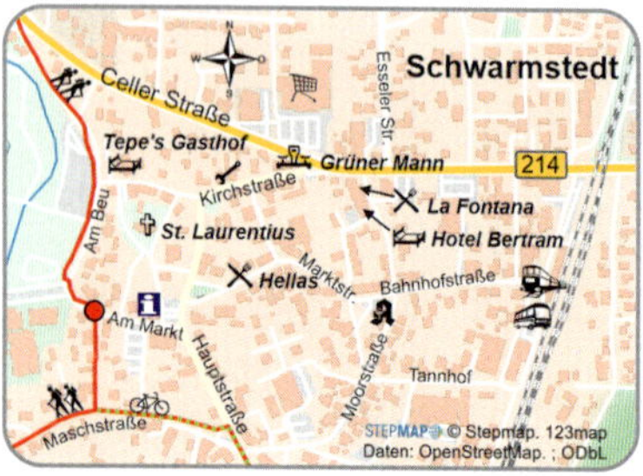

Sie verlassen die B214 in der Linkskurve am Ende des Friedhofs, indem Sie geradeaus entlang der Kirchstraße mit rechts dem Beupark in die Ortsmitte wandern/fahren.

Schwarmstedt

i 🛏 B&B ✗ ☕ 🛒 ⚕ BANK 📯 🔧 🏊 ✝ ⊙ 🚆, 5.250 Ew.

i ⊙ Tourismusregion Aller-Leine-Tal, Am Markt 1, 29690 Schwarmstedt, ☏ 050 71/86 88, ✉ touristinfo@schwarmstedt.de, 💻 www.urlaub-aller-leine-tal.de, 🚪 Mo-Fr 9:00-17:00, im Rathaus

🛏 ✗ Tepe's Gasthof, Kirchstraße 12, 29690 Schwarmstedt, ☏ 050 71/981 20, ✉ tepesgasthof@web.de, 💻 www.tepes-gasthof.blogspot.com (unkonventionelle Website), DZ ab € 85, EZ ab € 75, 🚪 Küche Di-Sa 11:30-14:00 sowie Mo-Sa 17:30-20:00, ☺ Zimmer 5 und 6 mit Storchennestblick, am westlichen Ortsrand am JW

♦ Gästehaus Schloss Bothmer, Alte Dorfstraße 15, 29690 Schwarmstedt, ☏ 050 71/30 37, ✉ info@schlossbothmer.de, 💻 www.schlossbothmer.de, 6 Zi, 🛎 🚲, Zi ab etwa € 165, 🚪 Restaurant für Hausgäste abends außer So, historisches Herrenhaus im Ortsteil Bohmer nördlich von Schwarmstedt an der Leine, 2 km nordwestlich von Schwarmstedt und 1 km vom JW

🛏 ⊙ Hotel Bertram, Moorstraße 1, 29690 Schwarmstedt, ☏ 050 71/80 80, ✉ info@hotel-bertram.de, 💻 www.hotel-bertram.de, 30 Zi, Biergarten, 🚲, DZ ab € 105, EZ ab € 80, zwischen Bahnhof und Ortsmitte an der B214, 300 m vom JW

B&B ☕ Antiquitäten-Café mit Gästezimmern, Am Hohen Ufer 1, 29690 Schwarmstedt, ☏ 050 71/27 37, ✉ h.hubert-rummel@t-online.de, 💻 www.antiquitaeten-cafe.de, in einigen Zi, auf Anfrage, DZ etwa € 100 zzgl. F (€ 15), originelles Café in Galerie mit Antiquitäten sowie Garten, gleich hinter der Leinebrücke am JW

Ristorante La Fontana, Moorstraße 1, 29690 Schwarmstedt, www.ristorante-la-fontana.de, Di-Fr, So 11:30-14:30 sowie Di-So 17:30-22:00, Italiener im Hotel Bertram

♦ Hellas, Marktstraße 2, 29690 Schwarmstedt, www.hellas-schwarmstedt.de, Mo-So 17:00-23:00 sowie Sa und So 11:30-14:30, griechische Küche in zentral gelegenem Fachwerkhaus mit Biergarten

Rewe und Lidl am Ortseingang gegenüber vom Friedhof, Mönkeberg 4 bzw. 3, 29690 Schwarmstedt, außerdem im Zentrum Edeka und Aldi, Celler Straße 31, 29690 Schwarmstedt

Grüner Mann, Kirchstraße 26, 29690 Schwarmstedt, www.bioladen-gruenermann.de, Mo-Fr 9:00-18:00, Sa 9:00-13:30, Bioladen im Zentrum

Henning Deeke, Kirchstraße 22, ☏ 050 71/91 20 31, Mo-Fr 8:00-12:00 und 14:00-18:00, Sa nur 8:00-12:00, Fahrradgeschäft im Zentrum

Heide Apotheke, Moorstraße 5, 29690 Schwarmstedt, ☏ 050 71/981 90, www.heide-apotheke-schwarmstedt.de, Mo-Fr 8:00-19:00, Sa 8:00-13:00

stündliche Regionalbahnverbindungen Richtung Hannover und Buchholz

✞ Die in der Ortsmitte gelegene dreischiffige **St.-Laurentius-Kirche** wurde um 1510 im spätgotischen Stil erbaut. Der Westturm geht vermutlich auf den romanischen Vorgängerbau aus dem 12. Jh. zurück, wurde aber 1610 nach einem Einsturz erneuert. Besonderheiten sind der spätgotische Flügelaltar sowie die Fresken. Das Taufbecken von 1528 wurde vorübergehend im Dorf als Viehtränke genutzt.

♦ täglich 9:00-17:00; Kirchengemeinde Schwarmstedt: Hauptstraße 3a, 29690 Schwarmstedt, ☏ 050 71/17 75 kg.schwarmstedt@evlka.de, https://laurentiusgemeinde.wir-e.de, Do 10:00-12:00 und 16:00-18:00, Fr 9:00-12:00

⊙ Pilgerstempel im Kirchenbüro der St. Laurentius Kirchengemeinde Schwarmstedt (Adresse, Kontakt wie oben), Di 10:00-13:00, Do 9:00-12:00, Fr 14:00-16:30

Der in der Flusslandschaft gelegene, staatlich anerkannte Erholungsort Schwarmstedt ist ein beliebter Ausgangsort für Wander- und Radtouren.

Etappe W10: Schwarmstedt – Kloster Mariensee

26,3 km, 6 Std. 30 Min., ↑ 115 m, ↓ 101 m, ⇧ 22-46 m, 25,6 km

0,0 km	⇧ 26 m	Schwarmstedt B&B
3,5 km	⇧ 27 m	Grindau **B&B**
4,7 km	⇧ 32 m	Unterstand an Leine
8,0 km	⇧ 32 m	Niedernstöcken
15,8 km	⇧ 34 m	Mandelsloh
16,5 km	⇧ 33 m	Amedorf **B&B**
22,1 km	⇧ 37 m	Rittergut Evensen
24,0 km	⇧ 37 m	Wulfelade
26,3 km	⇧ 40 m	Mariensee **B&B** BANK

Der Jacobusweg begleitet die Leine – stellenweise in einiger Entfernung – flussaufwärts zum Kloster Mariensee und führt dabei durch Mandelsloh mit der St.-Osdag-Kirche und ihrem wehrhaften Kirchturm. Kurz dahinter mündet in Amedorf die Ostvariante des Jacobusweges ein. Das Ziel markiert das im Mittelalter gegründete Koster Mariensee, heute ein evangelischer Frauenkonvent. Vom Kloster führt ein Verbindungsweg vorbei am Steinhuder Meer zum Kloster Loccum, wo der Loccum-Volkenroda-Pilgerweg startet.

Da ein kurzer Teil des Weges vor Grindau neben einem Acker möglicherweise sehr sandig ist, ist bei nur bedingter Geländeeignung des Rades ein Umweg empfohlen, indem Sie ab Schwarmstedt der ausgewiesenen Radroute entlang der Neustädter Straße nach Grindau folgen.

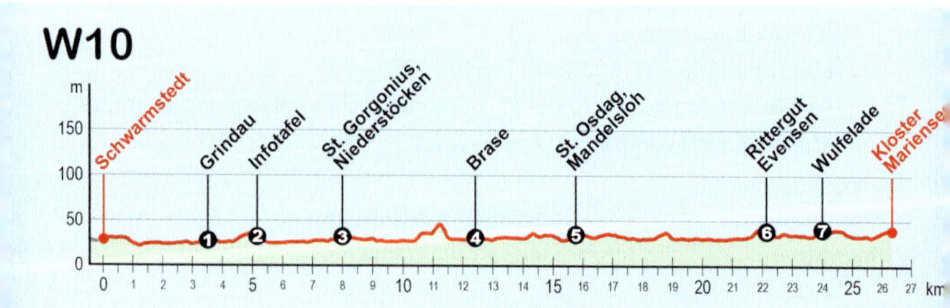

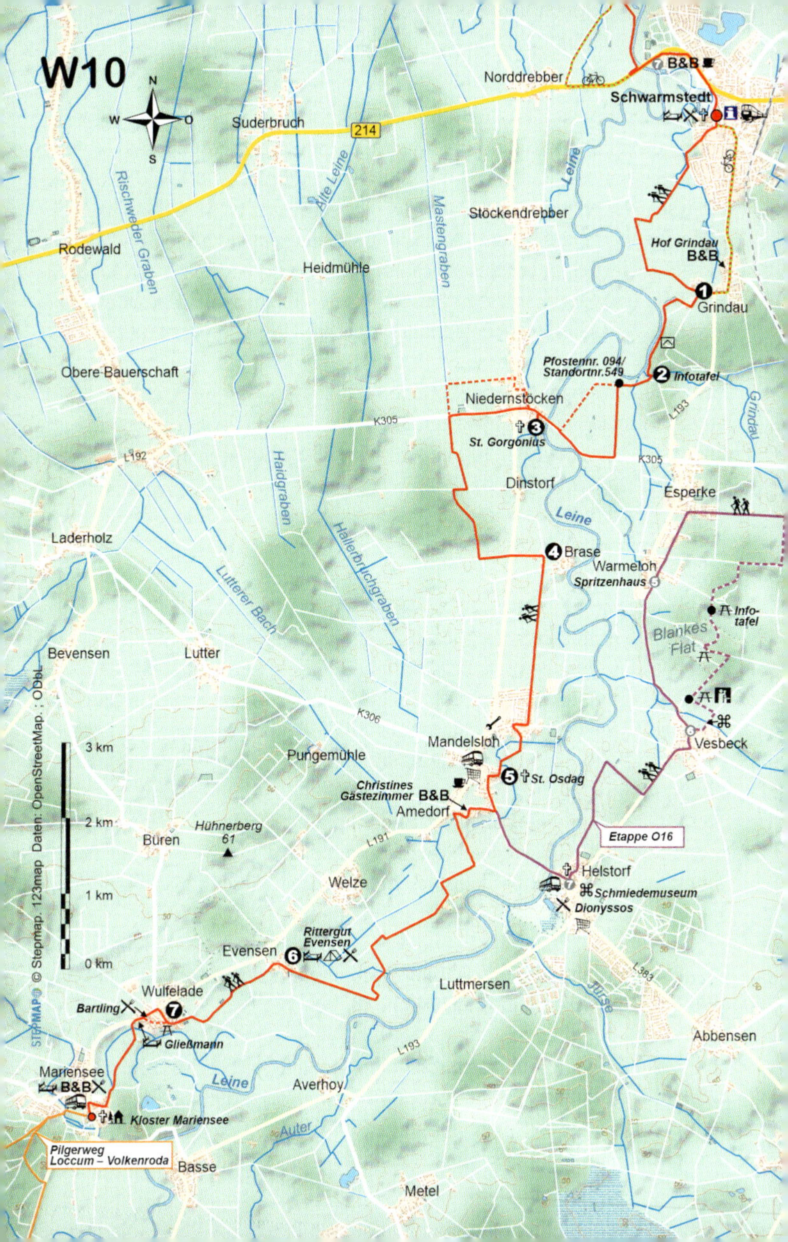

W10
N
W
O
S
Norddrebber
Schwarmstedt
B&B
Suderbruch
214
Alte Leine
Rischweder Graben
Mastengraben
Leine
Stöckendrebber
Rodewald
Heidmühle
Hof Grindau
B&B
1
Grindau
Pfostennr. 094/
Standortnr.549
2
Infotafel
Obere Bauerschaft
Niederstöcken
K305
3
St. Gorgonius
L193
Grindau
L192
Haidgraben
Dinstorf
K305
Esperke
Leine
Laderholz
Hallerbruchgraben
4
Brase
Warmeloh
Spritzenhaus
Lutterer Bach
Info-
tafel
Blankes
Flat
Bevensen
Lutter
K306
Vesbeck
Mandelsloh
Pungemühle
3 km
5
St. Osdag
Christines
Gästezimmer
B&B
Amedorf
2 km
Hühnerberg
61
Büren
L191
Etappe O16
Helstorf
Schmiedemuseum
Dionyssos
1 km
Welze
© Stepmap. 123map Daten: OpenStreetMap : ODbL
0 km
Rittergut
Evensen
Evensen
6
Luttmersen
L383
Wulfelade
7
Bartling
Gließmann
Abbensen
L193
Mariensee
B&B
Leine
Averhoy
Kloster Mariensee
Auter
Pilgerweg
Loccum – Volkenroda
Basse
Metel

In Schwarmstedt führt der JW vom Park südwärts entlang der nach der Linkskurve von der Straße Am Beu rechts abzweigenden Schmiedstraße und an deren Ende rechts in die Maschstraße. Diese leitet in südwestliche Richtung zum Leinetal. Nach einer Bank mit JW-Markierung am Mülleimer halten Sie sich bei einer Gabelung rechts und pilgern auf einem von Sträuchern gesäumten Feldweg weiter, der nach zwei Kurven zunehmend sandig wird. Bei Abzweigungen halten Sie sich links und nähern sich dem Schwarmstedter Stadtteil Grindau mit einer per Abstecher erreichbaren Übernachtungsgelegenheit.

Abstecher zur Unterkunft (➲ 2 x 0,7 km)

Wenn Sie geradeaus gehen und der Dorfstraße nach 400 m durch die Linkskurve folgen, erreichen Sie nach 300 m zur Linken eine Übernachtungsgelegenheit.

B&B Hof Grindau, Dorfstraße 6, 29690 Schwarmstedt, Barbara-Dreer@hof-grindau.de, 6 Zi, Garten, € 3, DZ ab € 54, EZ ab € 30, günstige Privatunterkunft in ehemaligem bäuerlichem Anwesen

Ab Grindau ❶ geht es auf der Radroute Richtung Mandelsloh wieder zur Leine (in den Stöckener Weg, dann rechts) mit schönem Uferweg und Unterstand mit Picknicktisch. Bei einer Infotafel über Heimatgeschichte ❷ queren Sie rechts die Grindau, halten sich bei einer Bank rechts und erreichen eine Kreuzung mit Pfostennr. 094 und Standortnr. 549. Die Radweg- und die JW-Markierung weisen nach links und an der Landstraße nach rechts.

Schöner und 800 m kürzer ist der Feldweg geradeaus (nicht radgeeignet), der nach 300 m durch eine Linkskurve führt und nach 10 Minuten die Straße vor der Brücke Niedernstöcken erreicht; mit dieser Variante meiden Sie knapp 1 km Straße.

Die Straße führt Sie über die Leinebrücke nach **Niedernstöcken** mit links oberhalb der Leine der St.-Gorgonius-Kirche ❸.

Die **St.-Gorgonius-Kirche** fällt mit ihren unterschiedlichen Baumaterialien auf: der dunkelbraune Raseneisenstein des Turms der mittelalterlichen Originalkirche und der rote Backsteinziegel der im 19. Jh. ergänzten klassizistischen Saalkirche. Der Innenraum wird durch zwei umlaufende hölzerne Emporen bestimmt.

♦ Kirchengemeinde: Kirchende 8, 31535 Neustadt, ☏ 050 73/597,
kg.niedernstoecken@evlka.de, https://kirche-niedernstoecken.wir-e.de

Der Pilgerweg quert Niedernstöcken, führt bei der Kreuzung geradeaus und verlässt den Ort links vorbei am Feuerwehrschuppen auf einer stärker befahrenen Straße, leider ohne Radweg.

Alternative mit weniger Verkehr (➲ 0,8 km länger)
Mit einem nördlichen Umweg können Sie die Straße meiden: Dazu zweigen Sie von der Leinebrücke kommend in die erste Straße rechts ab (Am Weder) und folgen dieser nach einer Linkskurve (Matenstraße) zur Hauptstraße. Dort gehen/fahren Sie rechts und nach 150 m links in die Straße Am Mühlenort, später ein Feldweg. Bei einer Kreuzung zweigen Sie nach links ab und erreichen nach 400 m wieder die Straße mit dem JW.

500 m nach Niedernstöcken schwenkt der JW bei einer Kreuzung nach links, zweigt bei der folgenden T-Kreuzung rechts ab und nach 150 m nach links. Bei der folgenden T-Kreuzung geht es nach links und im Dorf Brase ❹ nach rechts in südlicher Richtung parallel zur mäandernden Leine weiter. Nächste Zwischenstation ist Mandelsloh, wo Sie etwas im Zickzack auf den sichtbaren Kirchturm ❺ zusteuern (Rosseeweg, dann rechts in die Straße Überm See, dann links in den Seeweg).

Mandelsloh   1.200 Ew.

Bäckerei-Café Vatter, Amedorfer Straße 25-28, 31535 Neustadt,
Mo-Sa 6:00-19:00, So 7:00-11:00, im Supermarkt Combi (s. u.)

Supermärkte Combi und Penny an der Hauptstraße 300 m westlich von der Kirche, Amedorfer Straße 25 und 31, 31535 Neustadt

Reschke Zweiräder, Mandelsloher Straße 30, Neustadt, 01 70/202 79 17,
www.reschkezweiräder.de, Mo-Fr 9:00-12:00 und 15:00-18:00, Sa 10:00-13:00

St. Osdag-Apotheke, Amedorfer Straße 31, 31535 Neustadt, ☏ 050 72/921 90,
www.osdag-apotheke.de, Mo-Fr 8:30-18:30, Sa 8:00-13:00

Bushaltestelle „Helstorf, Feuerwehrhaus“, Linie 460 täglich mindestens im Stundentakt von/nach Hannover-Nordhafen, außerdem Linie 850 Mo-Fr stündlich, Sa und So alle 2 Stunden via Kloster Mariensee von/nach Neustadt mit direktem Bahnanschluss nach Hannover, www.regiobus.de

✞ Die **St.-Osdag-Kirche** am östlichen Ortsrand geht auf das 12. Jh. zurück. Eine der Wandmalereien im Inneren ist dem Ortsheiligen St. Osdag gewidmet. Eine der drei Glocken des früher als Wehrturm genutzten Kirchturms ist mit Pilgerzeichen graviert.

♦ täglich 9:00-18:00; Kirchengemeinde: St.-Osdag-Straße 23, 31535 Neustadt, ☏ 050 72/334, kg.mandelsloh@evlka.de, www.st-osdag.de, Di 10:00-12:00 und Do 17:00-18:00

Der JW führt zusammen mit der Radroute südwärts entlang der Straße In der Wiek Richtung Amedorf aus Mandelsloh heraus, zweigt am Dorfende nach rechts ab (Steinhagen) und nach 350 m in **Amedorf** nach links Richtung Evensen.

B&B Christines Gästezimmer, Steinhagen 4, 31535 Neustadt, ☏ 050 72/856, ChristineHeinemann@outlook.de, www.christinesgaestezimmer.de, 2 Zi, DZ ab € 50, EZ ab € 30, Privatunterkunft direkt am JW

Nach einer lang gezogenen Rechtskurve geht es wieder nach links und bei der folgenden T-Kreuzung nach rechts. Die Radroute verläuft in einigem Abstand parallel zur Leine. 500 m danach halten Sie sich bei einer T-Kreuzung mit dem Ossenboyweg links, nach 200 m rechts und nach der folgenden Rechtskurve links. Beim **Rittergut Evensen ❻** – errichtet 1700 an der Stelle eines mittelalterlichen Rittergutes – folgen Sie der Radroute durch die Linkskurve.

Rittergut Evensen, Eckhard Seehawer, Schelppwisch 1, 31535 Neustadt, ☏ 050 72/583, rittergut-evensen@web.de, www.rittergut-evensen.de, etwas in die Jahre gekommener Biohof mit vielseitigem Angebot: 12 Zi, € 5, DZ ab € 74, EZ ab € 47, Camping/Heuhotel etwa € 10 p. P., Gaststätte mit Biergarten, auf Anfrage

400 m nach dem Gutshaus Evensen zweigt der JW in einer Linkskurve der Straße rechts auf einen Spurweg ab. Bei der folgenden T-Kreuzung geht es rechts nach **Wulfelade ❼**, wo der JW bei einer Gabelung mit Picknicktisch und Infotafel nach rechts zur Hauptstraße und dort nach links führt.

Schöner und (100 m) kürzer ist der kleinere Weg (Moritzgraben) geradeaus, links an der Infotafel und später der örtlichen Feuerwehr vorbei zur Hauptstraße mit dem JW beim Gasthaus Bartling – es sind 200 m Hauptstraße weniger.

Gasthaus Bartling, Wulfelader Straße 6, 31535 Neustadt, www.gasthausbartling.de, Mi-So ab 17:00

Sie pilgern entlang der Hauptstraße am Gasthaus Gließmann vorbei.

Gasthaus Gließmann, Wulfelader Straße 2, 31535 Neustadt, 050 72/12 27, gasthaus.gliessmann@t-online.de, www.gasthaus-gliessmann.de, 2 Zi, DZ ab € 70, EZ ab € 50

Sie biegen vor dem Ortsendeschild in die links abzweigende kleine Straße ab, die in einigem Abstand parallel zur Hauptstraße durch schöne Wiesenlandschaft nach Mariensee führt, wo der Weg vor Gebäuden des auf Nutztiergenetik spezialisierten Friedrich-Loeffler-Instituts nach rechts abzweigt. Bei der Kreuzung am Dorfladen biegen Sie nach links ab und erreichen in wenigen Minuten das Kloster Mariensee.

Mariensee B&B BANK, 1.200 Ew.

Boutique-Hotel Schulz, Höltystraße 11, 31535 Neustadt, 050 34/18 44, www.schulz-restaurant.de, DZ ab € 100, EZ € 90 zzgl. F (€ 15), Restaurant Mo-Sa 17:00-20:30, So 11:00-14:00, eher hochpreisiges Hotel in Ortsmitte

B&B Bed & Breakfast Mariensee, Alt Mariensee 2, 31535 Neustadt, 050 34/752 90 23, Online-Buchung über www.airbnb.de, Zi ab etwa € 77, Privatunterkunft in zentral gelegener Yogaschule

♦ Feriendomizil Volker Kempf, Bergstraße 3, 31535 Neustadt, 050 34/92 62 82, 01 71/141 24 38, volkerkempf@msn.com, 1 Zi, DZ ab € 75, EZ ab € 50 zzgl. F (€ 12), (rad-)wanderfreundliche Unterkunft 300 m vom JW

Kloster Mariensee, Höltystraße 1, 31535 Neustadt, 050 34/87 99 90, info@kloster-mariensee.de, www.kloster-mariensee.de, Ü für Pilger € 30, als Spende auch gerne mehr, ganzjährig. Im Kloster stehen Unterbringungsmöglichkeiten für Seminargäste und Pilgernde zur Verfügung, allerdings nur nach voriger Zusage.

Vito's Eis, Höltystraße 15, 31535 Neustadt, Sommersaison täglich 13:00-19:00, Eiscafé in Ortsmitte

Dorfladen Mariensee, Zum Duvenwinkel 1, 31535 Neustadt, www.dorfladen-mariensee.de, Di-Fr 7:00-18:30, Mo und Sa 7:00-13:30, Dorftreff mit Einkaufsgelegenheit in Ortsmitte

Bushaltestelle „Mariensee, Kloster" mit Linie 850 Mo-Fr stündlich, Sa und So alle 2 Stunden von/nach Neustadt mit direktem Bahnanschluss nach Hannover, www.regiobus.de

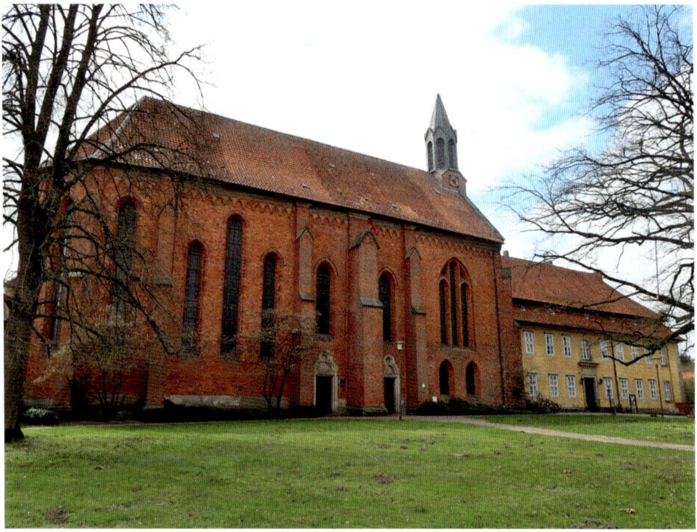

Kloster Mariensee

Das **Kloster Mariensee** wurde im 13. Jh. als Zisterzienserinnenkloster gegründet und in der Reformation nicht aufgelöst, sondern im evangelischen Sinne weitergeführt. Plünderungen im 30-jährigen Krieg sowie ein Großbrand um 1720 zerstörten die Klosteranlagen bis auf die Kirche. Schon wenige Jahre später wurden die Konventgebäude als barocke Vierflügelanlage neu erbaut und die Kirchenausstattung barockisiert. Die mittelalterliche Saalkirche aus Backstein geht auf die Gründungszeit des Klosters zurück.

♦ 🚪 öffentliche Klosterführungen April bis Oktober am 3. Wochenende im Monat sowie an Feiertagen um 15:00 und 16:30, Preis auf Anfrage,
💻 www.kloster-mariensee.de

⌘ Das anlässlich der 800-Jahr-Feier des Klosters im Jahr 2007 eröffnete Klostermuseum dokumentiert die Geschichte des Klosters sowie allgemein der evangelischen Frauenklöster in Norddeutschland.

♦ ☎ 050 34/87 99 90, ✉ info@kloster-mariensee.de,
🚪 Öffnungszeit und Eintrittspreis auf Anfrage

(Verbindung zum) Pilgerweg Loccum – Volkenroda

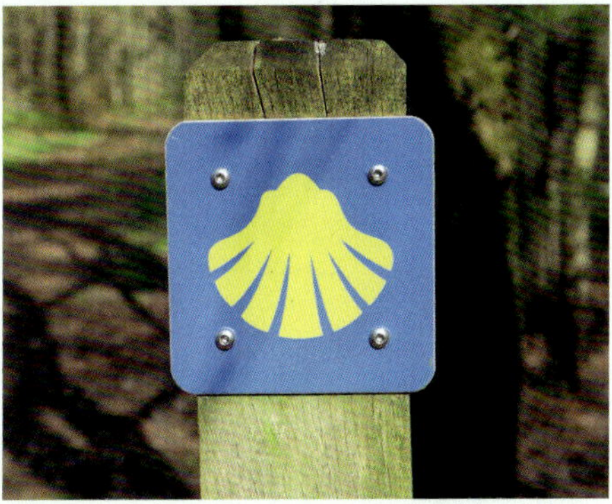

Wegweiser mit Pilgermuschel

Der 2005 in Trägerschaft der Hannoverschen Landeskirche eingerichtete Pilgerweg Loccum – Volkenroda führt 290 km lang von Loccum nach Volkenroda und verläuft dabei zu drei Vierteln durch Niedersachsen und einem Viertel durch Thüringen. Drei Nebenwege des für Wanderinnen und Wanderer sowie Radfahrerinnen und Radfahrer konzipierten Pilgerweges erschließen drei Klöster: Mariensee sowie Hülfensberg und Zella.

Der erste Nebenweg verbindet als Rundweg die beiden Klöster Loccum und Mariensee beidseitig des Steinhuder Meers jeweils in zwei Etappen, die damit wahlweise als Weiterweg zum Kloster Loccum möglich sind:

▷ nördlich vom Steinhuder Meer über Eilvese und Mardorf (36 km)

▷ südlich vom Steinhuder Meer über Neustadt am Rübenberge, Steinhude, Bergkirchen und Bad Rehburg (46 km)

💻 www.loccum-volkenroda.de

Östliche Variante von Soltau durch die Südheide und Celle

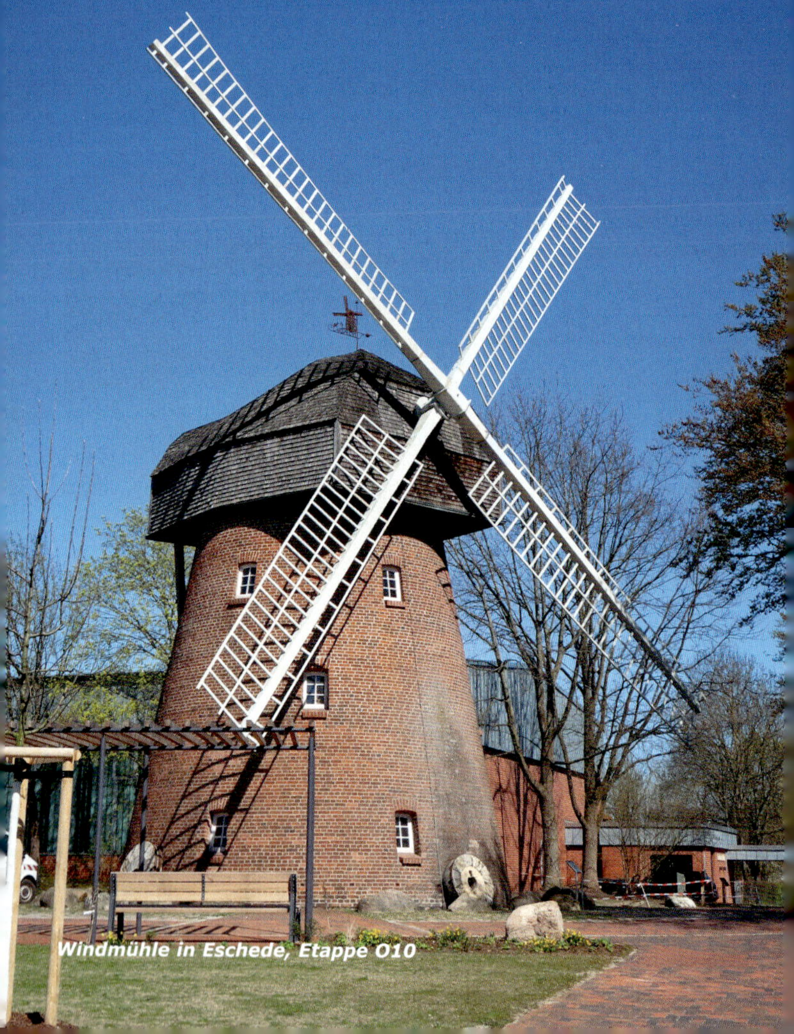

Windmühle in Eschede, Etappe O10

Von Soltau führt die östliche Variante des Jacobusweges durch die Südheide und folgt dabei stellenweise dem bekannten Heidschnuckenweg sowie der Pilgerroute Via Romea. Über Bergen, die Missionsstadt Hermannsburg und Eschede geht es nach Wietzenhausen mit bekanntem Kloster. Von dort führt der Pilgerweg entlang der Aller durch die Fachwerkstadt Celle und Winsen nach Wietze, wo das erste deutsche Erdöl gefördert wurde. Nach langer Waldpassage wird Lindwedel erreicht und nach einer weiteren Schleife das Tal der Leine, wo Sie bei Amedorf wieder den westlichen Jacobusweg erreichen.

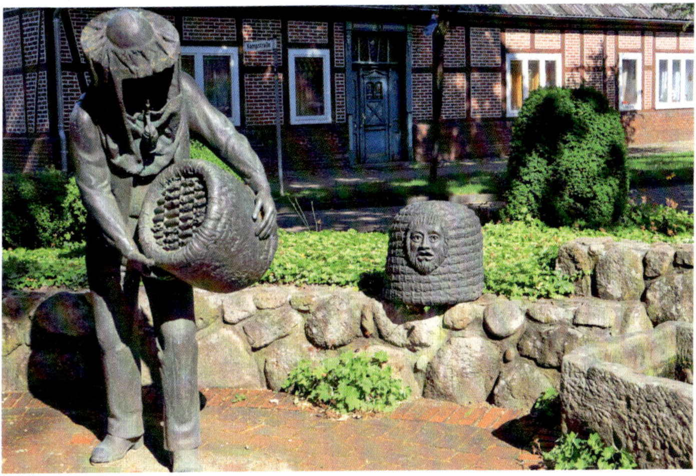

Imkerstatue in Wietzendorf

Etappe O7: Soltau – Wietzendorf

16,3 km, 7 Std., ↑ 97 m, ↓ 90 m, ⇧ 57-88 m, 16,3 km

0,0 km	⇧ 60 m	Soltau i 🛏 B&B ✕ ☕ BANK ✝ ⊙ ⌘
11,5 km	⇧ 68 m	Abzweigung Heidschnuckenweg
12,9 km	⇧ 71 m	Südsee-Camp ⛺ ✕
16,3 km	⇧ 67 m	Wietzendorf i 🛏 B&B ✕ ☕ BANK ✝ ⊙

Der östliche Jacobusweg verlässt Soltau vorbei an der Lutherkirche und begleitet zunächst die Bahnstrecke Richtung Uelzen. Nach einem Rechtsschwenk geht es bei Abelbeck über die A7 und durch die von Wäldern, Feldern und Wiesen geprägte Landschaft vorbei am Südsee-Camp nach Wietzendorf, bekannt für Heidehonig. Lange Abschnitte dieser Etappe begleitet Sie das „H" des Heidschnuckenweges.

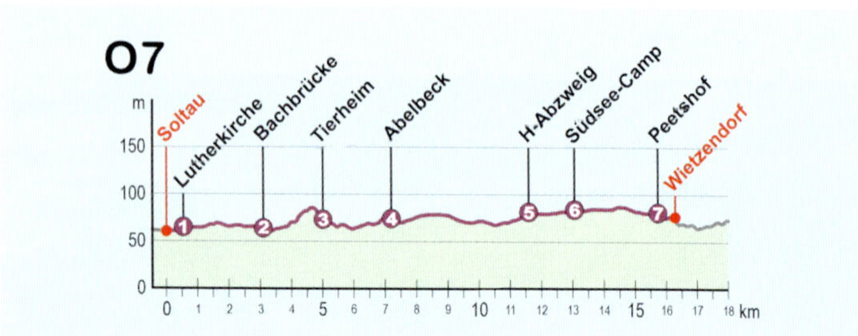

Die Pilgerroute führt in Soltau zunächst entlang der Lüneburger Straße ostwärts zur Lutherkirche ❶.

Hinter der Kirche biegen Sie nach rechts ab (Freudenthalstraße). Bei der T-Kreuzung vor einem Gewerbegebiet geht es links entlang der Straße Trift aus Soltau heraus und über die Bahnlinie – zusammen mit dem Heidschnuckenweg (H). Die Routen queren eine weitere Bahnstrecke durch eine Unterführung und begleiten nach 100 m vor einem Bahnübergang sich links haltend eine weitere Bahnstrecke, um diese nach einer Bachbrücke ❷ rechts zu queren.

100 m nach der folgenden Linkskurve gehen Sie rechts und nach 300 m – anders als der Heidschnuckenweg – links. Sie wandern kurz darauf rechts parallel zur gerade gequerten Bahnstrecke, die Sie beim folgenden Übergang an einem **Tierheim** ❸ wieder zusammen mit dem Heidschnuckenweg queren. Beide Routen zweigen nach dem Bahnübergang nach rechts ab und Sie queren sich rechts haltend die Gleise nach 800 m ein weiteres (letztes) Mal.

Auf dem Abelbecker Weg geht es in südöstliche Richtung, über die A7 und danach links am Gehöft Abelbeck ❹ vorbei. Bei der folgenden T-Kreuzung halten Sie sich links und folgen der Radroute am militärischen Übungsgebiet vorbei.

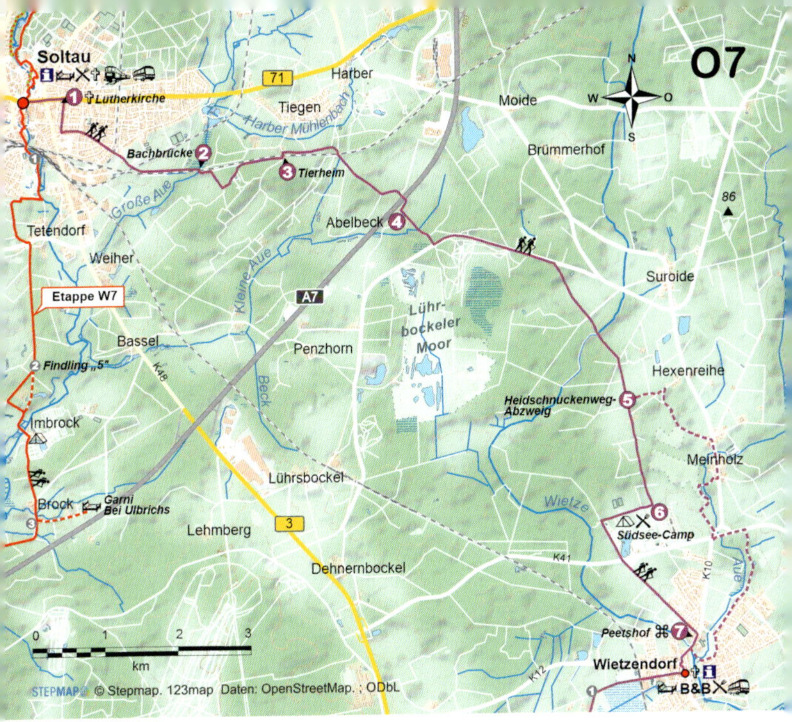

Nach 1,7 km folgen Sie dem Heidschnuckenweg und dem JW nach rechts. Bei Abzweigungen gehen/fahren Sie geradeaus. 1 km nach Querung der Wietze zweigt der Heidschnuckenweg nach links ab ❺, während der JW weiter geradeaus in südliche Richtung führt.

Alternative auf Heidschnuckenweg nach Wietzendorf (➲ 1,8 km länger)

Etwas schöner und abwechslungsreicher als der meist schnurgerade verlaufende JW nähert sich der Heidschnuckenweg (H) dem Etappenziel Wietzendorf: 1 km nach Querung der Wietze folgen Sie dem Heidschnuckenweg nach links, abwechselnd durch Wald und Felder, zur Meinholzer Straße und folgen dem begleitenden Radweg für 500 m nach rechts, ehe Sie rechts abbiegen. Der Heidschnuckenweg nähert sich der Hötzinger Aue und begleitet diese nach einer Querung erst auf der rechten und nach einem Intermezzo auf der Kirchstraße auf der linken Seite. Der Heidschnuckenweg erreicht bei der Wietzebrücke nahe dem Peetshof ❼ wieder den JW.

Der JW umrundet schließlich die Ferienanlage **Südsee-Camp** ❻ nach rechts.

⛺ ✕ Südsee-Camp, 29649 Wietzendorf, ☎ 051 96/98 01 16, info@suedsee-camp.de, www.suedsee-camp.de, ab € 4, Zelt mit 1 P. ab € 16, Unterkunft in Mietwohnwagen ab € 72, April bis Oktober, Restaurant ganzjährig täglich (genaue Uhrzeiten saisonal schwankend), großer Campingplatz mit subtropischem Badeparadies sowie Naturbadesee, auch für Nichtgäste

Der JW führt am Südrand des Südsee-Camps rechts am Parkplatz vorbei südostwärts (Hohes Feld) und zweigt am Straßenende nach rechts ab, vorbei am Peetshof ❼.

⌘ Der vom Heimatverein unterhaltene **Peetshof** dokumentiert als kleines Freilichtmuseum das frühere bäuerlich geprägte Leben. Zu sehen sind neben dem Haupthaus unter anderem eine Scheune, ein Schafstall, ein Schweinehaus sowie ein Bauerngarten, ein Backhaus und ein Bunker – Letzterer von 1944.

♦ Über der Brücke 1, www.peetshof-wietzendorf.de, Führungen Mai bis September Mi und Do 9:30-11:30 für € 2 p. P.

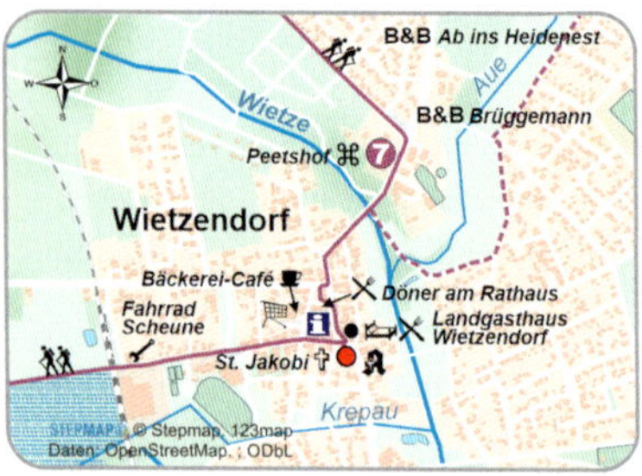

Nach dem Peetshof queren Sie auf der Straße Über der Brücke die Wietze und steuern ab hier wieder zusammen mit dem Heidschnuckenweg auf die Ortsmitte von Wietzendorf mit nettem Platz am Rathaus zu. Zur Kirche sind es noch 100 m entlang der Hauptstraße. Vor der Kirche weisen Imkerfiguren auf den wichtigen Wirtschaftszweig Honigproduktion hin – mit einem viel besuchten Honigfest im September als Höhepunkt.

Wietzendorf i B&B ✕ BANK ✝ ⊙, 4.100 Ew.

i ⊙ Wietzendorf Touristik, Kampstraße 4, 29649 Wietzendorf, ☎ 051 96/21 90, verkehrsverein@wietzendorf.de, www.wietzendorf-touristik.de, Ostern bis Oktober Mo-Fr 10:00-13:00 und 14:00-17:00, Sa 9:00-13:00, November bis Ostern Mo-Fr 10:00-13:00

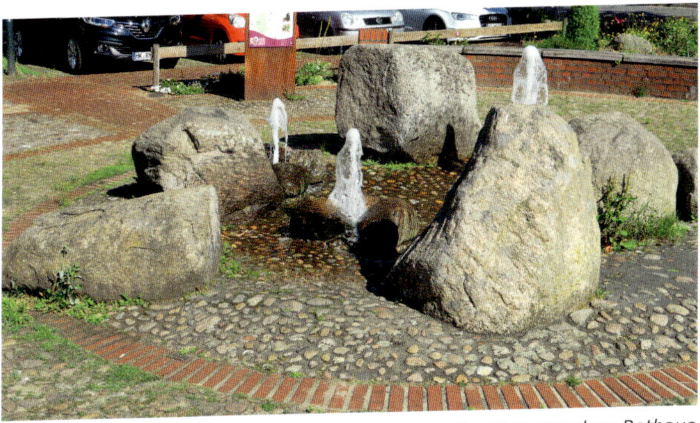

Brunnen vor dem Rathaus

🛏 ✕ Landgasthaus Wietzendorf, Hauptstraße 17, 29649 Wietzendorf, ☎ 051 96/16 79, drago-landgasthaus@t-online.de, www.landgasthaus-wietzendorf.de, 14 Zi, Preis auf Anfrage, DZ € 86, EZ € 50 zzgl. F (€ 11), Bistro Mi-So 11:30-14:00 und 16:00-22:00, Gasthaus mit Bistro-Pizzeria gegenüber der St.-Jakobi-Kirche

B&B Pension Brüggemann, Über der Brücke 6, 29649 Wietzendorf, ☎ 051 96/14 25, p. P. ab etwa € 30 zzgl. F, Privatunterkunft mit 4 Zi in Bauernhaus mit großem Garten nahe den Peetshof, 50 m vom JW

♦ Ab ins Heidenest, Kreutzkamp 9, 29649 Wietzendorf, 015 23/66 60 84 0, heidefun@gmx.de, www.ab-ins-heidenest.de, DZ ab € 70, EZ ab € 35, am Ortsanfang, 200 m vom JW

☕ Bäckerei-Café, Königstraße 4, 29649 Wietzendorf, www.baeckerei-wrogemann.de, Mo-Fr 6:00-19:00, Sa 6:00-16:00, am Supermarkt

✕ Döner am Rathaus, Königstraße 3a, 29649 Wietzendorf, Mi-So 11:30-21:00, Mo 16:00-21:00

🛒 Supermarkt NP, Königstraße 6, 29649 Wietzendorf, in Ortsmitte

🔧 Fahrrad Scheune Wietzendorf, Kampstraße 36, 29649 Wietzendorf, ☎ 051 96/25 03 13, fahrrad.wietzendorf@gmail.com, www.fahrrad-scheune-wietzendorf.de, Di-Fr 9:00-12:30 und 14:30-18:00, Sa 9:00-12:30

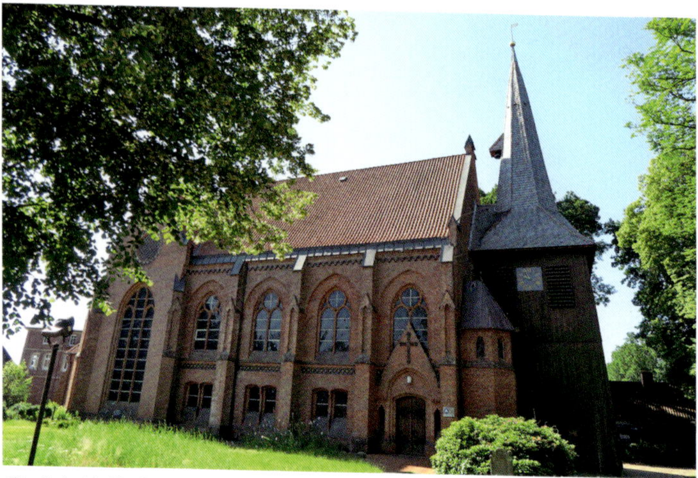

St.-Jakobi-Kirche

Apotheke Wietzendorf, Hauptstraße 21, 29649 Wietzendorf, www.apotheke-wietzendorf.de, Mo-Sa 8:00-13:00 sowie Mo, Di, Do und Fr 15:00-18:00

Haltestelle „Wietzendorf", Linie 355 Mo-Sa wenige Male täglich von/nach Soltau, www.vnn.de

Die **St.-Jakobi-Kirche** wurde 1876 im neugotischen Stil anstelle eines räumlich nicht mehr ausreichenden mittelalterlichen Vorgängerbaus erbaut, wobei der hölzerne Turm des Vorgängerbaus von 1545 integriert wurde. Ältestes Ausstattungsstück ist das Taufbecken aus Bronze von 1350.

♦ Anfang April bis Ende Oktober täglich 10:00-18:00; Kirchengemeinde: Hauptstraße 22, 29649 Wietzendorf, 051 96/379, kg.wietzendorf@evlka.de, www.kirchengemeinde-wietzendorf.de, Di 15:00-18:00, Mi 9:00-12:00, Do 9:00-12:00

Das bereits im 11. Jh. urkundlich erwähnte Wietzendorf ist ein beliebter Urlaubsort, der mit seinen rund 100 Imkerinnen und Imkern und einem jährlichen Honigfest (September) auch als „Honigdorf" vermarktet wird.

Etappe O8: Wietzendorf – Bergen

➲ 17,4 km, ⌛ 7 Std., ↑ 85 m, ↓ 80 m, ⇧ 64-91 m, 🚲 17,4 km

0,0 km	⇧ 67 m	Wietzendorf i 🛏 B&B ✕ ☕ 🛒 ⚕ BANK 📯 🔧 ✝ ⊙ 🚌
3,8 km	⇧ 69 m	Aussichtsplattform Wietzendorfer Moor 🚻
7,2 km	⇧ 79 m	Becklingen (➲ 1,9 km 🛏 ✕)
13,4 km	⇧ 91 m	Bleckmarberg 🚻
17,4 km	⇧ 72 m	Bergen i 🛏 ✕ ☕ 🛒 ⚕ BANK 📯 🔧 ✝ ⊙ ⌘ 🚌

Von Wietzendorf führt der Jacobusweg – bis Bergen begleitet von der Via Romea – durch Moorgebiete mit einem Lehrpfad und umrundet das Dorf Klein-Amerika. Kurz darauf begleitet der Pilgerweg die Bahnstrecke Bergen – Soltau, die heute noch selten von Güterzügen genutzt wird. Links erstreckt sich das große Becklinger Moor. Bei Waldböhmen verlassen Sie die Gleise, queren die Meiße und steigen hinter Dageförde auf den weiten Bleckmarberg, eine eiszeitliche Endmoräne, ehe in Bergen das Etappenziel erreicht wird.

NSG Wietzendorfer Moor mit Aussichtsplattform

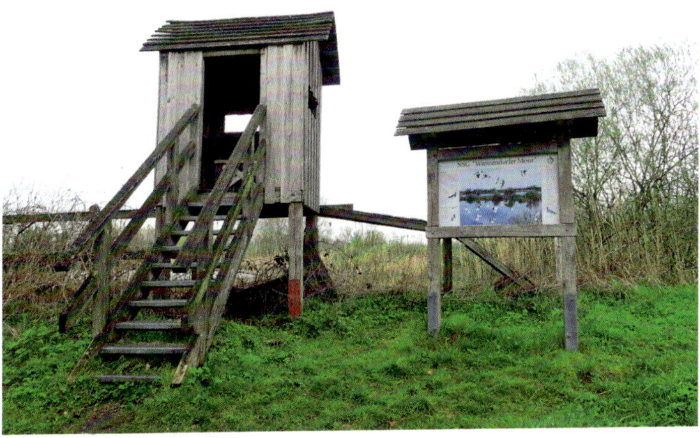

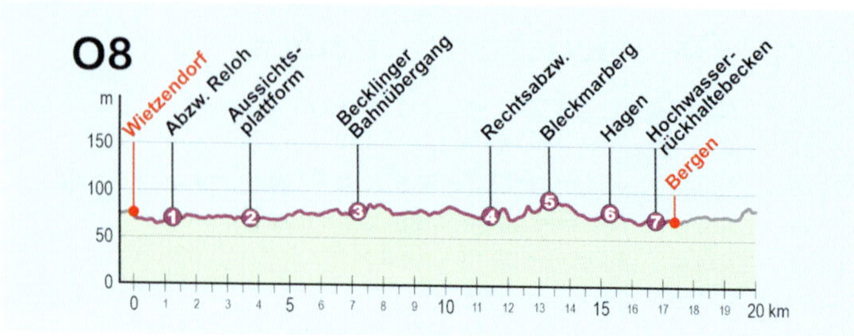

In Wietzendorf verabschiedet sich der JW vorerst (bis Etappe O13) vom Heidschnuckenweg, wendet sich dem Wietzendorfer Moor zu und verlässt den Ort in östliche Richtung auf der bei der St.-Jakobi-Kirche abzweigenden Kampstraße. 600 m nach der Bahnquerung knickt der JW bei einer Bank vor einem Waldareal bei Reloh ❶ nach links ab (Relohweg) und führt abwechselnd durch Wälder und Felder südwärts zum NSG Wietzendorfer Moor mit einer Aussichtsplattform ❷. In die Polder wurde zwischen 1970 und 1996 das Kartoffelwaschwasser der links liegenden Wietzendorfer Stärkefabrik gepumpt, die 1996 eine eigene Kläranlage erhielt.

Nach einem Graben gehen Sie kurz links, kurz darauf rechts und nach Bahngleisen bei Tannensieksberg wieder rechts – links von den parallel entlangführenden Bahngleisen durch das geschützte Große Moor bei Becklingen. Vor **Becklingen** zweigt der JW bei einer T-Kreuzung nach rechts und vor dem Bahnübergang ❸ nach links ab (Schild: „5 t") – weiter mit den Gleisen auf der rechten Seite.

Abstecher zur Übernachtungsmöglichkeit in Becklingen (➲ 2 x 1,9 km)

Für einen Abstecher nach Becklingen gehen Sie über den Bahnübergang und folgen der Straße geradeaus in den Ort, wobei Sie nach 300 m die B3 queren. Im Dorf halten Sie sich nach der Bushaltestelle rechts und erreichen nach 500 m sich noch einmal rechts haltend den Becklinger Hof.

Zum Becklinger Holz, Becklingen 21, ☏ 050 51/45 12, info@zum-becklinger-holz.de, www.zum-becklinger-holz.de, € 5 (nach Rücksprache), DZ ab € 70, EZ ab € 41 zzgl. F (€ 8), Restaurant Mi-So ab 17:00, So auch 12:00-14:00

Widerstandskreuze weisen auf die möglicherweise hier geplante ICE-Neubautrasse hin (Info ☞ Reise-Infos von A bis Z, Verkehrsmittel). Sie halten sich zunächst bei Abzweigungen rechts und bei einer T-Kreuzung nahe einem weiteren Bahnübergang links. Bei den nächsten Abzweigungen gehen Sie rechts und queren die Bahngleise dann beim dritten Bahnübergang – die Straße (Steinkamp) lässt keine andere Wahl. Der Pilgerweg macht einen rechten Abstecher nach **Waldböhmen**, quert auf dem Dageförder Weg nach links erneut die Bahngleise und erreicht nach einer Rechtsabzweigung bei einer Bank ❹ und nach Querung des Baches Meiße **Dageförde**. Dort geht es rechts aufwärts über freie Fläche Richtung Bleckmarberg. Bei einer Kreuzung gehen/fahren Sie geradeaus.

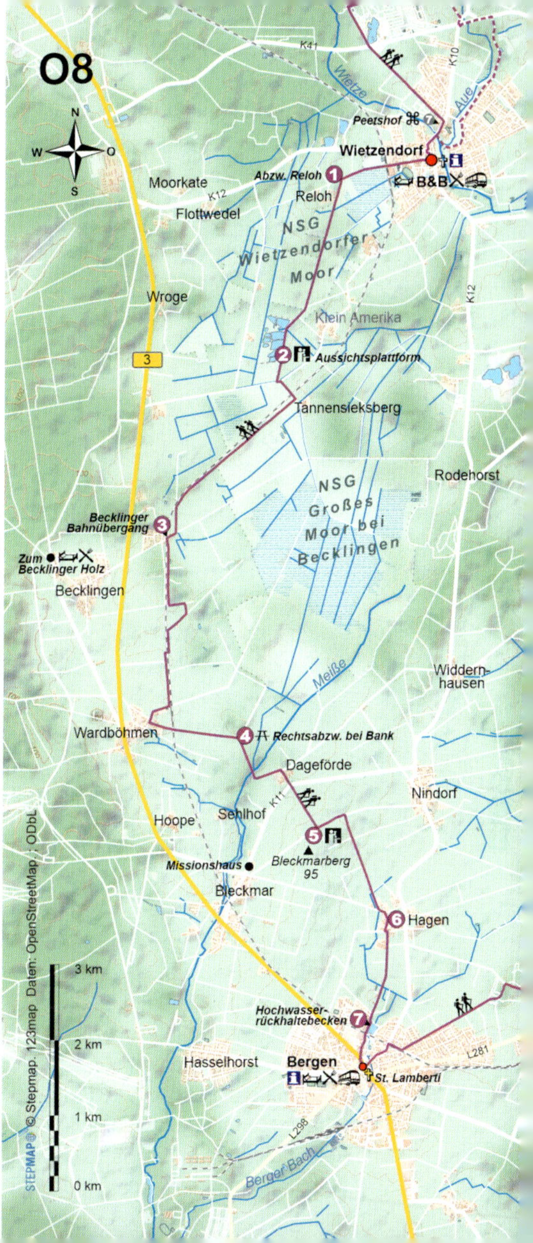

1 km rechts des JW liegt Bleckmar mit einem Missionshaus mit Tagungsbetrieb, das als Folge der Coronapandemie aber auf Anfrage keine Pilgerinnen und Pilger mehr aufnimmt (wie am Weg plakatiert und in älteren Verzeichnissen angegeben).

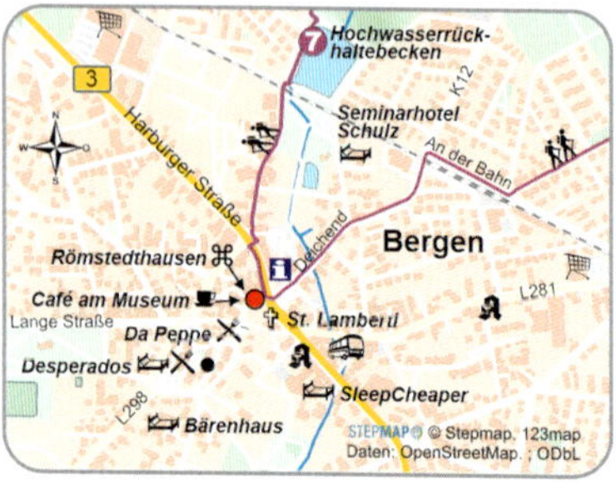

Bei der Kreuzung auf der Hochfläche des **Bleckmarbergs** ❺ gehen Sie links und kurz darauf rechts. Der JW folgt dem Radweg in südliche Richtung durch Hagen ❻ nach Bergen, wo Sie beim Hochwasserrückhaltebecken ❼ des aufgestauten Berger Baches erst auf dem Uferweg und nach der Bahnunterführung entlang der Straße geradeaus die Ortsmitte ansteuern. An der Harburger Straße nach links erreichen Sie den Friedensplatz.

Bergen

13.400 Ew.

Tourist-Info Bergen, Deichend 3, 29303 Bergen, ☏ 050 51/479 64, info@bergen-online.de, www.bergen-urlaub.de, Mo-Fr 10:00-13:00, Sa 10:00-12:00 sowie Di und Do 15:00-17:00

Hotel Desperados, Lukenstraße 4-6, 29303 Bergen, ☏ 050 51/91 51 80, info@desperados-hotel.de, www.desperados-hotel.de, Buchung über Portale wie www.booking.com, DZ ab € 85, EZ ab € 60, Restaurant Di-Sa 17:00-22:00, So 11:30-22:00, Hotel mit mexikanischem Restaurant, südwestlich vom Ortszentrum, 200 m vom JW

Seminarhotel Schulz, Ziegeleiweg 10, 29303 Bergen, ☏ 050 51/988 20, info@seminarhotel-schulz.de, www.seminarhotel-schulz.de, DZ ab € 105, EZ ab € 88, Hotel am Rand des Parks am Berger Bach, 200 m vom JW

♦ Hotel Bärenhaus, Baumschulenweg 4, 29303 Bergen, ☏ 050 51/59 38, info@hotelbaerenhaus.de, www.hotelbaerenhaus.de, € 10, DZ ab € 99, EZ ab € 89 zzgl. F (€ 11), Hotel garni südwestlich vom Zentrum, 400 m vom JW

♦ SleepCheaper, Celler Straße 12b, 29303 Bergen, ☏ 050 51/500 97 92, info@sleepcheaper.de, www.sleepcheaper.de, DZ ab € 50, EZ ab € 35, kein F, günstige Unterkunft im Zentrum, 250 m vom JW

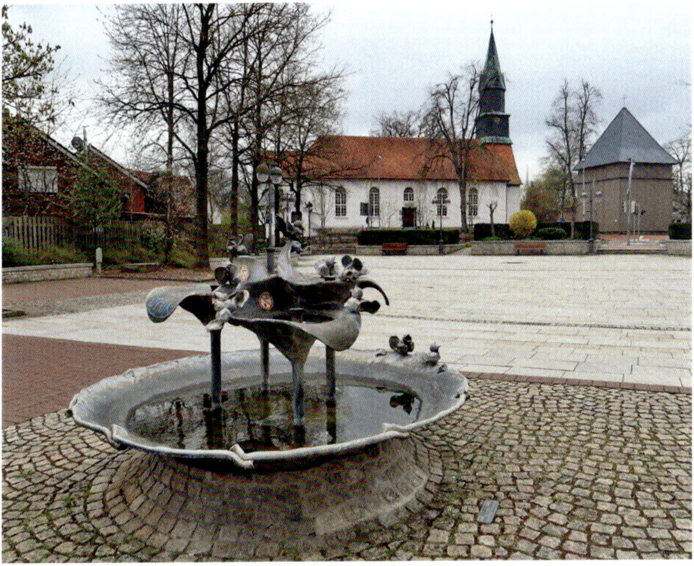

Platz an der Straße Deichend

- Ristorante Pizzeria Da Peppe, Am Friedensplatz 10, 29303 Bergen, Di-So 12:00-14:30 und 17:00-22:30, eines der wenigen gepflegteren Lokale im Ort – abgesehen von zahlreichen Dönerläden der Soldatenstadt Bergen
- Café am Museum, Am Friedensplatz 8, 29303 Bergen, www.cafeammuseum.de, Di-Fr 9:30-18:00, Sa und So 12:00-18:00, nettes, zentrales Café, eingerichtet im Bauernhausstil und spezialisiert auf Flammkuchen
- in Zentrumsnähe Edeka, Harburger Straße 30, 29303 Bergen (etwas nördlich), sowie Netto, Bahnhofstraße 47, 29303 Bergen (östlich)
- Hirsch Apotheke, Celler Straße 4, 29303 Bergen, 050 51/45 43, www.hirsch-apotheke-bergen.de, Mo-Fr 8:00-18:30, Sa 8:00-13:00, im Zentrum
- Loens Apotheke, Bahnhofstraße 24, 29303 Bergen, 050 51/987 50, Mo-Fr 8:00-13:00 und 14:30-18:30, Sa 8:30-12:30, etwas östlich
- 2Rad Eilmes, Am Falksmoor 3, 29303 Bergen, 050 51/83 67, info@profi2rad-eilmes.de, www.profi2rad-eilmes.de, Di-Fr 9:30-12:30 und 14:00-18:00, Sa 9:30-12:30

🚌 Haltestelle „Bergen, Bahnhofstraße", u. a. CeBus 100 täglich alle 1-2 Stunden von/nach Celle mit Halt bei der KZ-Gedenkstätte (s. u.) oder 110 wenige Male täglich von/nach Winsen (Aller), 💻 www.cebus-celle.de

✞ ⊙ Die 1827 vollendete dreischiffige **St.-Lamberti-Kirche** steht am Friedensplatz mit mehreren Kriegerdenkmälern. Einige Grabmäler an der südlichen Außenwand erinnern an die frühere Funktion des Kirchplatzes als Friedhof. Der frei stehende, hölzerne Glockenturm von 1728 mit seinen vier Glocken ist eines der ältesten Gebäude des Ortes.

♦ Anfang April bis Erntedank Mo-Sa 8:00-18:00; Kirchengemeinde: ☏ 050 51/20 25, kg.bergen@evlka.de, 💻 www.lamberti-bergen.de, Do und Fr 9:00-12:00 sowie Do 14:00-17:00

⌘ ⊙ Das **Museum Römstedthausen** besteht aus vier Gebäuden zur Heimatgeschichte, im Zentrum mit einem Rauchhaus aus dem 17. Jh. als Mittelpunkt. In der Zehntscheune werden Land- und Hauswirtschaftsgeräte sowie vorgeschichtliche Funde gezeigt. Der kleine Speicher ist eine ehemalige Flüchtlingswohnung mit Mobiliar aus der Nachkriegszeit.

♦ Am Friedensplatz 7, 29303 Bergen, Anfang April bis Ende Oktober Di-Do 9:30-17:00, Fr 9:30-12:00 sowie im Sommer Sa und So 10:00-12:00 und 15:00-17:00, Eintritt frei

Das von Soldaten geprägte Bergen bietet am Südrand der Heide gute Wandermöglichkeiten in einer Landschaft mit Wiesen, Wäldern und Feldern. Funde aus der Bronzezeit belegen eine Besiedlung vor mehr als 3.000 Jahren (☞ Etappe O9, Seite 149).

Der Ortsteil Belsen hat einen traurigen Ruf als Standort eines Konzentrationslagers zur Zeit des Nationalismus. An dessen Stelle erinnert heute 5 km südwestlich von der Ortsmitte eine **Gedenkstätte** an das Lager und Leid von Tausenden Menschen, darunter auch Anne Frank.

⌘ Gedenkstätte Bergen-Belsen (mit gleichnamiger Bushaltestelle der Linie 100), Anne-Frank-Platz, 29303 Lohheide, 💻 www.bergen-belsen.stiftung-ng.de, täglich 10:00-17:00, Eintritt frei

Etappe O9: Bergen – Hermannsburg

➲ *13,9 km, ⌛ 3 Std. 30 Min., ↑ 46 m, ↓ 70 m, ⇧ 50-88 m, 🚲 13,9 km*

0,0 km	⇧ 72 m	Bergen
2,6 km	⇧ 83 m	bronzezeitliche Grabhügel ⌘
3,5 km	⇧ 79 m	Wallfahrtsstätte Waldkapelle Wohlde ✞
8,4 km	⇧ 80 m	Steinzeitgrab Siddernhausen ⌘
10,6 km	⇧ 77 m	Hof Grauen **B&B**
13,9 km	⇧ 50 m	Hermannsburg

Vorbei an bronzezeitlichen Hügelgräbern führt der anfangs vom Pilgerweg Via Romea begleitete Jacobusweg in eine von Feldern dominierte offene Landschaft, wo bei Siddernhausen ein steinzeitliches Hünengrab noch weiter in die Vergangenheit zurückreicht. Ziel dieser kurzen Etappe ist das im 11. Jh. erstmals urkundlich erwähnte Hermannsburg, bekannt als Missionsstadt mit mehreren bedeutenden Kirchen.

Der Pilgerweg führt vom Friedensplatz an der Kirche über die Harburger Straße mit dem Anne-Frank-Friedensbeet in die Straße Deichend. Sie gehen vorbei am Rathaus und der Touristinfo zur Bahnstrecke, zweigen nach dem Bahnübergang nach rechts ab und nach 150 m bei einem Fußgängerbahnübergang links in den Kampweg. Dieser führt aus dem Ort hinaus durch Felder zu einem Waldstück. Markierungen des JW sowie der Via Romea weisen den Weg vorbei an einer Holzschranke in und dann durch den Wald. Vor einer Infotafel zur Kulturgeschichte und Umweltnutzung erreichen Sie eine kleine Straße und folgen ihr rechts vorbei an einem weiteren Waldstück mit bronzezeitlichen Grabhügeln ❶.

⌘ 31 **bronzezeitliche Grabhügel** dienten in dem Wald vor rund 3.500 Jahren als Bestattungsort mit ausgehöhlten Eichenstämmen. Reichhaltige Grabbeilagen (Schmuck, Waffen) lassen auf einen gewissen Wohlstand in dieser Region zu dieser Zeit schließen.

Kurz nach dem Waldstück zweigen Sie nach rechts ab (Roxhülle).

Abkürzung nach Dohnsen (➲ 2,6 km kürzer, nicht radgeeignet)
Wenn Sie die etwas monotone Strecke zwischen Wohlde und Dohnsen meiden möchten, wandern Sie nach dem Waldstück nach links und zweigen nach 300 m rechts in den Grasweg ab, an dessen Ende nach links und gleich darauf rechts in den Spurweg, der nach einer Rechtskurve auf das Dorf Dohnsen zuführt. Dort gehen Sie am Ortsrand links, dann rechts und wieder links. Bei einer Gabelung am alten Spritzenhaus von 1907 gehen Sie links und verlassen links vorbei an einem Hof das Dorf. Etwas nördlich vom Steinzeitgrab ❸ erreichen Sie wieder den JW.

Nach Querung der Landstraße passieren Sie Wohlde mit einem Linksschwenk zu einem rekonstruierten Schandpfahl und einer Infotafel an der Stelle der ehemaligen ✞ **Wallfahrtsstätte Waldkapelle Wohlde** ❷, bis zu ihrer Zerstörung im 30-jährigen Krieg ein beliebter Wallfahrtsort. Wohlde verlassen Sie auf dem Hünenburger Weg (Schild: „5 t"), queren die Bahngleise und pilgern auf einem langen, geraden Feldweg südostwärts und nach 1,5 km bei der Kreuzung am Waldrand nach links. Auch diese schmale Straße leitet gerade durch die Feldflur, quert die Bahnstrecke und mündet im Dorf Dohnsen in die Hauptstraße. Nach deren Rechtskurve biegen Sie am Dorfende scharf nach links Richtung Steingrab ab und erreichen nach einer Rechtskurve zur Rechten ein Waldstück mit einem noch älteren Grabmal ❸ als zuvor, erreichbar über einen 50 m langen Zubringer.

⌘ Das jungsteinzeitliche **Steingrab Siddernhausen** wurde 1977 vom ursprünglichen Fundort 500 m weiter nördlich an die jetzige Stelle versetzt.

200 m nach der Abzweigung zur Megalithanlage zweigt der JW nach rechts ab und führt an die Landstraße heran, der Sie links vorbei am **Hof Grauen** ❹ nach Hermannsburg folgen.

B&B Hof Grauen Familiencafé und Pension, Hof Grauen 1, 29320 Südheide,
01 51/27 07 82 30, info@hof-grauen.de, www.hof-grauen.de,
DZ ab € 88, EZ ab € 52, Hofcafé Sa und So 13:30-17:00

In Hermannsburg passieren Sie zunächst den Friedhof sowie zur Linken die katholische **Auferstehungskirche** ❺ und biegen kurz darauf links in die Celler Straße ab, die vorbei an Supermärkten in das Zentrum führt.

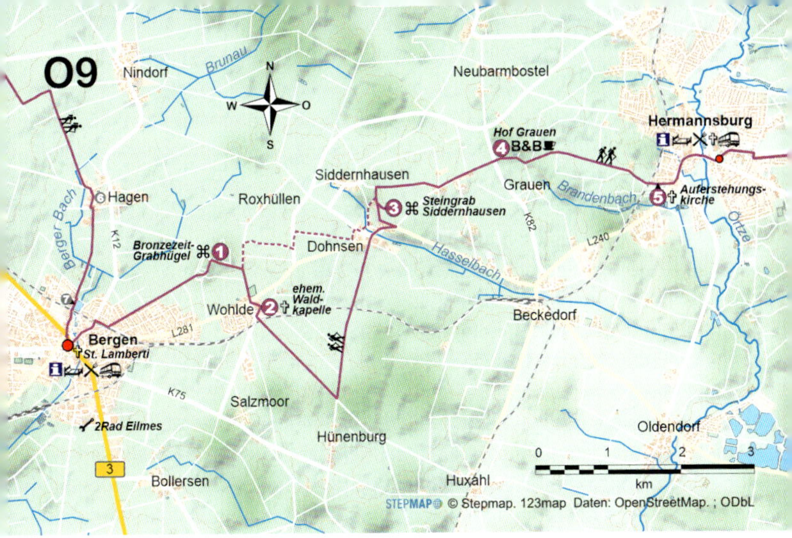

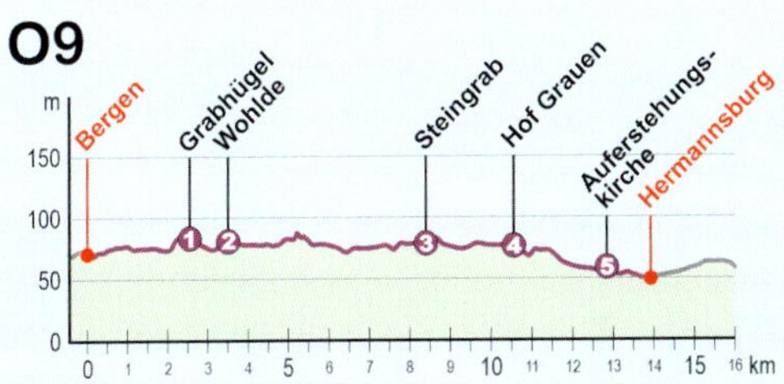

Hermannsburg , 8.300 Ew.

Tourist-Information Gemeinde Südheide in Hermannsburg, Am Markt 3, 29320 Hermannsburg, ☏ 050 52/65 74, hermannsburg@lueneburger-heide.de, www.hermannsburg-urlaub.de, Ostern bis Ende Oktober täglich 9:00-12:00 sowie Mo-Fr 14:00-17:00, Winterhalbjahr Mo-Fr 10:00-12:00, im Rathaus

Hotel & Restaurant Candace, Ludwig-Harms-Haus, Harmsstraße 2, 29320 Hermannsburg, ☏ 050 52/692 70, info@ludwig-harms-haus.de, www.ludwig-harms-haus.de, 21 Zi, , DZ ab € 90, EZ ab € 70, Restaurant und Café täglich 9:00-18:00, im Ludwig-Harms-Haus gegenüber der Kleinen Kreuzkirche, genau am Etappenende

Best Western Hotel Heidehof, Billingstraße 29, 29320 Hermannsburg, 050 52/97 00, heidehof@plazahotels.de, www.plazahotels.de → Hotel Heidehof, € 10, DZ ab € 113, EZ ab € 76 zzgl. F (€ 12), Atrium Restaurant sowie im Sommer Innenhofterrasse täglich 18:00-22:00, nördlich im Ort, 400 m vom JW

♦ Ohlendorfs Gasthaus, Welfenstraße 2, 29320 Hermannsburg, 050 52/912 45 67, info@ohlendorfs-gasthaus.de, www.ohlendorfs-gasthaus.de, DZ ab € 90, EZ ab € 70, Restaurant Mi-Mo 17:30-21:30 sowie Fr-So 11:30-14:00, traditionsreiches Gasthaus in Ortsmitte mit 500 Jahre zurückreichender Geschichte, nördlich von der Ortsmitte nahe der St.-Peter-Paul-Kirche, 200 m vom JW

Anderer's Taverna, Lotharstraße 27, 29320 Hermannsburg, 050 52/28 39, www.anderers-taverna.de, Mo, Di, Fr, Sa 18:00-22:00, So 12:00-14:30, Gasthaus mit großer Terrasse nahe der Kleinen Kreuzkirche

Supermärkte Edeka und Penny in der Celler Straße südlich am Ortseingang sowie Netto an der östlichen Ausfallstraße, Lotharstraße 40, 29320 Hermannsburg

Hubertus Apotheke, Gerichtsweg 1, 29320 Hermannsburg, 050 52/452, www.apotheke-hermannsburg.de, Mo-Fr 8:00-18:30, Sa 8:00-13:00

Haltestelle „Hermannsburg", u. a. CeBus 200 Mo-Fr alle 2 Stunden, Sa und So mehrmals täglich von/nach Celle, www.cebus-celle.de

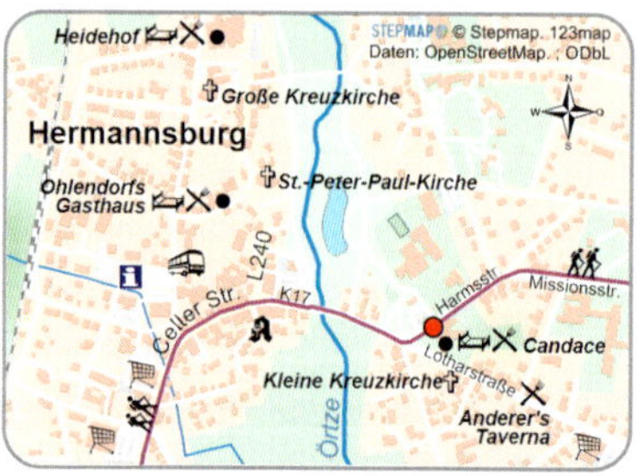

Die **St.-Peter-Paul-Kirche** entstand in der heutigen Form in den 1950er-Jahren, nachdem bei einem Sanierungsversuch die Gewölbe eingestürzt waren. Von der alten Kirche sind noch die Apsis und der Dachstuhl erhalten. Auf dem Fußboden zeigen weiße Linien die Grundrisse der früheren Kirchenbauten.

Rechts im Altarraum erinnert ein Modell des Missionsschiffes Candace an die Missionsarbeit von Ludwig Harms in Hermannsburg. Auffällig sind an der Außenseite der Kirche die charakteristischen zwölf seitlichen Giebel.

♦ Ostern bis Erntedank täglich 10:00-17:00, Kirchengemeinde: Billingstraße 18, 29320 Hermannsburg, 050 52/431, KG.hermannsburg@evlka.de, www.peter-paul-hermannsburg.de, Di 10:00-12:00, Do 15:30-18:30

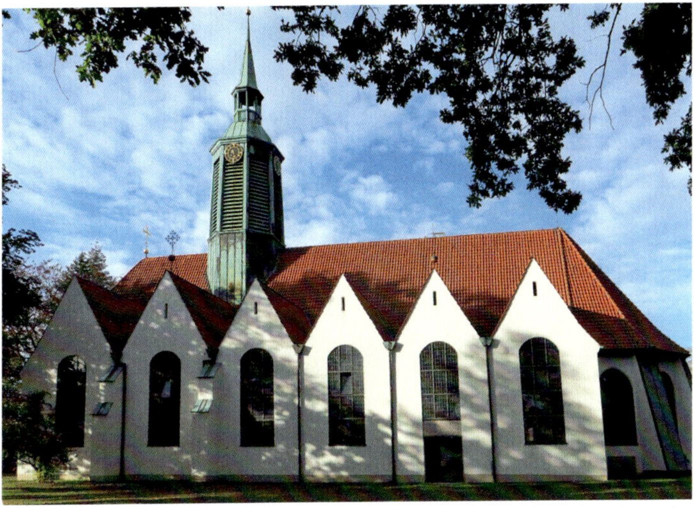

St.-Peter-Paul-Kirche

✝ Die **Große Kreuzkirche** beeindruckt mit ihren Maßen: 52 m hoch mit Platz für 1.000 Besucherinnen und Besucher und mit einem hölzernen Kirchenschiff ohne tragende Säule. Dem Bau war die Gründung der Großen Kreuzgemeinde vorausgegangen, die sich nicht mehr den kirchenpolitischen Weisungen aus Berlin im damals preußisch regierten Königreich Hannover unterwerfen wollte. Die Kirche gehört heute der Selbständigen Evangelisch-Lutherischen Kirche (SELK) als Zusammenschluss verschiedener selbständiger lutherischen Kirchen an, die auch das Missionshaus bei Beckmar betreibt (☞ Etappe O8, Seite 143).

♦ täglich; Große Kreuzgemeinde: Georgstraße 4, 29320 Hermannsburg, ☏ 050 52/39 33, kirchenbuero@grossekreuz.de, www.grossekreuz.de

✝ Die 1886 erbaute **Kleine Kreuzkirche** entstand durch die Neugründung einer Kirchengemeinde im Streit mit der Großen Kreuzkirchengemeinde über die Nachfolge im Pfarramt. Zunächst gehörten beide Gemeinden verschiedenen lutherischen Kirchenkörpern an, die später in der SELK wieder zusammenkamen.

♦ www.kleinekreuz.org, Mai bis Oktober tagsüber

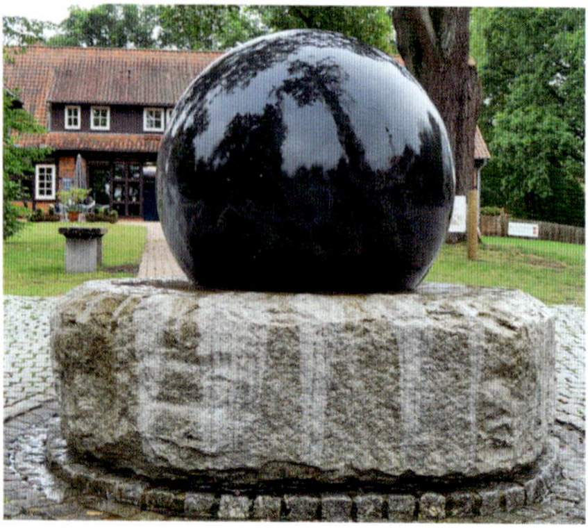

Granitglobus

Hermannsburg ist vor allem als Missionsstadt bekannt, seit der Arbeit des Predigers Ludwig Harms (☞ Infokasten). Anlässlich seines 200-jährigen Geburtstags wurde 2008 der Weltkugelbrunnen vor dem Harms-Haus aufgestellt. Dieser 2,5 t schwere Granitglobus auf einem dünnen Wasserfilm steht für das Weltumfassende der Mission.

Missionsarbeit Ludwig Harms in Hermannsburg

Hermannsburg verdankt seinen Ruf als Missionsstadt dem Erweckungsprediger Ludwig Harms, der 1849 in Hermannsburg eine Mission gründete und später seinen Bruder Theodor als Inspektor des Missionsseminars einsetzte. Dieser verließ später zusammen mit anderen Missionaren die seinerzeit preußisch beeinflusste lutherische Landeskirche und gründete die Hannoversche evangelisch-lutherische Freikirche und es kam damit zum Bau der Hermannsburger Großen Kreuzkirche. Der erzählerisch talentierte Ludwig Harms konnte Menschen mit seinen Geschichten begeistern – ob sonntagabends im Pfarrhaus oder bei seinen Predigten in der Landschaft des Tiefentals (☞ Etappe O10, Seite 155). Der Dichter Ludwig Uhland sah in ihm den volkstümlichsten Prediger seit Martin Luther. Die Hermannsburger Mission unterhielt ein Schiff, mit dem die ausgebildeten Missionare vornehmlich nach Afrika geschickt wurden. Später diente das Schiff Auswandernden, auf welche die Gründungen von Hermannsburg in Australien und Südafrika zurückgehen.

An das Missionsschiff erinnern Modelle in der St.-Peter-Paul-Kirche und dem Ludwig-Harms-Haus, in Letzterem ist das Restaurant nach dem Schiff benannt (Candace). Das Ludwig-Harms-Haus dient heute als Ort der Begegnung mit Hotel, Gastronomie, Buchhandlung, einem Eine-Welt-Laden und einer Ausstellung. Das ehemalige Missionsseminar ist 2012 in der Fachhochschule für Interkulturelle Theologie am östlichen Ortsrand von Hermannsburg aufgegangen (☞ Etappe O11, Seite 162).

Etappe O10: Hermannsburg – Eschede

26,1 km, 6 Std. 30 Min., 165 m, 128 m, 50-111 m, 25 km

0,0 km	50 m	Hermannsburg
2,6 km	64 m	Misselhorner Hof
9,3 km	101 m	Picknickplatz Eicksberg
11,9 km	69 m	Angelbecksteich (200 m)
12,8 km	66 m	Dehningshof
15,9 km	78 m	Citronenberg
16,8 km	66 m	Wildecker Teiche
20,6 km	84 m	Rebberlah
26,1 km	75 m	Eschede

An die Harms-Stadt Hermannsburg schließt sich eine herrliche Heidepassage an. Durch die sichelförmige Misselhorner Heide leitet der Jacobusweg in das Tiefental. Kurz darauf geht es durch Wald zum Angelbecksteich und zusammen mit dem Heidschnuckenweg zum Citronenberg. Kurz dahinter zweigt der Pilgerweg bei den Wildecker Teichen nach links ab und führt durch Wald und Felder zum Etappenziel Eschede.

Der Pilgerweg folgt links am Ludwig-Harms-Haus vorbei der Harmsstraße und dieser im Rechtsbogen vorbei an der Bäckerei Geppert (danach weiter als Missionsstraße) – vorbei an der Fachhochschule für Interkulturelle Theologie als Nachfolger des 2012 geschlossenen Missionsseminars. Am Ende der Fachhochschule geht es nach rechts und gleich darauf nach links (Sunderstraße). Bei der T-Kreuzung am Ortsende biegen Sie nach rechts ab und passieren den Sportplatz. Bei der Kreuzung mit der Hauptstraße (Lotharstraße) gehen Sie geradeaus und zweigen bei nächster Gelegenheit nach links ab, ab hier wieder begleitet vom Heidschnuckenweg (H). Die Route führt in etwa parallel zur Lotharstraße und nach 500 m an einem Reiterhof mit Gastronomie vorbei.

Hotel Restaurant Misselhorner Hof, Misselhorn 1, 050 52/80 01, info@misselhornerhof.de, www.misselhornerhof.de, € 8, DZ ab € 75, EZ ab € 55, Restaurant Mi-So 18:00-21:00, Sa und So auch 12:00-14:00

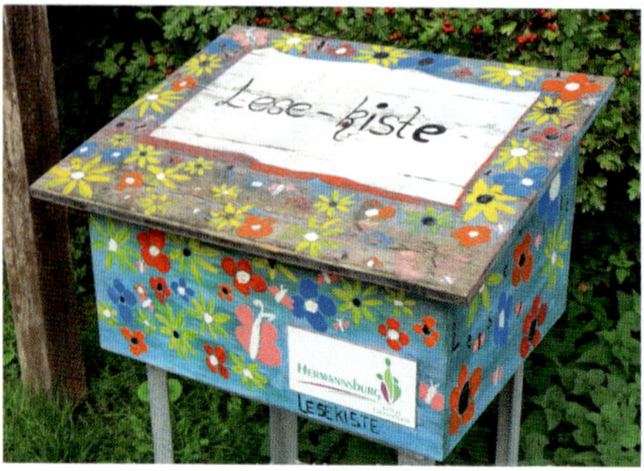

Lesekiste am Wanderparkplatz Misselhorner Heide

Sie folgen den Markierungen vom Heidschnuckenweg und JW parallel zur Straße zum Wanderparkplatz **Misselhorner Heide** ❶, wo Sie ein schöner, sichelförmiger Abschnitt durch Heidelandschaft und Wald erwartet, der auch als „Heideschleife Misselhorner Heide" ausgewiesen bzw. markiert ist.

500 m nach dem Wanderparkplatz zweigen der JW und der Heidschnuckenweg halb links vom Hauptweg ab und führen rechts vorbei an einer kraterförmigen alten Sandabbaugrube.

Abkürzend (➲ 3 km kürzer) folgen Sie dem Hauptweg geradeaus und zweigen beim ⌂ Unterstand rechts ab (Heideschleife) in den direkten Weg zum Rastplatz Eicksberg ❷.

Radpilgerinnen und Radpilger folgen in der Misselhorner Heide am besten geradeaus dem befestigten Weg rechts parallel zum Pfad am Waldrand und biegen bei der Kreuzung mit ⌂ Unterstand nach rechts ab Richtung Rastplatz Eicksberg, wo sie wieder auf den JW treffen.

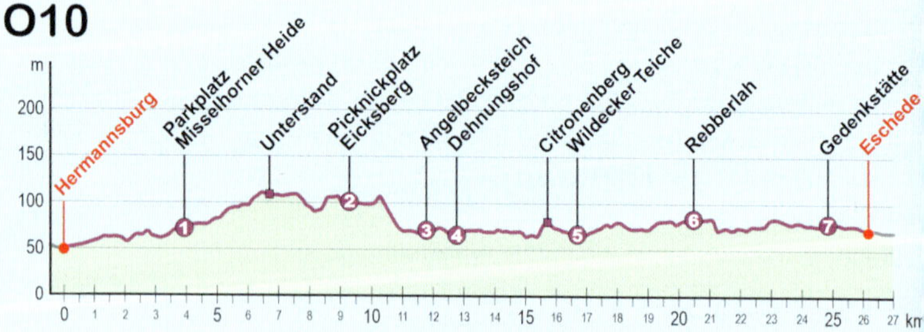

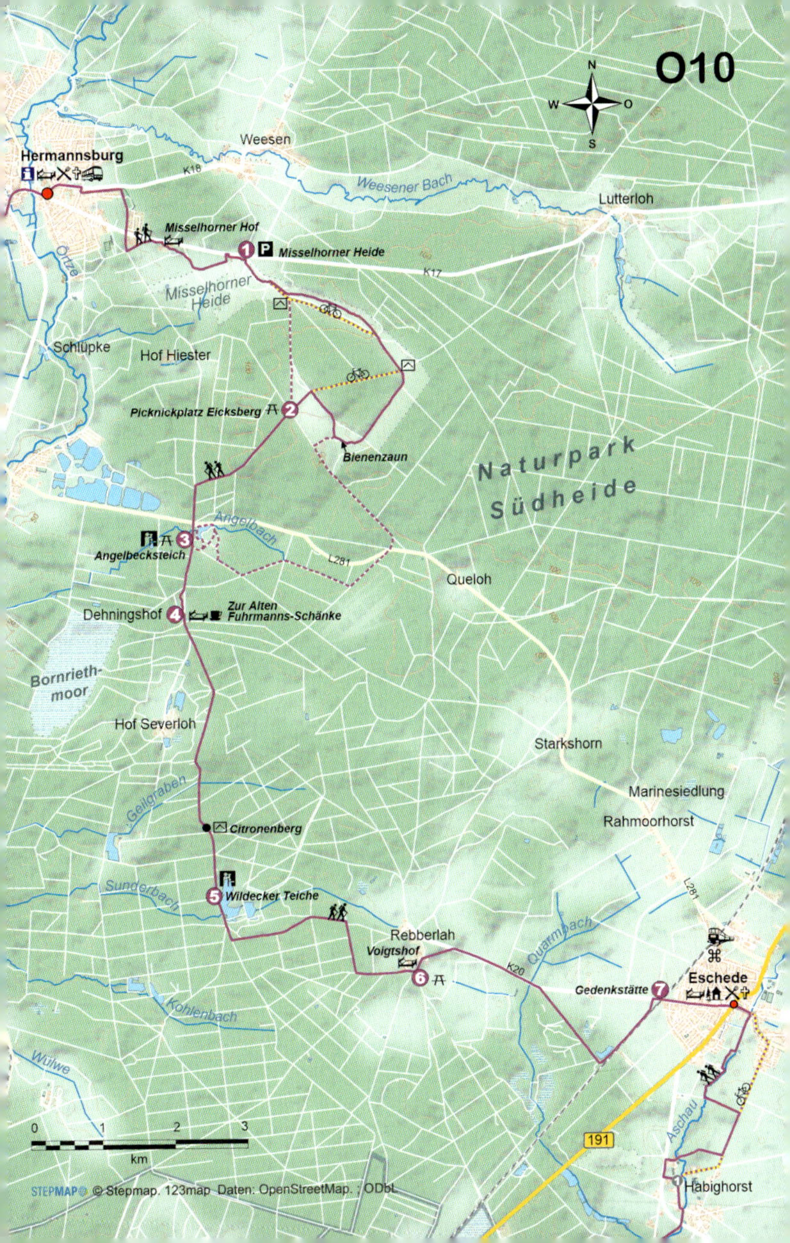
O10
N
W
O
S
Hermannsburg
Weesen
K18
Weesener Bach
Lutterloh
Misselhorner Hof
Misselhorner Heide
K17
Misselhorner Heide
Örtze
Schlüpke
Hof Hiester
Picknickplatz Eicksberg
Bienenzaun
Naturpark Südheide
Angelbach
Angelbecksteich
L281
Queloh
Dehningshof
Zur Alten Fuhrmanns-Schänke
Bornriethmoor
Hof Severloh
Starkshorn
Marinesiedlung
Rahmoorhorst
Geilgraben
Citronenberg
Sunderbach
Wildecker Teiche
L281
Rebberlah
Voigtshof
Quarnbach
K20
Gedenkstätte
Eschede
Kohlenbach
Wülwe
Aschau
191
Habighorst
0 1 2 3
km
STEPMAP © Stepmap, 123map Daten: OpenStreetMap, ODbL

200 m nach einer Kreuzung mit Unterstand zweigt der JW rechts in einen Pfad zum eiszeitlich entstandenen **Tiefental** ab.

Nach einem Bienenzaun und Infotafel über Bienen verabschiedet sich der Heidschnuckenweg nach links und führt auf einer längeren Route als der JW zum Angelbecksteich; der JW begleitet geradeaus weiter die Heideschleife.

Schönere Alternative auf dem Heidschnuckenweg durch Wald (➲ 2,5 km länger)

Der links nach den Bienen-Infotafeln abzweigende Heidschnuckenweg führt auf kleineren und abwechslungsreicheren Wegen durch den Wald des Naturparks Südheide zum **Angelbecksteich** ❸, wo er wieder auf den JW trifft. Die Markierungen (H) sind häufig und eindeutig.

Bei einer Kreuzung mit Picknicktisch zweigen beide Routen nach links ab und führen zum Park- und Picknickplatz Eicksberg ❷, bekannt als früherer Open-Air-Predigtplatz von Ludwig Harms (☞ Info Hermannsburg).

Während die Heideschleife von hier nordwärts zurück zum Wanderparkplatz führt, folgt der JW dem Forstweg geradeaus, zweigt bei einem Unterstand nach links ab und quert die Escheder Straße beim **Angelbecksteich** ❸, wo von links wieder der Heidschnuckenweg einmündet.

Der als Folge des Waldbrands 1975 angelegte Feuerlöschteich liegt links etwas versteckt hinter Bäumen und wird durch eine 1,3 km lange Heideschleife als barrierefreie Seerunde mit Rastplatz und Aussichtsplattform erschlossen.

Beide Routen folgen südwärts der Zufahrtsstraße zum Dehningshof ❹, einer ehemaligen Relaisstation für Pferde und Raststation für (Rad-)Wanderinnen und (Rad-)Wanderer, bzw. verlaufen nach einem kurzen Stück rechts parallel zur Zufahrtsstraße auf einem ruhigeren Waldweg.

Zur Alten Fuhrmanns-Schänke, Dehningshof 1, 29320 Südheide,
050 54/989 70, info@fuhrmanns-schaenke.de,
www.fuhrmanns-schaenke.de, 18 Zi und F, leider keine sonstige Bewirtung mehr außer in der Hauptsaison Kuchen und Getränke,
ÜF ab € 65 p. P., Heuhotel € 35 inkl. F, direkt am Weg

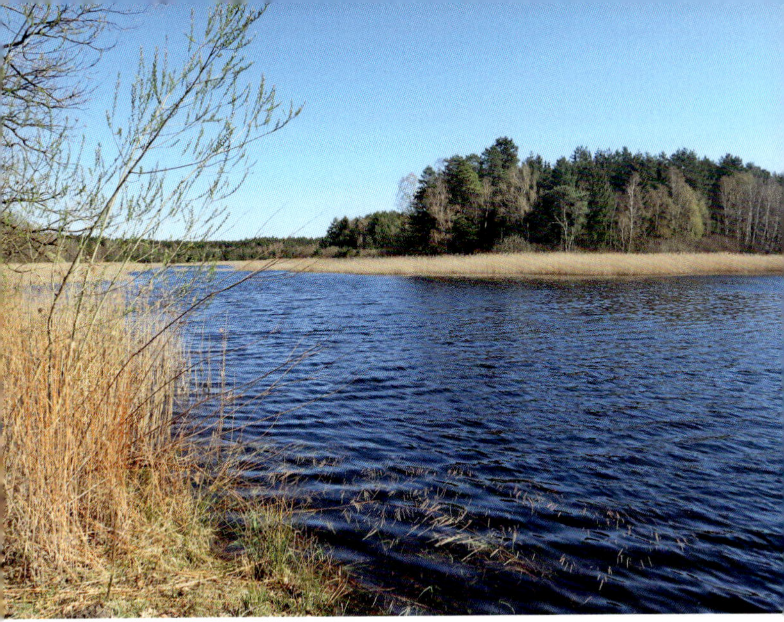

Wildecker Teiche

Sie folgen dem JW und Heidschnuckenweg links am Dehningshof vorbei in südliche Richtung auf dem breiten Radweg, halten sich nach 300 m bei einer Gabelung links und passieren nach 1 km eine Heidefläche mit ⌂ Unterstand und kurz darauf den Citronenberg mit einer Infotafel.

Legende vom Citronenberg

Im Mittelalter soll sich in dieser Region eine Fischerfamilie um das kranke Mädchen von Kreuzfahrenden gekümmert haben. Diese bedankten sich nach der Rückkehr aus dem Heiligen Land der Legende nach mit Zitronen für die Pflege – so soll der Citronenberg zu seinem Namen gekommen sein.

Die Routen passieren bei weiter südlichem Verlauf zur Linken die um 1900 zur Fischzucht angelegten und inzwischen verwilderten **Wildecker Teiche ❺**. Bei einer 5fach-Kreuzung nach den Teichen folgt der JW dem Heidschnuckenweg Richtung Rebberlah noch 150 m geradeaus und zweigt dann links in den Forstweg ab.

Nach 1,5 km knickt der Forstweg nach rechts und verzweigt sich: Sie folgen dem JW und der Radroute rechts und am Wegende dem Weg nach links Richtung Hornshof.

Im Weiler **Rebberlah ❻** halten Sie sich beim ⛩ Rastplatz links, rechts vorbei am Voigtshof.

🛏 Voigtshof Rebberlah, Heuweg 5, 29348 Eschede, ☎ 051 42/921 21, ✉ voigtshof@web.de, 💻 www.voigtshof.de, 🐕 € 5, FeWo ab € 75 bei einer Nacht inkl. Nebenkosten, Ferienwohnungen auf Bauernhof

Nach dem Hof zweigt der JW beim Briefkasten nach rechts ab (In dem Hofe) und mündet in die leider radweglose Landstraße nach Eschede. Nach Querung des Quambaches gehen Sie in einem Linksknick der Straße nach rechts und schnurgerade erst am Waldrand, später durch Wald zur Bahnstrecke und vor dieser links zur Straßenbrücke, die rechts über die Gleise führt. Hier entgleiste 1998 ein 200 km/h schneller **ICE** – spätere Untersuchungen ergaben einen defekten Radreifen als Ursache. Eine **Gedenkstätte ❼** erinnert an der anderen Straßenseite an dieses schwerste Bahnunglück Deutschlands.

Von der Bahnbrücke führt die Rebberlaher Straße in die Ortsmitte von Eschede.

Eschede 🛏 🏠 ✕ ☕ 🛒 ⚕ BANK 📯 ✚ ✝ ⌘ ⦿ 🚆, 3.750 Ew.

🛏 ✕ Hotel Deutsches Haus, Albert-König-Straße 8, 29348 Eschede, ☎ 051 42/22 36, ✉ hartmutfergel@aol.com, 💻 www.hotel-eschede.de, kleines Hotel mit 10 Zi sowie Restaurant und Sommergarten, 🚲, DZ ab € 95, EZ ab € 66, 🚪 Küche 18:00-21:00, an der Aschau, direkt am JW am Anfang der Folgeetappe

🏠 Pilgerherberge St.-Johannis-Kirche, Osterstraße 3, 29348 Eschede, ☎ 051 42/685, ✉ kg.johannis.eschede@evlka.de, kostenlose Unterkunft mit Schlafsack und Isomatte im Gemeindehaus (gegen Spende) nach voriger Anmeldung, 🚪 Öffnungszeiten Pfarrbüro s. u.

✕ Aschau-Blick, Uelzener Straße 20, 29348 Eschede, 🚪 Di-Sa 16:00-22:00, Sa 12:00-22:00, eher funktionale Pizzeria zwischen Schützenplatz und Tankstelle

☕ Rosencafé, Südstraße 4, 29348 Eschede, 💻 www.rosencafe-eschede.de, 🚪 Mai bis Oktober Mi-So 14:00-18:00, sonst Sa und So 14:00-18:00, stilvolles Café in altem Fachwerkhaus

Edeka und Penny in Ortsmitte an der Celler Straße 7 bzw. 8, 29348 Eschede

Schnucken Apotheke, Bahnhofstraße 2, 29348 Eschede, ☏ 051 42/921 00, Mo-Fr 9:00-13:00 sowie Mo, Do, Fr auch 14:30-18:00

Bahnhof Eschede mit stündlichen Regionalbahnverbindungen Richtung Hamburg und Hannover

✞ ⊙ Auf dem Theiberg erhebt sich die barocke **Johanniskirche** von 1713, eine Saalkirche mit fünfseitigem Chorabschluss. Im Inneren schwebt links vor dem Altar unter dem Dachgewölbe ein hölzerner Taufengel über dem Taufbecken. Der hölzerne Glockenturm ersetzte 1979 den zuvor bei einem Brand zerstörten Vorgängerturm von 1710. Darin hängen drei Glocken – im 20. Jh. mit einem Durchlauf von drei Serien: Die ersten wurden im Ersten Weltkrieg eingeschmolzen, die zweiten beim Brand 1978 zerstört und die folgenden drei Bronzeglocken läuten bis heute.

♦ Pfarrbüro, Osterstraße 3, 29348 Eschede, ☏ 051 42/685, kg.johannis.eschede@evlka.de, www.johanniskirchengemeinde-eschede.de, Mo, Di 9:00-11:00, Do 16:00-18:00, Fr 9:30-11:00

⌘ Das **Naturpark-Informationszentrum** im Bahnhofsgebäude gibt eine Einführung in die Landschaft und Kulturgeschichte der Südheide.

♦ Bahnhofstraße 50, 29348 Eschede, www.naturpark-suedheide.de/naturparkinfozentrum, täglich 10:00-18:00, gratis

⌘ **Markmanns Spielzeugstuben** zeigen in der alten Apotheke eine bunte Sammlung von Puppen und anderem Spielzeug.

♦ Bahnhofstraße 1, 29348 Eschede, www.spielzeugstuben.de, Di-Fr 9:00-12:00 und 15:00-18:00, Eintritt € 3

Das von der Aschau durchflossene Eschede ist ein guter Ausgangspunkt in die Südheide mit seiner Anbindung an die Bahnstrecke Hamburg – Hannover. Jener verdankt der Ort eine traurige Berühmtheit durch das ICE-Unglück im Jahr 1998 (☞ Gedenkstätte ❼), in deren Folge auch die Brücke der Kreisstraße einstürzte.

Etappe O11: Eschede – Wienhausen

25,7 km, 6 Std. 30 Min., ↑ 118 m, ↓ 150 m, ⇧ 39-78 m, 24,7 km

0,0 km	⇧ 75 m	Eschede
6,1 km	⇧ 64 m	Kreuzung mit Bank
14,2 km	⇧ 52 m	Beedenbostel
17,3 km	⇧ 49 m	Lachendorf
24,2 km	⇧ 45 m	Oppershausen
25,7 km	⇧ 43 m	Wienhausen

Durch Wald und Feld führt der Jacobusweg parallel zur Aschau südwärts nach Lachendorf, wo die Aschau in die Lachte mündet. Nach einer längeren Waldpassage wird Oppershausen mit seinen netten Fachwerkhäusern erreicht. Von dort ist es nur ein kurzer Weg über die Aller zum Etappenziel Wienhausen mit seinem Kloster in norddeutscher Backsteingotik.

In Eschede nähert sich der JW von der Ortsmitte auf der Albert-König-Straße der Aschau und zweigt nach dem Hotel Deutsches Haus rechts auf einen Uferpfad ab, der den Fluss mit seinem schmalen Waldstreifen aus Eschede heraus begleitet.

Radpilgerinnen und Radpilger nehmen die Radroute nach Habighorst und queren dazu nach dem Hotel Deutsches Haus die Aschau und folgen der Südstraße vor der Johanniskirche durch die Rechtskurve. Am Beginn eines Radweges auf der rechten Seite biegen Sie rechts in den Habighorster Weg Richtung

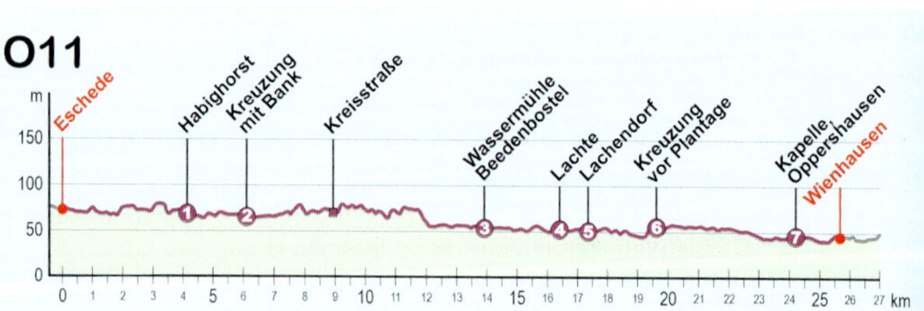

Habighorst ab und zweigen am Ortsanfang rechts in den Mühlenweg ab. Nach Querung der Aschau folgen Sie in Habighorst ❶ links dem Schulweg bzw. wieder dem JW.

Nach 1,5 km herrlichen Flusswanderns und 100 m nach einem Gatter halten Sie sich am Ende der Schönungsteiche bei einer T-Kreuzung links, queren die Aschau und wandern zum Habighorster Weg, dem Sie nach rechts 600 m bis zum nächsten rechts abzweigenden Weg folgen: Dort führt der JW auf einem Spurweg rechts auf den Wald zu und quert in diesem bei einem alten Rittergut abermals die Aschau. Kurz darauf geht es 150 m links entlang der Kreisstraße, danach links in den gepflasterten Mühlenweg und dann rechts auf dem Schulweg südwärts durch **Habighorst ❶**.

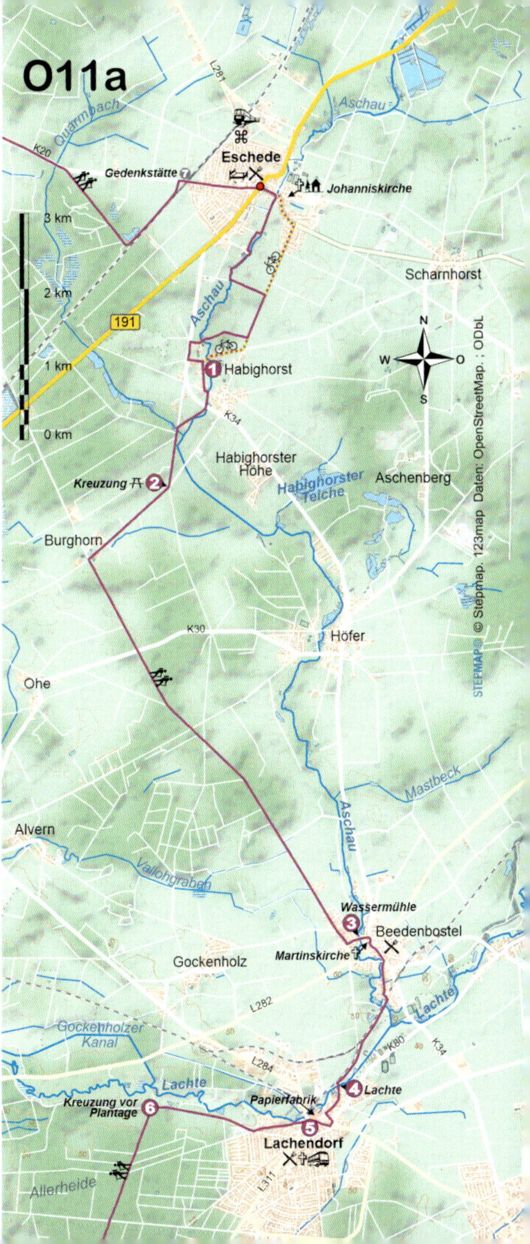

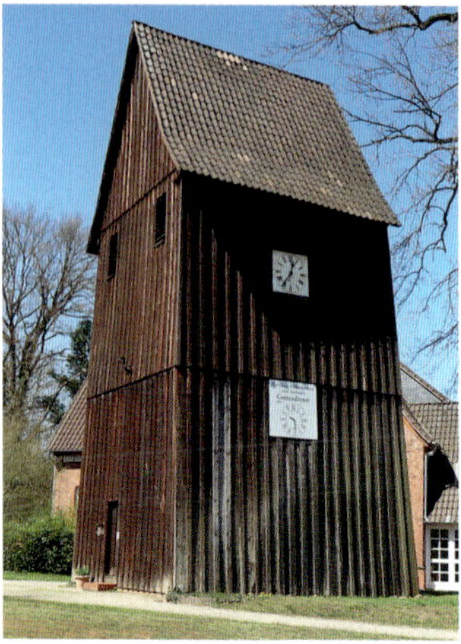

Glockenturm der Martinskirche

Am Ende zweigen Sie links in die Dorfstraße ab, vor der Aschaubrücke nach rechts (An der Aschau) und pilgern parallel zum Fluss. Die Straße quert die Kreisstraße und mündet später in den Wienhäuser Weg, dem Sie links folgen.

Bei einer Kreuzung mit Bank ❷ biegen Sie rechts Richtung Burghorn ab und dort bei der Kreuzung links in den Schotterweg Richtung Beedenbostel. Es folgt eine lange Strecke geradeaus mit abwechselnd Wäldern und Feldern. In Beedenbostel folgen Sie links der Celler Straße Richtung Ortsmitte vorbei an einer **Wassermühle** ❸ und bei der Kirche rechts der Ahnsbecker Straße.

Beedenbostel

✕ BANK ✝, 1.050 Ew.

✕ Restaurant Athos, Ahnsbecker Straße, 29355 Beedenbostel, www.athos-beedenbostel.de, Di-Sa 17:00-23:30 sowie Fr und Sa 11:30-14:30, So 11:30-23:00, griechisches Restaurant in Dorfmitte

Lebensmittelmarkt/Bäckerei Michael Meyer, Ahnsbecker Straße 6a, 29355 Beedenbostel, Mo-Fr 6:00-13:00 und 15:00-18:00, Sa 6:00-12:30, So 8:00-11:00

✝ Die **Martinskirche** von 1735 ist das dritte Gotteshaus an dieser Stelle. Der Altar stammt noch aus dem spätmittelalterlichen Vorgängerbau, der barocke Altaraufsatz wurde beim Bau dieser Kirche ergänzt. Der separate Glockenturm ersetzte im 16. Jh. ein hölzernes Glockengerüst aus Baumstämmen.

♦ Kirchengemeinde Beedenbostel: Ahnsbecker Straße 1, 29355 Beedenbostel, ☏ 051 45/82 58, kg.beedenbostel@evlka.de, https://beedenbostel.wir-e.de

Beim Restaurant Athos zweigt der JW nach rechts ab (Heßberg) und gleich darauf links in die Gardinenstraße (Schild: „Tempo 30“). Die Straße endet nach Querung der Rollenbeek, aber ein Weg führt weiter geradeaus und folgt nach Querung der Bahn und kurz darauf der Aschau zunächst den Gleisen. Die Gleise

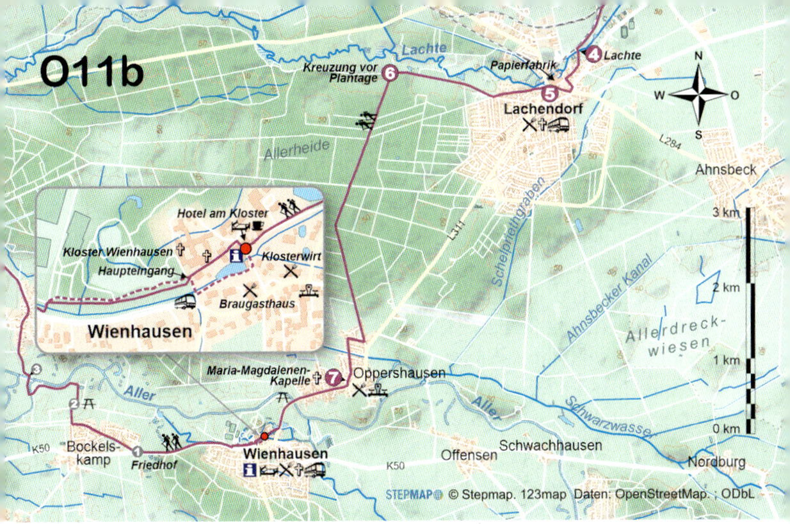

schwingen bald nach rechts, aber der JW verläuft geradeaus, quert bei erstbester Gelegenheit den Aschauzufluss Lachte ❹ und führt entlang der Straßen Am Heuberg und Mühlenstraße vorbei an der Papierfabrik nach Lachendorf, wo aus einer früheren Wassermühle der heutige Produzent für Spezialpapiere (Drewes) hervorgegangen ist. Nach der Fabrik halten Sie sich zweimal rechts (Jarnser Straße, Ahnsbecker Straße) und erreichen eine beampelte Kreuzung ❺ vor dem Rathaus, hinter dem ein Kollergang – zwei runde „Läufersteine" aus Basalt auf einer Granitplatte – an die Tradition der Papierherstellung erinnert.

Lachendorf

5.800 Ew.

Xenos, Oppershäuser Straße 2, 29331 Lachendorf, www.xenos-lachendorf.de, Mi-So 17:00-22:00, So auch 12:00-14:30, griechisches Lokal gegenüber vom Rathaus, direkt am JW

Eiscafe Florenz, Bahnhofstraße 15, 29331 Lachendorf, täglich 10:00-21:30, Eisdiele im Gewerbegebiet beim NP

Das direkt an der Route liegende Gewerbegebiet (Oppershäuser Straße/Ackerstraße, 29331 Lachendorf) bietet jeweils drei Supermärkte (NP, Aldi, Lidl) sowie drei Apotheken.

Haltestelle „Lachendorf, Ortsmitte", u. a. CeBus 400 Mo-Fr stündlich, Sa und So wenige Male täglich von/nach Celle, www.cebus-celle.de

Sie pilgern am schönsten an der beampelten Kreuzung in Lachendorf auf dem 2023 neu angelegten Rad-/Fußweg rechts am Rathaus vorbei entlang der Lachte. Der Weg mündet vor dem Bauhof in den Rehrkamp ein, dem Sie ostwärts folgen, ehe es vor dem Friedhof rechts in den Westerkampsweg geht. Im Wald zweigt der JW vor einer umzäunten Plantage ❻ nach links ab (Schild: „5 t") und führt erst am Waldrand entlang und später durch Wald in südliche Richtung. Abzweigungen ignorieren Sie und erreichen nach Ende des Waldes die nächste Siedlung: **Oppershausen**. Dort nehmen Sie die zweite Straße nach rechts (Am Hofe) und folgen ihr nach 200 m durch eine Linkskurve. Die Straße (jetzt Stettiner Straße) führt vorbei an der Maria-Magdalenen-Kapelle ❼ zur Dorfstraße mit einer Einkehrgelegenheit.

Maria-Magdalenen-Kapelle

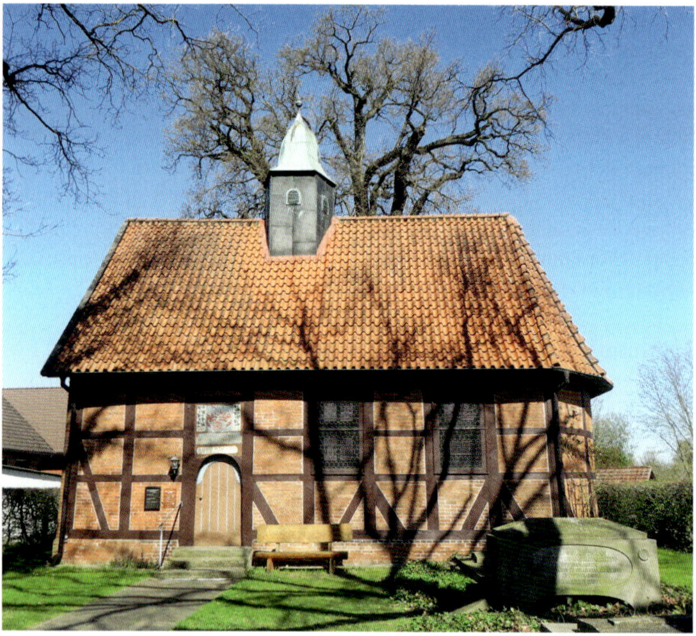

Oppershausen

✕ ✞ 🛒, 340 Ew.

✕ Zum Gutshof Oppershausen, Dorfstraße 3a, 29342 Wienhausen, www.zumgutshof-oppershausen.de, Mi-Fr 11:30-14:00 und 18:00-21:00, Sa und So 11:30-21:00

♦ Rodizio Wienhausen, Dorfstraße 1A, 29342 Wienhausen, ☏ 051 49/987 82 28, www.rodizio-wienhausen.de, Mo, Di, Do-Sa 18:00-23:00, So 12:00-23:00, brasilianische Küche mit Biergarten vor der Brücke über die Aller

Hofladen Severloh, Dorfstraße 50, 29342 Wienhausen, Mi-Fr 8:00-18:00, Sa 8:00-13:00

✞ Die **Maria-Magdalenen-Kapelle** wurde im 17. Jh. an der Stelle einer im 30-jährigen Krieg zerstörten Gutskirche von 1450 errichtet. Die Glocke in dem Fachwerkbau wurde dabei aus dem Vorgängerbau übernommen. Das bemalte Deckengewölbe zeigt zahlreiche Engel im Himmel.

April bis Oktober Sa und So 10:00-18:00

Die Dorfstraße führt rechts nach Wienhausen und quert dabei die Aller mit Blick auf einen per Pfad erreichbaren Picknicktisch am Fluss. Am Ortsanfang halten Sie sich rechts und begleiten den von der Aller abzweigenden Mühlenkanal zum Kloster mit Hotel, Touristinfo und daneben der Wassermühle. Bis 1962 wurde in dem jetzigen Mühlengebäude von 1764 Getreide gemahlen. Heute leben und arbeiten in dem Mühlengebäude Künstlerinnen und Künstler, während Wasserkraft Strom erzeugt.

Wienhausen

BANK, 4.200 Ew.

Tourist-Information Wienhausen, Mühlenstraße 5, 29342 Wienhausen, ☏ 051 49/88 99, wienhausen@lueneburger-heide.de, Di-Fr 10:00-12:00

Hotel am Kloster, Mühlenstraße 5-6, 29342 Wienhausen, ☏ 051 49/18 55 50, info@hotel-wienhausen.de, www.hotelwienhausen.de, 23 Zi, DZ ab € 125, EZ ab € 75, Kloster-Kaffee Ostern bis Oktober Sa und So 13:00-18:00, kleines Hotel am Kloster mit Kaffeegarten

✕ Braugasthaus Mühlengrund, Mühlenstraße 1, 29342 Wienhausen, www.braugasthausmuehlengrund.de, Mi-So 17:00-22:00, So auch 12:00-14:30, Gasthaus mit Brauerei und Biergarten

✕ Klosterwirt, Hauptstraße 9, 29342 Wienhausen, www.klosterwirt-wienhausen.de, Mi-Fr 16:30-23:00, Sa und So 12:00-15:00 sowie 17:00-23:00, österreichische Küche nah am Kloster

Penny, Storchenweg 2, 29342 Wienhausen, am westlichen Ortsrand

kleiner Edeka und Landbäckerei zentral an der Hauptstraße 16 bzw. 18, 29342 Wienhausen, schräg gegenüber vom Klosterwirt

Kloster-Apotheke, Hofgarten 2, 29342 Wienhausen, ☏ 051 49/922 44, Mo-Fr 8:00-13:00 und 15:00-18:00, Sa 8:00-12:00

Haltestelle „Wienhausen, Klosterhof", u. a. CeBus 500 Mo-Fr stündlich, Sa und So wenige Male täglich via Altencelle von/nach Celle, www.cebus-celle.de

✞ ⌘ ⊙ Das **Kloster Wienhausen** wurde im 13. Jh. als Zisterzienserinnenkloster gegründet. Mit Einzug der Reformation in das Herzogtum Braunschweig-Lüneburg sollte das Kloster in ein evangelisches Frauenkloster umgewandelt werden.

Den Widerstand der Nonnen wusste der Herzog nur mit Brachialmethoden wie dem Abriss von Propstei und Kapellen zu brechen. Die zerstörten Gebäude wurden kurz darauf im Fachwerkstil wieder erbaut und 1587 die erste evangelische Äbtissin eingesetzt, vermutlich wurden aber noch längere Zeit heimlich katholische Gottesdienste abgehalten. Heute leben und arbeiten rund zwei Handvoll evangelische Nonnen in dem Kloster mit Ausstellungen, Veranstaltungen, Versandshop und Führungen.

Die um 1330 erbaute gotische Nonnenkirche grenzt mit ihrem Ostgiebel an die benachbarte Marienkirche. Beeindruckend ist im Inneren der im 14. Jh. fertiggestellte Nonnenchor mit flächendeckend ausgemalten Wänden und ausgemalter Decke.

Im Textilmuseum wird eine Sammlung gotischer Bildteppiche aus dem 14. und 15. Jh. gezeigt.

Das Kloster kann mit Führungen besichtigt werden und das Textilmuseum mit großformatigen gotischen Bildstickereien mit Audioguide.

♦ www.kloster-wienhausen.de, Klosterführungen, April bis Oktober täglich Di-So 13:30, 15:00, 16:00 (So zusätzlich 12:00), Textil- und Klostermuseum April bis Oktober Di-Sa und an nichtkirchlichen Feiertagen 13:30-17:00 sowie So 12:00-17:00, Klosterführung € 8, Museum Eintritt € 6, mit Audioguide € 8

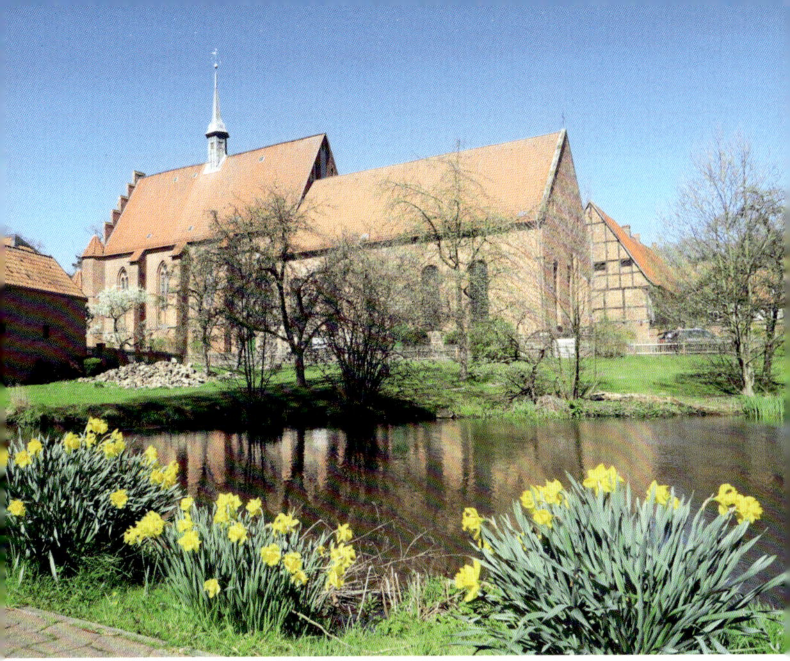

Marienkirche des Klosters

✝ Die **Marienkirche** steht neben dem Kloster, wurde aber 20 Jahre vor jenem erbaut und um 1700 umgebaut. Zuvor wurde bereits ein neuer Glockenturm errichtet; der ursprüngliche musste der Nonnenkirche weichen. Der jetzige Glockenturm geht auf das 18. Jh. zurück.

An der Südwand der Marienkirche erinnert eine Sandsteingrabplatte an Heinrich den Mittleren von Braunschweig-Lüneburg, den letzten katholischen Celler Herzog.

♦ So 14:00-17:00; Kirchengemeinde Wienhausen: Hauptstraße 3, 29342 Wienhausen, ☏ 051 49/347, kg.wienhausen@evlka.de, https://wienhausen.wir-e.de, Mo, Mi, Fr 10:00-12:00

Das im 11. Jh. erstmals urkundlich erwähnte Wienhausen ist untrennbar mit dem Kloster verbunden und trägt seit 2011 den offiziellen Beinamen „Klostergemeinde".

Etappe O12: Wienhausen – Celle

➲ 12,1 km, ⌛ 3 Std., ↑ 60 m, ↓ 58 m, ⇧ 34-49 m, 🚲 12,1 km

0,0 km	⇧ 43 m	Wienhausen
3,1 km	⇧ 39 m	Picknick-/Grillplatz
4,4 km	⇧ 39 m	Wehranlage Osterloh
7,4 km	⇧ 41 m	Altencelle
12,1 km	⇧ 45 m	Celle

Der Jacobusweg begleitet die Aller flussabwärts durch Bockelskamp, Osterloh und Altencelle nach Celle, gerühmt als eine der Städte mit dem größten Bestand an Fachwerkhäusern (rund 500), die eine Zeitreise Jahrhunderte zurück bieten. Auf dem Weg dorthin pilgern Sie durch die Flusslandschaft der Allerwiesen, die mit ihren Altarmen als Überflutungsfläche bei Hochwasser dienen.

Von der Touristinfo an der Wassermühle folgen Sie den JW-Markierungen rechts entlang des Mühlenkanals (am Glockenturm vorbei) zum Haupteingang oder ↳ gehen links auf der Port-Bail-Promenade mit malerischem Blick auf das Kloster weiter. Sie folgen anschließend der Radroute südlich vom Klosterholz neben dem Mühlengraben Richtung Celle.

↳ Alternativ wandern Sie auf dem Pfad durch das Klosterholz (➲ gleiche Länge): Dazu gehen Sie rechts durch den Haupteingang zum Klostergelände, halten sich dort gleich links und gehen links haltend bis zum Waldende vor dem Parkplatz mit links dem JW.

Am Ende des Klosterholzes wechseln Sie auf den links vom Graben verlaufenden Radweg der Celler Straße. Beim Penny verlassen Sie Wienhausen und pilgern durch Wald, wo Sie die Trasse der ehemaligen Allertalbahn queren. Vor einem Tempo-70-Schild wechseln Sie beim Friedhof ❶ halb rechts auf die Alte Poststraße und bei der Kreuzung am Ende von Bockelskamp rechts auf den Weg Ortfeld. Nach einem Rechtsschwenk folgen Sie links dem Radweg am Fußball- und Picknick-/Grillplatz ❷ vorbei.

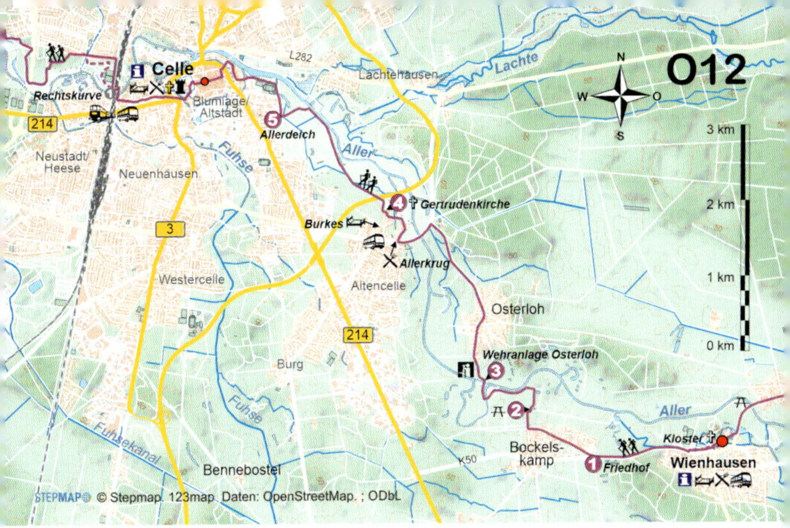

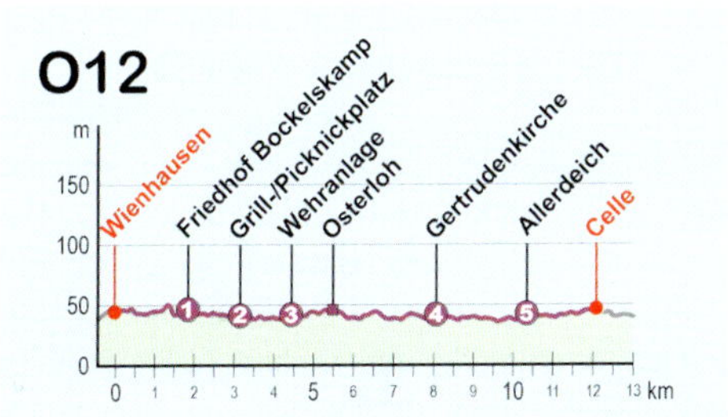

Vor einem Waldstück knickt der Weg nach links und nähert sich einer renaturierten Allerschleife, die Sie genauso wie den außer Dienst gestellten früheren Hauptarm queren. Die **Wehranlage Osterloh** ❸ wurde 2021 als erstes von drei Allerwehren ökologisch rückgebaut, sodass Fische die Anlage der sogenannten Raugerinnestruktur mit mehreren Becken passieren können.

An der Gabelung der Flussarme bietet eine Bank einen meditativen Blick auf das strömende Wasser.

Der JW quert nordwärts den Ort **Osterloh**, folgt dort links dem Radweg neben der Landstraße zur Alten Dorfstraße und quert auf dieser links die Aller. Nach der Brücke wendet sich der JW am Anfang von **Altencelle** beim Allerkrug nach rechts Richtung Sportanlage.

Allerkrug, Alte Dorfstraße 14, www.allerkrug.de,
Mi-So 17:30-22:00, Sa und So auch 12:00-15:00

Haltestelle „Altencelle, Küsterstraße“ 150 m westlich vom Allerkrug, CeBus 5 und 500 täglich 1- bis 3-mal stündlich von/nach Celle, www.cebus-celle.de

Vor der Kanuanlage zweigen Sie nach links ab und folgen dem Oehlmannsweg zur Gertrudenkirche ❹.

Die **Gertrudenkirche** wurde im 14. Jh. als Saalkirche aus Backsteinen sowie Raseneisenstein der Vorgängerkirche errichtet. Jene war im 11. Jh. als Kreuzkirche erbaut worden und zwischenzeitlich verfallen. Anfang des 16. Jh. erhielt die Gertrudenkirche ihren hölzernen Glockenturm anstelle eines Steinturms an der Westseite. Die Innenausstattung geht teilweise auf das Mittelalter zurück, etwa das Taufbecken oder das Kreuz mit Kruzifix (beide 13. Jh.).

♦ Pfarrbüro: An der Gertrudenkirche 13, 29227 Celle, ☏ 051 41/841 31,
KG.Altencelle@evlka.de, https://kirche-altencelle.wir-e.de,
Mo und Fr 9:30-12:00, Di 17:00-19:00

200 m südlich der Kirche gibt es eine Übernachtungsgelegenheit:

Burkes B & B, Apfelweg 2, 29227 Celle, ☏ 051 41/208 01 32,
buchung@burkes-unterkunft.com, FeWo ab € 60

Der JW umrundet den Kirchhof hälftig links und nähert sich nach einem Linksknick (Sackgassenschild) wieder der Aller an. Die Wiesen dienen bei Hochwasser als Überschwemmungsfläche. Nach schönem ufernahem Verlauf wendet sich der Weg nach links Richtung Celle. Nach einer rot-weißen Sperre biegen Sie rechts auf den alleeartigen Fahrweg auf dem Allerdeich ab ❺. Nach dem Gelände der Celler Feuerwehr queren Sie den Magnusgraben und biegen an der nächsten Kreuzung rechts in die Straße Fritzenwiese ein. Bei der folgenden Kreuzung mit dem Ristorante Divino zweigt der JW nach links ab und führt in die Altstadt von Celle (Theo-Wilkens-Straß), an deren Anfang Sie links der Straße Am Heiligen Kreuz folgen und dann in die zweite Straße (Zöllnerstraße) abzweigen, die bei der zentralen Stadtkirche St. Marien mit daneben dem Alten Rathaus endet.

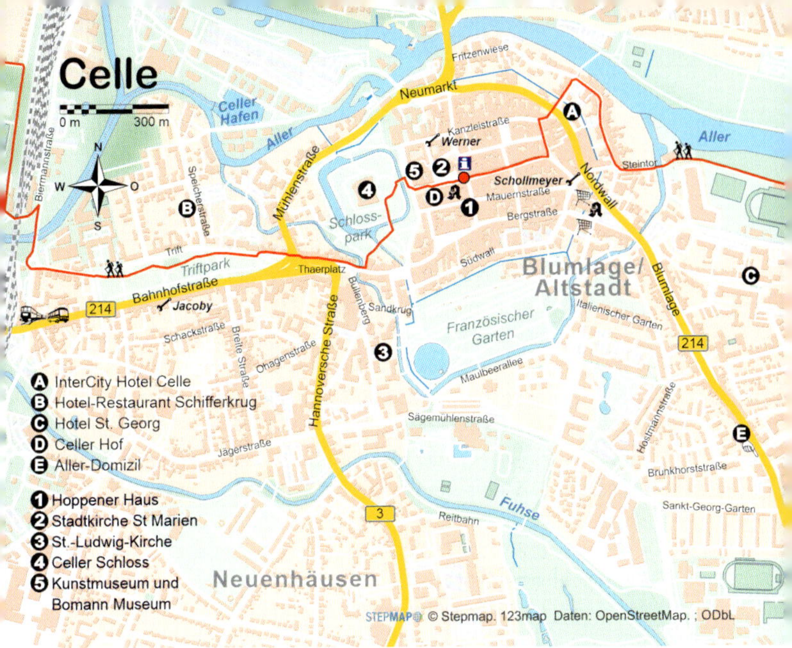

Celle

, 69.300 Ew.

Tourist-Information Celle, Markt 14-16, 29221 Celle, ☏ 051 41/70 95 11 95, tourismus@stadtwerke-celle.de, www.celle-tourismus.de, Mo-Fr 10:00-17:00, Sa 9:00-13:00, zentral im Alten Rathaus und besonders einladend mit Prangersäulen und Halseisen am Eingang ...

InterCity Hotel Celle, Nordwall 22, 29221 Celle, ☏ 051 41/20 00, Thomas.bausch@intercityhotel.com, www.intercityhotel.de, DZ ab € 100, EZ ab € 70, Bar & Bistrolounge Mo-Sa 17:00-24:00, großes Tagungshotel mit 121 Zi, östlich vom Zentrum, 50 m vom JW

♦ Hotel-Restaurant Schifferkrug, Speicherstraße 9, 29221 Celle, ☏ 051 41/37 47 76, schifferkrug@aol.com, www.schifferkrug-celle.com, DZ ab € 90, EZ ab € 70, Restaurant Di-Fr 17:30-21:30, in Sommerferien geschlossen, kleines, stilvolles Hotel mit nur 8 Zi, Weinstube und Blumengarten zwischen Schloss und Bahnhof, 100 m vom JW

Hotel St. Georg, St.-Georg-Straße 25-27, 29221 Celle, ☏ 051 41/21 05 10, info@hotel-st-georg.de, www.hotel-st-georg.de, DZ ab € 110, EZ ab € 76, kleines Hotel mit 15 Zi südöstlich vom Zentrum, vom JW aus gut beim Betreten des Ortes erreichbar, 200 m vom Weg

♦ Celler Hof, Stechbahn 11, 29221 Celle, ☏ 051 41/91 19 60, reception@cellerhof.de, www.cellerhof.de, DZ ab € 115, EZ ab € 80 inkl. F, 45 Zi im ältesten als Hotel genutzten Haus der Stadt, zentrale Lage am Marktplatz

♦ Aller-Domizil, Braunschweiger Heerstraße 38, 29221 Celle, ☏ 051 41/934 78 55, info@allerdomizil.de, www.allerdomizil.de, DZ ab € 60, EZ ab € 50, günstige Unterkunft im Süden von Celle neben Tankstelle, 1 km vom JW

Museumscafé, An der Stadtkirche 1, 29221 Celle, ☏ 051 41/951 97 77, www.konditorei-baxmann.de/Cafe, Di-So 9:00-17:00, das Museumscafé liegt günstig zwischen Schloss und Altstadt in der Stechbahn, dem ehemaligen Turnierplatz.

Ökokost – Der Biofachmarkt, Altencellertorstraße 4, 29221 Celle, www.biofachmarkt-celle.de, Biosupermarkt östlich der Altstadt. Daneben gibt es einen Penny als weiteren Supermarkt in direkter Altstadtnähe, Bergstraße 26, 29221 Celle.

Unterwegs Reiseausrüstung, Rabengasse 8, 29221 Celle, www.unterwegs-celle.de, Mo-Fr 10:00-18:30, Sa 10:00-17:30, Outdoor-Laden in Fachwerkhaus in der Innenstadt

Fahrrad Schollmeyer, Am Heiligen Kreuz 16, 29221 Celle, ☏ 051 41/234 91, Mo-Fr 10:00-18:00, Sa 10:00-14:00

♦ Fahrrad Werner, Kanzleistraße 14, 29221 Celle, ☏ 051 41/211 79, team@fahrrad-werner.de, www.fahrrad-werner.de, Di-Fr 9:00-13:00 und 15:00-18:00, Sa 9:00-13:00, zentraler Radladen in nettem Fachwerkhaus

♦ Fahrradhaus Jacoby, Bahnhofstraße 27, 29221 Celle, ☏ 051 41/254 89, info@jacoby-bikes.de, www.jacoby-bikes.de, Mo-Fr 9:00-13:00 und 15:00-18:00, Sa 9:00-13:00

Von den zahlreichen Apotheken Celles sind hier zwei in der Altstadt angegeben:

♦ Schloß-Apotheke, Stechbahn 5, 29221 Celle, ☏ 051 41/77 00, www.schlossapotheke-celle.de, Mo-Fr 8:00-18:30, Sa 8:30-18:00, gegenüber St. Marien

St. Georg-Apotheke, Altencellertorstraße 4, 29221 Celle, 051 41/282 22, www.stgeorg-apotheke-celle.de, Mo-Fr 8:30-18:30, Sa 8:30-18:00, am östlichen Altstadtrand

Bushaltestelle „Bahnhofsvorplatz“ mit Verbindungen in die Stadt und das Umland; für den JW bedeutsam sind die Linien 100 (Bergen), 200 (Hermannsburg), 300 (Eschede), 400 (Lachendorf), 500 (Wienhausen via Altencelle), 800 (Wietzendorf) sowie 900 (Winsen). Die genannten Umlandbusse fahren Mo-Fr stündlich und Sa/So mehrmals täglich, teilw. alle 2 Stunden, www.cebus.de.

ICE-Bahnhof mit an der Strecke Hamburg – Hannover

Die gotische **Stadtkirche St. Marien** von 1308 entstand zur Zeit der Stadtgründung, der 74 m hohe Turm wurde 1913 ergänzt. Die Kirche bietet eine reichhaltige Ausstattung, dazu kommen mehrere Grabplatten an der östlichen Chorwand und Grabmäler außerhalb der Kirche. Als Begräbnisstätten erbaute Seitenkapellen dienen heute als Ort der Stille und Kirchencafé. Die 1576 angelegte Fürstengruft war bis zum Erlöschen der welfischen Celler Linie 1705 Grablege der Fürstlichkeiten, darunter von zwei skandalumwitterten Frauen: Sophie Dorothea, auch „Prinzessin von Ahlden“ genannt (☞ Etappe W9, Seite 124), sowie der dänischen Königsgemahlin Caroline Mathilde (☞ Celler Schloss).

♦ Di-Sa 11:00-17:00, So nach dem Gottesdienst bis 13:00, Eintritt frei, aber Fürstengruft € 1,50; Stadtkirchengemeinde: An der Stadtkirche 8, 29221 Celle, 051 45/82 58, kg.stadtkirche.celle@evlka.de, www.stadtkirche-celle.de, Di-Fr 10:00-12:00, Do auch 15:30-18:00

235 Stufen führen auf den Kirchturm mit schönem Blick aus 52 m Höhe auf die Dächer Celles.

♦ Di-Sa 11:00-15:30 (nicht bei schlechtem Wetter), Eintritt € 2

Südlich vom Schloss und der Altstadt bildet die klassizistische katholische **Kirche St. Ludwig** am Westrand des Französischen Gartens den Abschluss der Zentralachse. Die Wahl des Schutzpatrons, des heiligen Ludwigs alias Königs von Frankreich, referiert einen wichtigen Sponsor beim Bau der dreischiffigen Kirche: König Ludwig I. von Bayern.

♦ Mo-So 8:00-17:00; Pfarrgemeinde: Julius-von-der-Wall-Straße 1, 29221 Celle, 051 41/974 48 10, pfarrbuero@st-ludwig-celle.de, www.st-ludwig-celle.de

♜ ⌘ In dem **Celler Schloss** residierten von 1433 bis 1705 die Herzöge von Braunschweig-Lüneburg, ehe das Schloss vom Königreich Hannover als Sommersitz genutzt wurde. An der Stelle des heutigen Barockschlosses stand im Mittelalter eine Burg, die später zu einem Renaissanceschloss umgebaut wurde. Seit dem 18. Jh. diente das Schloss als Verbannungsort und Gefängnis: erst für die dänischen Königin Caroline Mathilde, dann im Ersten Weltkrieg als Gefängnis für „Zivilgefangene höherer Lebensstellung". Das Schloss kann inklusive der prächtigen Renaissanceschlosskapelle mit Führungen besichtigt werden. Im Ostflügel des Schlosses gibt das Residenzmuseum einen Einblick in die Geschichte von Celle als Residenzstadt. Südlich vom Schlosspark waren im Alten Marstall die Wirtschafts- und Stallgebäude untergebracht, heute ist hier ein Herrenmodengeschäft.

♦ www.residenzmuseum.de, Residenzmuseum Di-So 10:00-17:00, Führungen Mai bis Oktober Di-Fr sowie So 11:00, 13:00, 15:00, Sa stündlich zwischen 11:00 und 15:00, sonst Di-Fr 12:00 und 14:00, Sa und So sowie im April Di-Fr auch 13:00, im Winter und Ostern 11:00-16:00, Eintritt Residenzmuseum € 8, mit Führung € 10

Das Celler Schloss als königlicher Verbannungsort

Das Schloss wurde 1772 in Erwartung königlichen Besuchs ordentlich herausgeputzt, aber es ging „nur" um Verbannung: Die aus dem Königshaus Hannover stammende und damit der englischen Krone zugehörige Königin Caroline Mathilde war gegen ihren Willen mit dem dänischen König Christian VII. verheiratet worden – im Interesse eines guten Verhältnisses zwischen dem britischen und dänischen Königreich. Der zunehmend psychisch kranke dänische König soll seine Gattin weitgehend missachtet haben, woraufhin diese sich dem deutschen Leibarzt und Minister des Königs, Johann Friedrich Struensee, zuwandte. Diese sogenannte Struensee-Affäre führte schließlich zur Scheidung und letztendlich Verbannung von Caroline Mathilde nach Celle.

⌘ Zwischen der Altstadt und dem Schloss bieten zwei Museen beeindruckende Sammlungen: Das **Bomann-Museum** beleuchtet die Stadt-, Kultur- und Regionalgeschichte mit den Schwerpunkten Bauernkultur, Heidewirtschaft sowie Migration. Das **Kunstmuseum** zeigt in einem auffälligen Glaskubus auf drei Etagen moderne Kunst mit der Sammlung des Galeristen Robert Simon.

♦ Schloßplatz 7, 29221 Celle, www.bomann-museum.de, Di-So 11:00-17:00, Eintritt € 8 (Kombipreis)

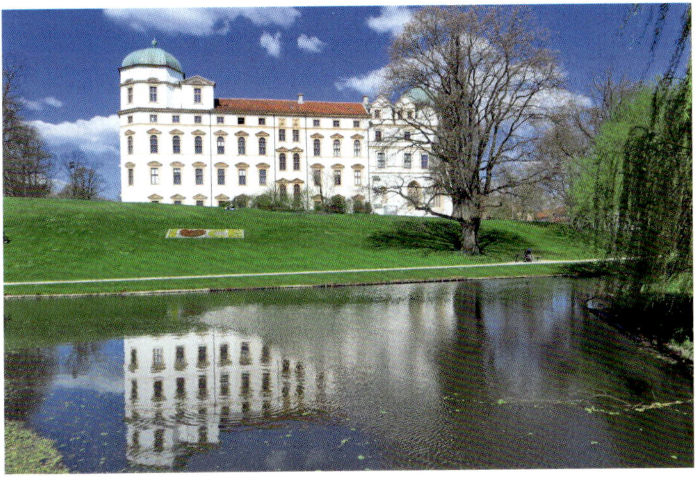

Celler Schloss

Als ehemalige Residenzstadt besticht Celle nicht nur durch ein beachtliches Schloss mit vielen Nebengebäuden und Grünanlagen, sondern auch durch eine gut erhaltene Altstadt mit rund 500 denkmalgeschützten Fachwerkhäusern aus dem 16. Jh. bis 18. Jh., von denen 60 besonders aufwendig verziert sind, etwa mit einem Treppenfries. Die Tourismuswerbung spricht von dem „weltweit dichtesten Fachwerkensemble“, in der Altstadt umgerechnet 26 Fachwerkhäuser pro Hektar, zwischen denen sich viele nette Innenhöfe befinden. Viele Ornamente lassen Rückschlüsse auf die Geschichte bzw. Nutzung der Gebäude zu. Ein Highlight ist das **Hoppener Haus** in der Poststraße 8 mit seinen sechs Geschossen, davon dreien im Giebel, sowie Figurenornamenten und Holzschnitzereien.

Unweit davon ertönt gegenüber der Touristinfo im Alten Rathaus täglich um 11:00, 13:00 und 17:00 ein **Glockenspiel** mit 16 Glocken und fünf bedeutenden Personen der Stadtgeschichte, darunter dem Heidedichter Hermanns Löns und Königin Mathilde von Dänemark (☞ Celler Schloss).

Celle war in der neueren Architektur wegweisend mit bedeutenden Bauten des sachlichen **Bauhaus**stils, etwa der glasreichen Altstädter Schule oder den südlich der Innenstadt gelegenen Siedlungen Georgsgarten, Blumläger Feld und Italienischer Garten.

Etappe O13: Celle – Winsen an der Aller

20 km, 5 Std., 129 m, 140 m, 32-50 m, 20 km

0,0 km	45 m	Celle B&B
1,5 km	39 m	Celle Bahnhof
6,1 km	44 m	Boye
12,5 km	38 m	Stedden
17,3 km	40 m	Picknicktisch auf Heidefläche
18,9 km	35 m	Museumshof
20,0 km	34 m	Winsen an der Aller

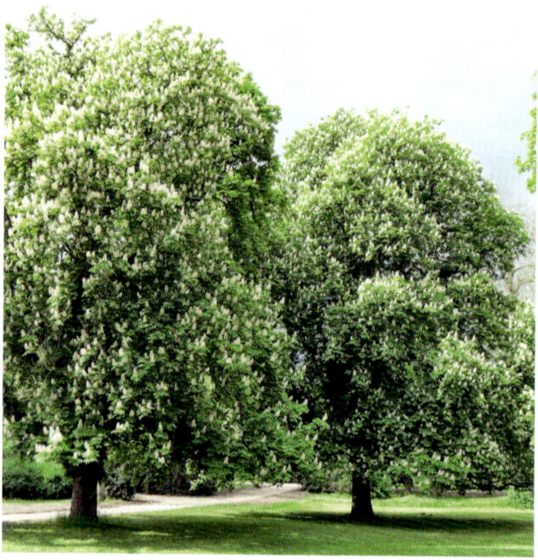

Blühende Kastanien am Wegesrand

Auch auf dieser Etappe begleitet der Pilgerweg die Aller, anfangs heraus aus Celle im Gleichlauf mit dem Heidschnuckenweg vorbei am Celler Schloss. Sie wandern stellenweise durch flussnahe für Hochwasser reservierte Flächen, durch Wald und Felder und durch die Siedlungen Boye und Stedden. Nach Querung der Örtze geht es auf Waldwegen nach Winsen, wo das Junkerntor an das im 19. Jh. abgebrannte Rittergut von Stechinelli (☞ Etappe O14, Seite 185) erinnert. Die Allerstadt ist ein beliebter Ferienort – auch nach der Aberkennung der Auszeichnung als Luftkurort im Jahr 2010.

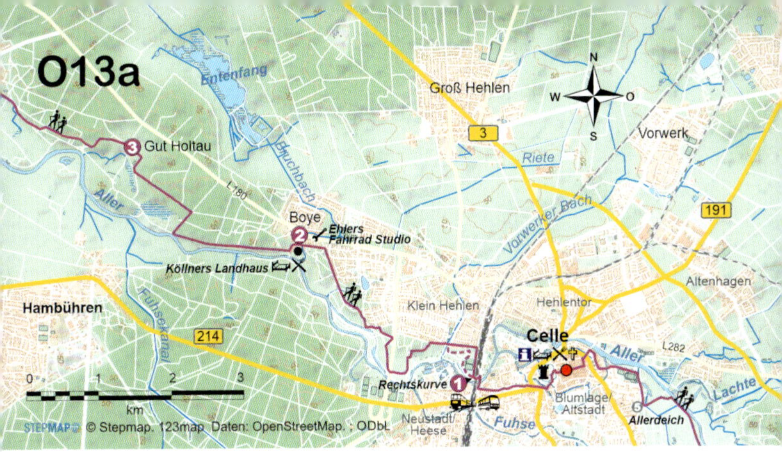

O13

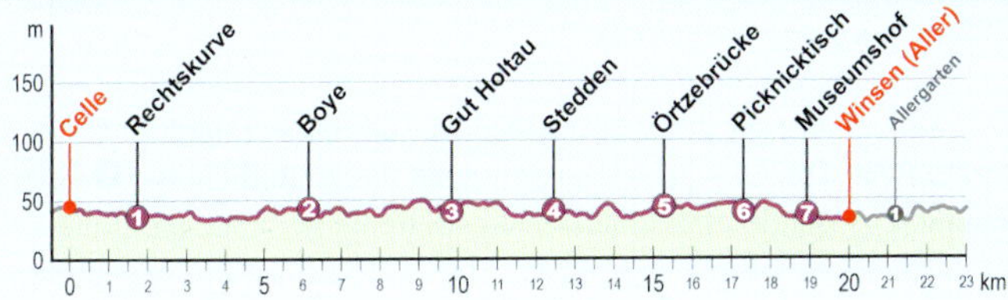

Der erste Abschnitt heraus aus Celle verläuft wieder entlang des Heidschnuckenweges (H), der vom Dehningshof aus nördlicher Richtung kommend entlang der Aller nach Celle führt.

☞ Bei der Begehung 2023 fehlten fast alle JW-Markierungen beim Verlassen von Celle, aber die ab dem Schlosspark kaum zu übersehenden „H“s des Heidschnuckenweges sind ein guter Ersatz.

Von der Altstadt gehen Sie vorbei am Bomann-Museum durch den Schlosspark und gehen vor dem Schloss links abwärts. Nach Querung des Schlossgrabens pilgern Sie rechts durch den Park, verlassen diesen links und wandern rechts durch die Triftanlagen zum Bahnhof. Dort geht es nach rechts, über die Aller, danach links unter der Bahnbrücke hindurch, nach der Rechtskurve ❶ geradeaus und nach der Hochwassersperre nach links.

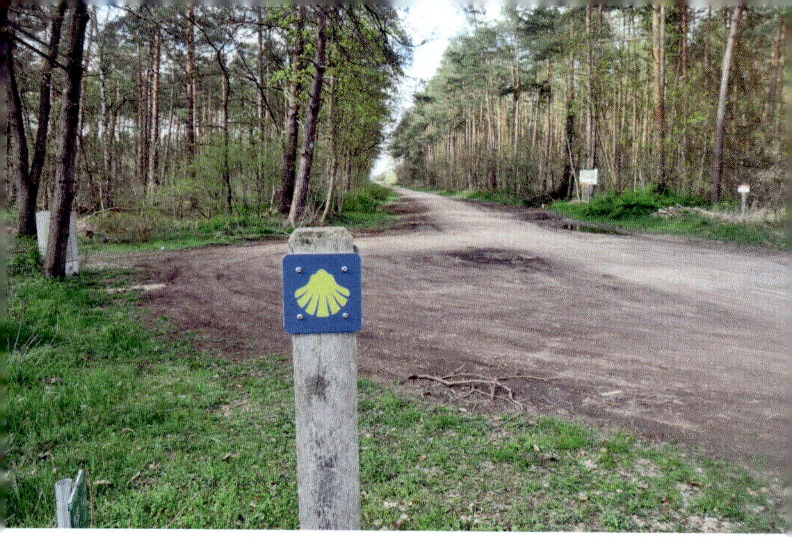

Forstweg nach der Örtzebrücke

↳ Viel schöner als der straßenlastige JW (➲ 100 m länger) ist der Verlauf vom Heidschnuckenweg durch die Allerwiesen: In der Rechtskurve ❶ nach der Bahnbrücke zweigt der Heidschnuckenweg nach links ab, schlängelt sich gut markiert durch das Grünland, erreicht nach 800 m wieder den Radweg mit dem JW und folgt ihm links.

Nach Unterquerung der Ringstraße informieren Infotafeln über Bäume. Kurz darauf zweigt der Heidschnuckenweg nach rechts ab, während der JW sich großteils links haltend weiter dem Verlauf der Aller folgt – mit Teilstücken landeinwärts wie bei **Boye** ❷.

Boye

🛏 ✕ 🔧, 820 Ew.

🛏 ✕ Romantik Hotel Köllners Landhaus, Im Dorfe 1, 29223 Celle, ☏ 051 41/95 19 50, ✉ info@koellners-landhaus.de, 💻 www.koellners-landhaus.de, 🐕 € 15, DZ ab € 160, EZ ab € 110, 🚪 Restaurant täglich 18:00-21:30 sowie Di-So 12:00-14:00, hochpreisige Unterkunft mit Fachwerkambiente, gehobener Küche und Terrasse zwischen Boye und Aller, direkt am JW

🔧 Ehlers Fahrrad Studio, Winsener Straße 1, 29223 Celle, ☏ 051 41/549 65, 🚪 Di und Mi 10:00-13:00 und 15:00-18:00, Do und Fr 15:00-18:00, Sa 10:00-13:00

Der Pilgerweg umgeht Köllners Landhaus, verläuft am Waldrand entlang der Aller und nach einer Rechtskurve durch Wald. 350 m nach der Rechtskurve gehen Sie bei einer Kreuzung links und erreichen 400 m nach einer Hochspannungsleitung **Gut Holtau** ❸. Weiter schlängelt sich der JW gut markiert durch Wald mit eiszeitlichen Sandablagerungen nach **Stedden** ❹ mit nettem Dorfpark und Glockenturm. Infotafeln erzählen detailliert die Dorfgeschichte. Vom Dorfpark folgen Sie der Straße Am Hahnenberg geradeaus und halten sich 250 m nach dem Dorfende bei einer Gabelung am Waldrand halb rechts. Sie pilgern zunächst am Wald entlang und später durch Wald zum Flusstal der Örtze, die vor Winsen in die Aller mündet.

Vor der Örtze schwenkt der JW nach rechts, um diese nach 500 m links über die Straßenbrücke zu queren. 100 m nach der Örtzebrücke ❺ geht es halb rechts in den Wald und dort nach 1,2 km bei der (ersten) Kreuzung nach links. Der JW passiert eine Heidefläche mit ⛩ Picknicktisch ❻ und erreicht kurz darauf Winsen an der Aller, wo Sie Brauckmanns Kerkstieg geradeaus zum **Museumshof** ❼ (Info ☞ Winsen) folgen. Dort halten Sie sich rechts zum Ortszentrum.

Die Straße Am Junkernhof führt westwärts am Junkerntor vorbei, dem ältesten weltlichen Baudenkmal von Winsen und Rest des Rittergutes von Stechinelli (☞ Etappe O14, Seite 191). 50 m nach dem Junkerntor biegen Sie links in den gepflasterten Fußweg ab, der von einer Baumreihe getrennt links neben dem Küsterdamm auf die Kirche zuführt.

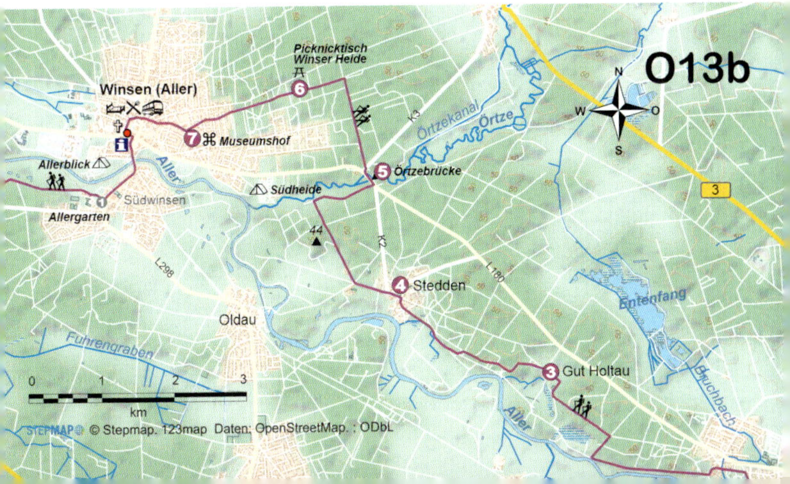

Winsen an der Aller

12.900 Ew.

Tourist-Information Winsen (Aller), Am Amtshof 4, 29308 Winsen, 051 43/91 22 12, info@winsen-tourismus.de, www.winsen-tourismus.de, Oktober bis April Mo-Fr 9:00-13:00, Mai bis September Mo-Fr 9:00-12:00 und 14:00-17:00

Hotel Restaurant Stadt Bremen, Neuwinsener Straße 9, 29308 Winsen, 051 43/62 09, stadt-bremen@t-online.de, www.hotel-restaurant-stadt-bremen.de, € 5, DZ ab € 90, EZ ab € 50 inkl. F, Restaurant Do-Di 12:00-14:00 und 18:00-20:00, familiäres Fachwerkhotel südlich der Aller, direkt am JW bei der Folgeetappe

♦ Landhotel Jann Hinsch Hof, Bannetzer Straße 26, 29308 Winsen, 051 43/985 00, info@landhotel-winsen.de, www.landhotel-winsen.de, € 17 (!), DZ ab € 165, EZ ab € 105, Restaurant Mi-So 11:30-14:30 und täglich 17:30-21:30, Tagungshotel mit 29 Zi am westlichen Ortsrand, 500 m vom JW

♦ Hotel-Restaurant Ambiente, Kirchstraße 6, 29308 Winsen, 051 43/66 86, v.zarogiannis@restaurant-hotel-ambiente.de, www.restaurant-ambiente.info, Zimmerpreis auf Anfrage, Restaurant täglich 12:00-14:30 und 17:30-22:00, griechisches Lokal mit einigen EZ im Zentrum

Winsen-Museumshof

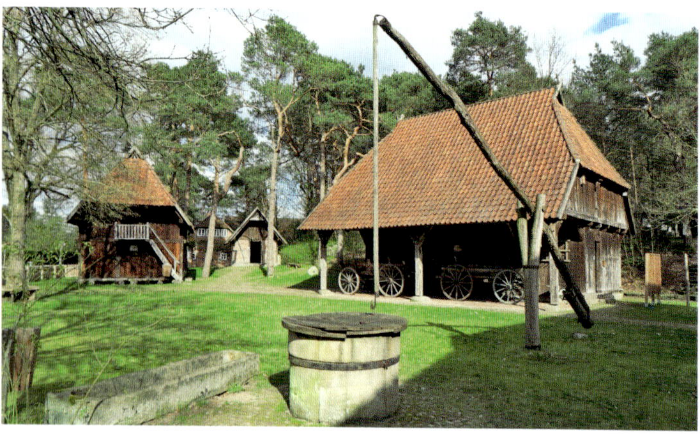

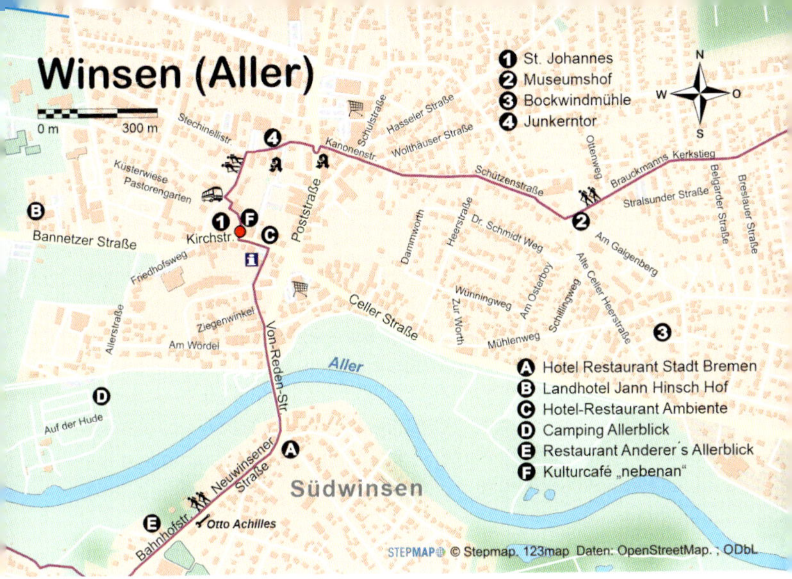

⛺ ✕ Camping Allerblick, Auf der Hude 1, 29308 Winsen, ☏ 051 43/931 99, 📱 017 26/77 59 89, ✉ info@camping-allerblick.de, 💻 www.camping-allerblick.de, 🚿, 🐕 € 6, Zelten inkl. Stellplatz ab € 18, 🚪 ganzjährig, Gaststätte Fr und Sa 17:00-22:00, am Südrand oberhalb der Aller, 500 m vom JW

⛺ CampingPark Südheide, Im Stillen Winkel 20, 29308 Winsen, ☏ 051 43/666 18 03, ✉ info@campingpark-suedheide.de, 💻 www.campingpark-suedheide.de, 🚿, 🐕 € 5, Zeltplatz ab € 23, Chalet € 79, jeweils (bis zu) 2 Personen, 🚪 April bis November, am östlichen Ortsrand an der Mündung der Örtze in die Aller, 1,5 km vom JW

✕ Anderer's Allerblick, Bahnhofstraße 27, 29308 Winsen, 💻 www.anderers-allerblick.de, 🚪 Mi-Sa 17:00-22:00, So 11:30-22:00, Restaurant südlich der Aller direkt am JW (Etappe O14)

☕ ⊙ Kulturcafé „nebenan", Küsterdamm 9, 29308 Winsen, 💻 www.nebenan-winsen.de, 🚪 So-Fr 15:00-18:00, neben der Kirche

🛒 Rewe im Zentrum, Celler Straße 2, 29308 Winsen, sowie Lidl und Aldi nördlich vom Zentrum, Poststraße 28 bzw. 32, 29308 Winsen

⚕ Storch-Apotheke, Poststraße 18, 29308 Winsen, ☏ 051 43/91 11 88, 💻 www.storchen-apotheke-winsen.de, 🚪 Mo-Fr 8:00-19:00, Sa 8:00-13:00

♦ Apotheke am Markt, Am Junkernhof 5, ☏ 051 43/62 42, 💻 www.apotheke-winsen-aller.de, 🚪 Mo-Fr 8:00-19:00, Sa 8:00-13:00

Otto Achilles, Bahnhofstraße 30, 29308 Winsen, ☏ 051 43/22 65,
Mo-Fr 9:00-12:30 und 14:30-18:00, Sa 10:00-13:00, südlich der Aller (Etappe O14)

Haltestelle „Winsen, Küsterdamm", u. a. CeBus 900 Mo-Fr stündlich, Sa und So wenige Male täglich von/nach Celle, www.cebus-celle.de

✝ Die zwischenzeitlich mehrfach erweiterte **St.-Johannes-Kirche** geht vermutlich auf ein Gotteshaus aus dem 9. Jh. zurück. Der Unterbau aus Raseneisenstein lässt Spuren des romanischen und das Spitzbogenfenster in der Nordwand Spuren eines gotischen Vorgängerbaues erkennen. Das bronzene Taufbecken wird auf das 13. Jh. datiert.

♦ Pfarrbüro: Kirchstraße 12, 29308 Winsen, ☏ 051 43/63 93,
kg.winsenaller@evlka.de, https://evkirche-winsenaller.wir-e.de,
Mo und Do 8:30-10:00

Bockwindmühle

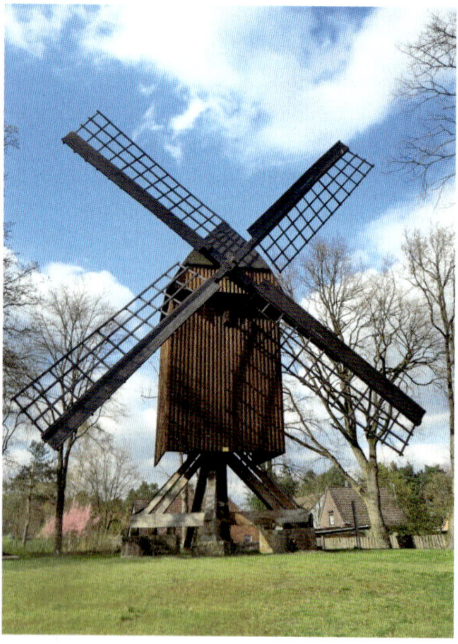

⌘ Der vom Heimatverein betriebene **Winsen-Museumshof** zeigt traditionelle Wohn- und Wirtschaftshäuser sowie Handwerk der Region.

♦ Brauckmanns Kerkstieg 6, 29308 Winsen,
www.winser-heimatverein.de,
Mi und Sa 15:00-18:00,
So 11:00-18:00, Eintritt € 5

Winsen an der Aller bietet einige nette alte Bauwerke, darunter die Bockwindmühle im Osten und das Junkerntor im Zentrum, das als einziger Teil eines ehemaligen Rittergutes des italienischen Einwanderers Stechinelli erhalten ist.

Etappe O14: Winsen an der Aller – Wietze-Wieckenberg

➲ 15,8 km, ⧗ 4 Std., ↑ 85 m, ↓ 85 m, ⇧ 15-44 m, 🚲 15,8 km

0,0 km	⇧ 34 m	Winsen an der Aller
2,6 km	⇧ 39 m	Unterstand bei Allerwiese
4,3 km	⇧ 35 m	Campingplatz Wacholderpark
6,2 km	⇧ 32 m	Unterstand bei Hutewald (Hornbostel ➲ 1 km)
11,5 km	⇧ 32 m	Erdölmuseum ⌘
12,7 km	⇧ 33 m	Wietze-Zentrum ⌘ (➲ 1 km)
15,8 km	⇧ 34 m	Wietze-Wieckenberg

Nach Querung der Aller begleitet der Jacobusweg den mäandernden Fluss mit einigem Abstand durch die Hornbosteler Hutweide. Das Naturschutzgebiet in der Alleraue mit seinen Stieleichen, Schlehen und dem Wacholder diente früher als Hutewald der Viehhaltung. Das Ziel dieser Etappe ist Wietze, bekannt durch die ersten erfolgreichen Erdölbohrungen Europas. Im Ortsteil Wieckenberg lässt der ländliche Fachwerkbau der Stechinelli-Kapelle nichts von der barocken Innenausstattung ahnen.

Die St.-Johannes-Kirche umgehen Sie links auf dem Weg durch den Kirchhof und folgen nach dem Ausgang der Kirchstraße nach links. Beim Hotel Ambiente zweigt der JW nach rechts ab und führt an der Touristinfo vorbei zur Allerbrücke. Nach dieser folgen Sie der Straße rechts vorbei am Hotel Stadt Bremen. Die Straße knickt nach dem Restaurant Anderer's Allerblick und dem Radladen Achilles nach links ab, Sie aber folgen geradeaus der Radroute (Steinförder Weg).

Der JW zweigt kurz darauf eigentlich nach rechts in den Hamboyweg ab – vorbei an einer Reithalle und parallel zur Aller.

☺ Schöner (➲ gleiche Länge) ist der vorher rechts abzweigende Weg Allergarten ❶. Nach 50 m gehen Sie beim Straßenende geradeaus entlang des Pfads, der in einer Linkskurve in den Hamboyweg mit dem JW einmündet.

Der Weg verläuft am Rand der Allerwiese vorbei an einem ⛝ Unterstand ❷ und einem ⛩ Picknicktisch und mündet vor einer Baustofffirma in die Hornbosteler Straße, der Sie 300 m nach rechts folgen, um dann rechts in den Tannenpark Richtung Campingplatz abzubiegen. Vor dem Campingplatz ❸ zweigt der JW nach links ab.

⛺ Campingplatz Wacholderpark, Tannenpark 35, 29323 Wietze, ☎ 051 43/933 60, ✉ info@wacholderpark.de, 💻 www.wacholderpark.de, 🐕 € 2, Zelten ab etwa € 10, 🚪 ganzjährig, nett gelegen an der Allerschleife

Bei der folgenden Kreuzung unter einer Hochspannungsleitung biegen Sie nach rechts ab und vor den Allerwiesen und einem Bachübergang nach links. Der JW führt parallel zur Aller durch den Baumbestand des früheren Hornbosteler Hutewalds, wo früher Schweine zwischen Bäumen gehalten wurden, die sich von deren Eicheln und Bucheckern ernährten.

Sie umgehen dabei in großem Bogen den Wietzer Ortsteil **Hornbostel** mit einer Übernachtungsgelegenheit.

Abstecher nach Hornbostel 🛏 (➲ gesamt 1,2 km länger)

1,1 km nach der Kreuzung unter der Hochspannungsleitung – 150 m vor einem Unterstand ❹ – verlassen Sie den JW für einen Abstecher nach Hornbostel, indem Sie bei der T-Kreuzung links gehen und dem Weg südwärts zum Ort folgen. In Hornbostel geht es gleich rechts in die Dorfstraße zum Hotel WildLand.

🛏 ✕ Biohotel WildLand Natural Resort, Dorfstraße 32, 29323 Wietze, ☎ 051 46/989 30, ✉ info@wildland.de, 💻 www.wildland.de, 18 Zi, 🚲, DZ ab € 115, EZ ab € 100, 🚪 Restaurant Do-Sa 8:30-21:00, So 8:00-12:00, Unterkunft mit Restaurant und Bistro in Bioqualität sowie Biergarten 1 km vom JW

Zurück zum JW nehmen Sie am einfachsten einen anderen Zuweg: Sie gehen vom Hotel westliche Richtung (zunächst Dorfstraße, später Schleusenstraße) und zweigen am Siedlungsende nach rechts ab. Der Weg führt nordwärts zum Allertal mit der Bannetzer Schleuse und unter einer Hochspannungsleitung hindurch. 250 m nach der Hochspannungsleitung erreichen Sie wieder den JW und folgen ihm links.

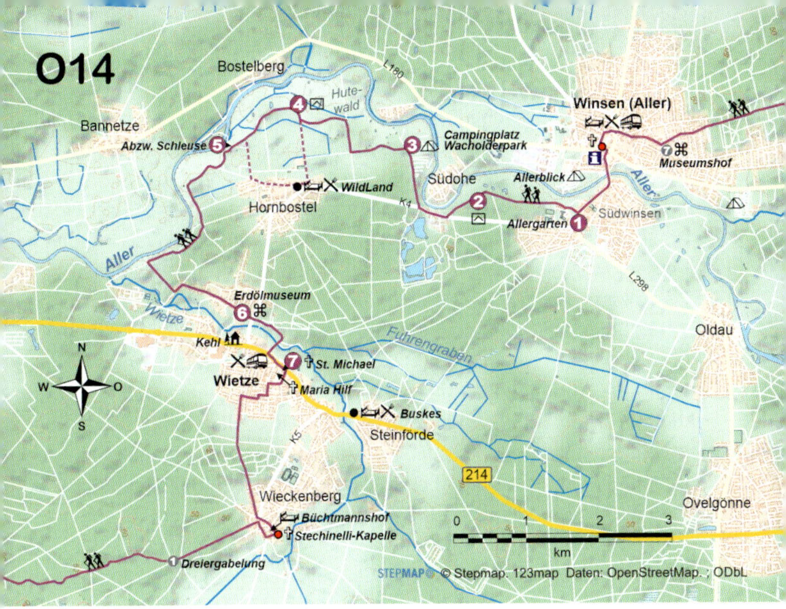

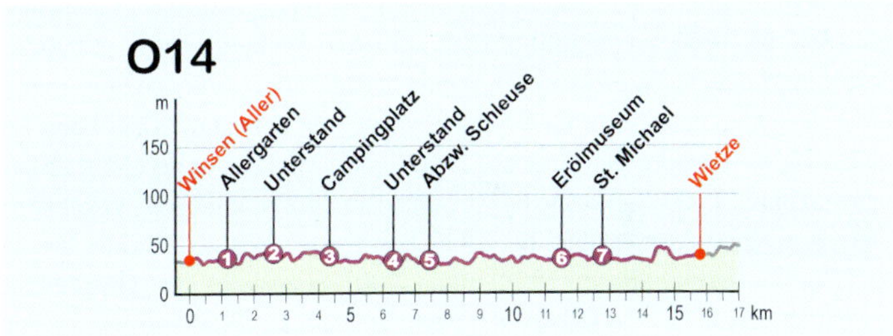

Bei Abzweigungen halten Sie sich rechts und folgen der Radroute durch den **Hutewald,** vorbei an einem weiteren ⊠ Unterstand ❹ mit ⊼ Picknicktisch.

Bei der rechten Abzweigung zur **Bannetzer Schleuse** ❺ pilgern Sie geradeaus und halten sich kurz darauf rechts (Schild: „Wietze 3 km“). Für Unterhaltung sorgen am Wegrand Tafeln mit Gedichten des Lyrikpfads.

Vor einem umzäunten Deponiehügel verlässt der JW die Aller und biegt nach links Richtung Wietze ab, das bei der folgenden T-Kreuzung erreicht wird. Dort gehen/fahren Sie links (Schafbrückenweg) und gleich darauf rechts.

Der Straßenname (Schwarzer Weg) benennt das einstmals „schwarze Gold" der Region: Erdöl. Nach 5 Minuten passieren Sie das Erdölmuseum ❻.

⌘ Das 2023 neu gestaltete **Erdölmuseum** dokumentiert den Wietzer Erdölboom auf einer 2 ha großen Fläche mit Originalanlagen der Ölförderung und -verarbeitung, darunter einem 54 m hohen Bohrturm.

♦ Schwarzer Weg 7-9, 29323 Wietze, 💻 www.erdoelmuseum.de, 🚪 März bis November Di-So 10:00-17:00, im Juli und August täglich 10:00-18:00, Eintritt € 6

Erdölboom an der Aller

Seit dem 17. Jh. ist bei Wietze die oberflächliche Gewinnung von Erdöl aus Teerkuhlen belegt, vielseitig verwendet als Schmier- und Holzschmutzmittel, zur Abdichtung im Schiffsbau oder bei der Wundversorgung. 1852 wurde hier im Auftrag der Landesregierung weltweit erstmalig nach Erdöl gebohrt – auf der Suche nach Braunkohle, die im Verbund vermutet wurde. Ein Ölrausch wie kurz danach bei rein kommerziellen Erdölbohrungen in Pennsylvania (1859) blieb aus. Erst um 1900 begann mit dem Fund weiterer Felder und erhöhter Nachfrage der Erdölboom. Innerhalb eines Jahres verzehnfachte sich die geförderte Erdölmenge von 1899 bis 1900 auf 27.000 t. 1905 förderten 32 Betriebe das „schwarze Gold". Pipelines gab es damals noch keine – anfangs transportierten Pferdefuhrwerke das Öl in Holzfässern nach Schwarmstedt, von dort ging es per Bahn zu Raffinerien in Hamburg und Bremen. 1903 erhielt Wietze mit der Allertalbahn Bahnanschluss, 1904 eine kleine Raffinerie und ab 1908 war die jetzt kanalisierte Aller dank Staustufen schiffbar. Bis 1920 lieferten die Wietzer Ölfelder bis zu 80 % der Inlandsnachfrage. 1934 waren 900 Personen in der Ölförderung beschäftigt, davon fast die Hälfte unter Tage: In mehr als 200 m Tiefe wurde mit Schächten von 95 km Länge Erdöl aus Ölsand gewonnen. Heute erinnern in Wietze das Erdölmuseum und der 55 m hohe Ölberg im Nordwesten als alte Abraumhalde an die 1963 aus wirtschaftlichen Gründen eingestellte Ölförderung.

Nach dem Erdölmuseum quert der JW die Hornbosteler Straße, verläuft am Waldrand entlang, quert nach dem Friedhof nach rechts die Wietze und erreicht beim Café Kappelmann die Nienburger Straße, die Sie links in die Ortsmitte von Wietze führt.

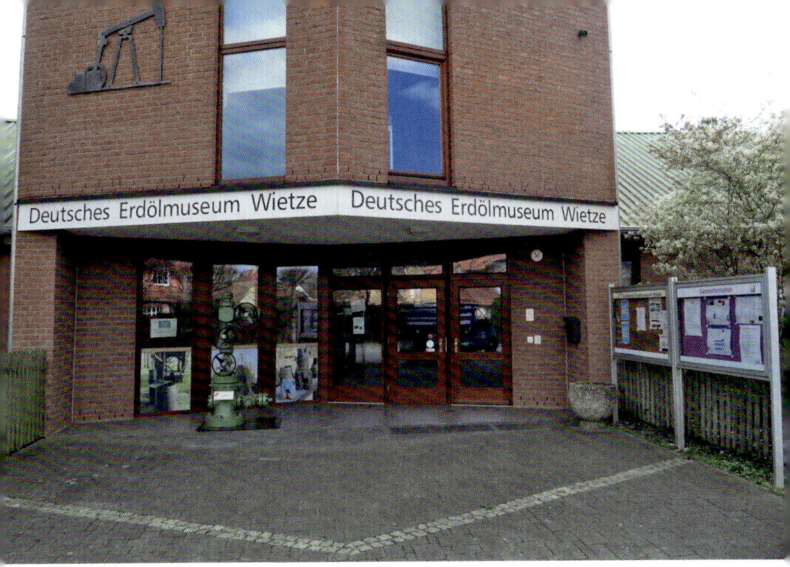

Erdölmuseum

Wietze, 8.000 Ew.

Im Zentrum von Wietze gibt es kein Hotel, dafür nördlich im Ortsteil Hornbostel (Wild-Land s. o.) oder etwas weiter östlich im Ortsteil Steinförde sowie im Ortsteil Wieckenberg am Ende der Etappe.

Hotel Buskes, Steinförder Straße 85, 29323 Wietze, ☏ 051 46/14 62, info@buskes.de, www.buskes.de, DZ ab € 85, EZ ab € 70, Restaurant Mi-So 17:00-21:00, So auch 11:00-14:00, an der Hauptstraße 1 km südöstlich vom JW

Baumschule Kehl, Unter den Eichen 1, 29323 Wietze, gaertnerei.kehl@gmx.de, Übernachtung in Bauwagen bei Mitnahme von eigenem Bettzeug, blauer Bauwagen € 20, grüner € 15 p. P., auf Anfrage, zwischen Zentrum und Wietze, 500 m vom JW

Athos, Nienburger Straße 15, 29323 Wietze, ☏ 051 46/54 89, Di-So 17:00-22:00, griechische Küche an der Hauptstraße

♦ Wietzer Grillhaus, Steinförder Straße 25, 29323 Wietze, Di-So 11:30-14:00 und 17:00-21:00, zentral, mit kleiner Terrasse

Bäckerei Café Bistro Kappelmann, Nienburger Straße 6, 29323 Wietze, www.baeckerei-kappelmann.de, Di-Fr 6:00-17:00, Sa und Mo 6:00-12:00, So 7:00-11:00, am Ortseingang in Ortsmitte Rewe, Steinförder Straße 24, 29323 Wietze, und Edeka, Bonifatiusstraße 10, 29323 Wietze

Heide Apotheke, Steinförder Straße 28, 29323 Wietze, ☏ 051 46/84 73, www.heide-apotheke-wietze.de, Mo, Di, Do, Fr 8:00-18:00, Mi 8:00-14:00, nahe Rewe

♦ Glückauf Apotheke, Nienburger Straße 35, 29323 Wietze, ☏ 051 46/88 10, apotheke-glueckauf.de, Mo-Fr 8:00-18:30, Sa 8:00-13:00, zwischen Erdölmuseum und Wietze-Zentrum

Bushaltestelle „Alter Bahnhof", u. a. CeBus 800 Mo-Fr stündlich, Sa und So wenige Male täglich von/nach Celle, www.cebus-celle.de

✞ Die **St.-Michaels-Kirche** ist ein Neubau mit den zur Bauzeit in den 1960ern beliebten bunten Betonglasfenstern.

♦ Kirchengemeinde St. Michael Wietze-Steinförde: Steinförder Straße 12, 29323 Wietze, ☏ 051 46/84 43, RUeberrueck@t-online.de, www.kirche-wietze.de, Mo und Fr 9:00-11:00, Do 17:00-19:00

✞ Die **katholische Kirche Maria Hilfe** wurde 1910 nach dem Zuzug Hunderter, auch katholischer Arbeitenden für die Ölförderung erbaut. Die eigenständige Gemeinde Wietze wurde 2006 aufgelöst und gehört zur Pfarrgemeinde Heilige Schutzengel in Hambühren.

www.hl-schutzengel-hambuehren.de

Hinter der **St.-Michaels-Kirche** ❼ zweigt der JW rechts in die August-Höfer-Straße ab, am Ende des Friedhofs rechts in den Friedhofsweg und bei der nächsten Kreuzung vor dem Edeka links in die Adolf-Kolping-Straße.

☺ In deren Rechtskurve können Sie die Straße meiden, indem Sie geradeaus auf dem gepflasterten Weg gehen und vor dem Spielplatz nach rechts; nach 130 mündet der Weg wieder in die Adolf-Kolping-Straße mit dem JW, wo Sie sich links halten.

Sie folgen dem JW durch die nächste Rechtskurve, biegen bei der zweiten Kreuzung links in den Wieckenberger Weg ab und wandern/fahren auf diesem nach dem Siedlungsende erst durch Felder, dann durch Wald südwärts in den

Wietzer Ortsteil **Wieckenberg**. Dort geht es beim kleinen Kreisverkehr geradeaus (Schild: „Tempo 30") vorbei am Dorfhaus in die Stechinellistraße zur gleichnamigen Kapelle und einer Übernachtungsgelegenheit.

🛏 Büchtmannshof, Stechinellistraße 6, 29323 Wietze, ☏ 051 46/91 93 88, info@buechtmannshof.de, 💻 www.buechtmannshof.de, Hof mit 12 DZ sowie Apartments (⌂), 🐕 € 8,50, Ü p. P. € 109, jede weitere Person € 25, zzgl. F (€ 15)

✝ ⊙ Die nach seinem Erbauer (☞ Infokasten) benannte **Stechinelli-Kapelle** wurde 1692 auf dem damaligen Gut Wickenburg erbaut – auf Wunsch des Herzogs in traditioneller Fachwerkbauweise und gemäß dem lutherischen Bekenntnis nicht als auffälliger, repräsentativer Kirchenbau. Das Innere präsentiert sich dafür mit einem im Norden eher ungewöhnlich italienischen Barockstil. Heute wird das Gebäude von der Wietzer Kirchengemeinde der lutherischen Landeskirche unterhalten und zweimal monatlich für Gottesdienste genutzt.

♦ ☏ 051 46/25 16, auf Anfrage bei Küsterin, aktuelle Details siehe Aushang an der Kapelle

Vom Bettelknaben und Briefträger zum Postmeister

Francesco Maria Capellini, genannt Stechinelli, machte eine steile Karriere beim Celler Herzog Georg Wilhelm. Jener hatte den damaligen Briefträger nach einer Venedigreise mit an seinen Hof genommen und gefördert. Bald managte der geschäftstüchtige Stechinelli die höfischen Handelsgeschäfte und glänzte beim Im- und Export von Wein und Textilien sowie als Immobilienmakler. Ab 1678 sollte er das Postwesen in den Herzogtümern Celle, Braunschweig und Hannover regeln, dazu gehörte der Bau von Relaisstationen für Pferdewechsel. Dabei war Stechinelli auch als Privatmann erfolgreich, indem er das adlige Gut Wickenburg erwarb und erweiterte, unter anderem mit der Stechinelli-Kapelle, ehe er in den 1680er- und 90er-Jahren weitere Güter erwarb.

Wieckenberg ist ein Ortsteil der Gemeinde Wietze, in dem bis zum 16. Jh. Raseneisenstein verhüttet und in Waldschmieden verarbeitet wurde. Ansonsten wird der Gemeindename (Wietze) heute landläufig mit der ersten Erdölbohrung weltweit assoziiert (☞ Infokasten „Erdölboom").

Etappe O15: Wietze-Wieckenberg – Lindwedel

13,3 km, 3 Std., 40 m, 39 m, 34-49 m, 12,7 km

0,0 km	34 m	Wietze-Wieckenberg
5,2 km	44 m	Kreuzung mit Wasserschutzgebietsschild
8,9 km	42 m	Querung A7
13,3 km	35 m	Lindwedel

Durch ausgedehnte Waldgebiete führen Forstwege vorbei an vielen Verkehrsachsen (A7, L190, Bahn) nach Lindwedel. Lindwedel bildet den westlichen Endpunkt des Waldes, an dem sich das weite Aller-Leine-Tal öffnet.

☺ *Diese relativ kurze Etappe ließe sich auch gut mit Etappe O14 oder O16 zu einer kombinieren!*

Naturparadies Lüneburger Heide

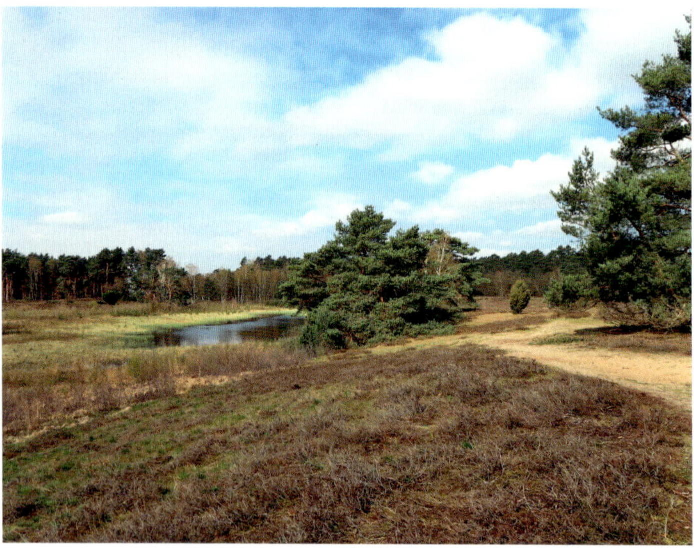

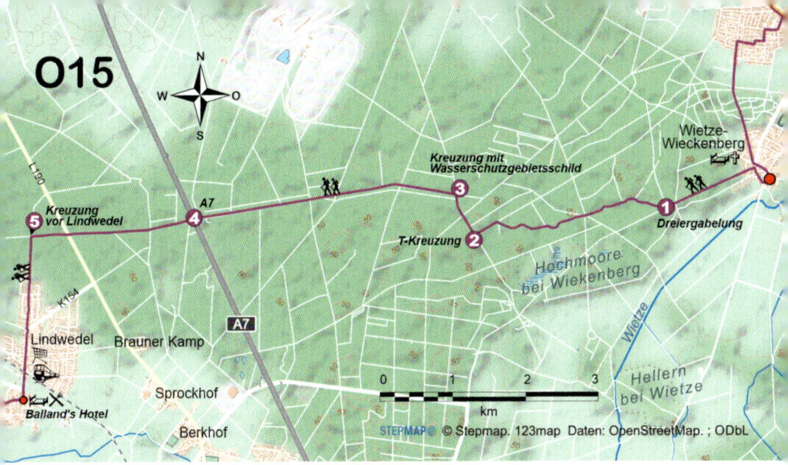

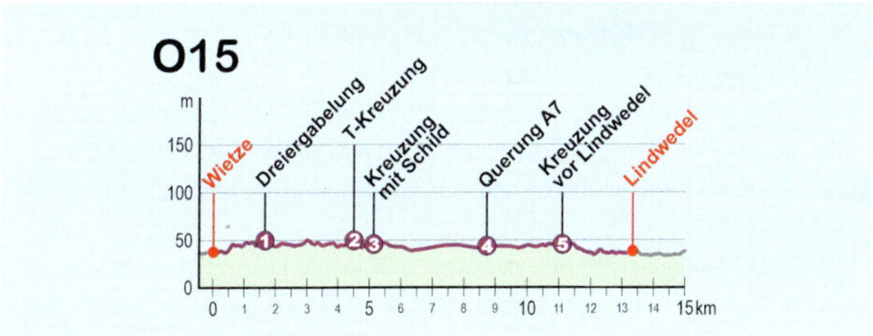

Von der Kapelle bzw. dem Hotel wandern/radeln Sie rechts und dann kurz nordwärts (Fuhrberger Straße) und zweigen noch vor der von der gestrigen Etappe bekannten Kreuzung links ab in den Elzer Weg. Auf diesem verlassen Sie Wietze-Wieckenberg südwestwärts in und durch den Wald. Nach 1,3 km zweigt der JW nach schnurgeradem Verlauf bei einer Dreiergabelung ❶ halb rechts ab – 2023 wies hier ein Schild auf die Entstehung eines Grundwasserschutzwaldes hin. Der JW quert nach einigen Kurven eine kleine Straße und führt geradeaus weiter (Verkehrsverbotsschild). Früher zweigte der JW hier halb rechts ab; 2023 waren die alten Markierungen noch nicht restlos entfernt. Der Zaun zur Rechten grenzt den Grundwasserschutzwald ein.

300 m nach einer Linkskurve des Weges zweigt der JW bei einer T-Kreuzung ❷ nach rechts ab und nach 600 m bei einer Kreuzung mit Wasserschutzgebietsschild ❸ nach links.

Danach erwartet Sie eine lange, eher meditative Strecke geradeaus in westliche Richtung durch Wald, wobei Sie alle Abzweigungen ignorieren. Nach 3,7 km überqueren Sie die A7 ❹ und halten sich danach bei der Gabelung rechts – weiter westwärts.

1,8 km weiter queren Sie eine Landstraße und biegen 500 m danach bei einer Kreuzung ❺ nach links ab, um kurz darauf Lindwedel zu erreichen, wo die Straße auf den Bahnübergang zuführt. Nach Querung der Bahngleise folgt der JW der Hannoverschen Straße südwärts (Richtung Lindwedler Futterglück) und erreicht eine Kreuzung vor Balland's Hotel.

Lindwedel

, 2.550 Ew.

Balland's Hotel und Restaurant, Ahornallee 4, 29690 Schwarmstedt-Lindwedel, 050 73/960 20, info@ballands.de, www.ballands.de, DZ ab € 110, EZ ab € 75, Restaurant Mai bis Oktober täglich 17:30-21:00, sonst Do und So Ruhetag, 100 m vom Etappenende

Supermarkt NP und Bäckerei Vatter, Im Nettelfelde 2, 29690 Schwarmstedt-Lindwedel, am Bahnübergang, Mo-Fr 6:00-17:00, Sa und So 7:00-17:00

stündliche Regionalbahnverbindungen Richtung Hannover und Buchholz

Das zur Samtgemeinde Schwarmstedt gehörende Lindwedel entwickelte sich um 1900 aus einer eher landwirtschaftlichen geprägten Siedlung zu einer Bergbauregion, in der vor allem Kali gefördert wurde – vornehmlich in den Schachtanlagen Adolfsglück und Hope (☞ Etappe O16, Seite 194).

Etappe O16: Lindwedel – Amedorf

15,9 km, 7 Std., ↑ 50 m, ↓ 55 m, ⇧ 28-44 m, 16,5 km

0,0 km	⇧ 35 m	Lindwedel
5,1 km	⇧ 32 m	alter Bahnhof Hope
6,1 km	⇧ 31 m	Abzweigung Variante durch Blankes Flat mit ⌘
10,9 km	⇧ 32 m	Vesbeck (0,2 km ⌘)
14,5 km	⇧ 37 m	Helstorf ✝
15,9 km	⇧ 45 m	Amedorf **B&B** (0,7 km Mandelsloh ✝)

Von Lindwedel nähert sich der Jacobusweg kurvenreich der Aller. Über Hope geht es Richtung Esperke. Als Alternative bietet sich ein sehr schöner Weg durch das abwechslungsreiche Blanke Flat an, eines der ältesten Naturschutzgebiete des Landes mit Wald, Heide, Moor, See und Binnendünen. Vorbei an Vesbeck mit einer bekannten Wassermühle pilgern Sie nach Helstorf mit Hufschmiedemuseum und Kirche, ehe nach Querung der Leine bei Amedorf wieder der westliche Jacobusweg erreicht wird.

☟ *Der Abschnitt zwischen der Querung der Grindau* ❹ *und Vesbeck* ❻ *war 2023 großteils nicht markiert!*

Bei der Kreuzung vor Balland's Hotel biegen Sie rechts in die Dorfstraße ab. Am Ortsende geht es halb rechts in den Meißeweg. Vor der nächsten Siedlung, Adolfsglück, wird der JW links vom Bach Grindau begleitet, ehe Sie einen kleinen Park in **Adolfsglück** ❶ erreichen, wo eine Infotafel über den früheren Bergbau informiert. Bis in das Jahr 1982 wurde hier Kalisalz abgebaut. Der Name geht übrigens nicht auf den Diktator zurück, sondern die im Jahr 1907 gegründete Arbeiterkolonie Adolfsglück.

Alter Schacht Adolfsglück

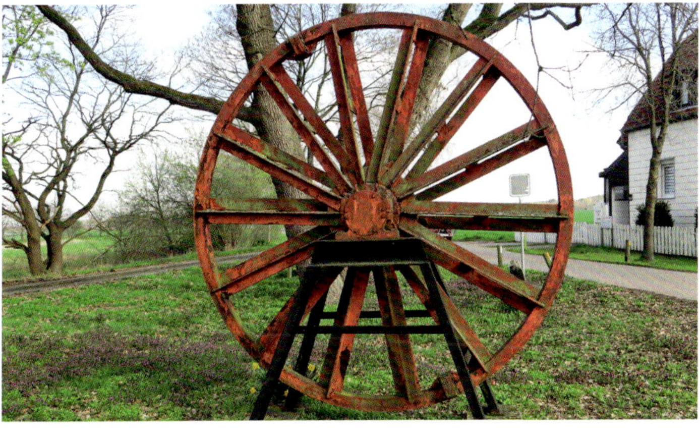

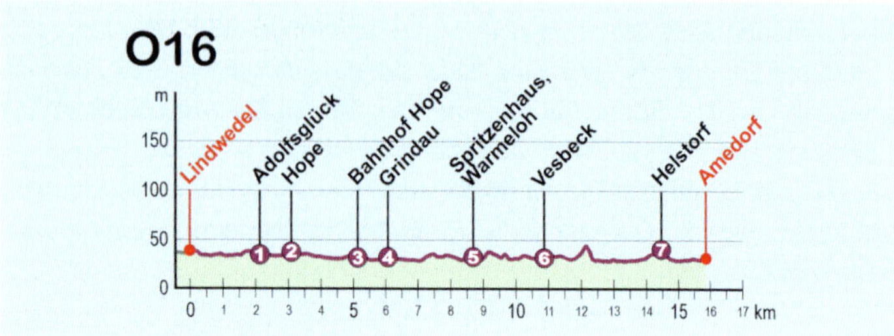

Die Straße Am Schacht leitet Sie rechts nach **Hope** ❷ mit einem weiteren früheren Bergbauschacht. Der JW quert das Dorf nordwärts und nähert sich der Bahnstrecke, die hinter dem nicht mehr bedienten Bahnhof Hope ❸ mit ⌂ Unterstand links wieder verlassen wird (Hoper Straße). Bei dem folgenden Rechtsknick der Hoper Straße zweigt der JW links in den von Bäumen gesäumten breiten Feldweg ab, quert nach einer Kreuzung (geradeaus) die Grindau ❹ und führt westwärts nach Esperke, wo Sie bei der zweiten Kreuzung nach links in die Lange Straße abbiegen – eine etwas eintönige Strecke.

Variante mit geschützter Heide und Wassermühle (➲ 0,2 km länger, aber 2 km Straße weniger)

Diese Variante verläuft auf deutlich schöneren Wegen als die straßenlastige JW-Route durch das links liegende, 65 ha große **Naturschutzgebiet Blankes Flat** mit seiner kleinräumig großen Vielfalt an Lebensräumen wie trockenen Sandheiden und Eichenmischwäldern, Bruch- und Moorwald sowie Moor, Heide und besonders beeindruckenden Binnendünen.

Bei dieser Variante biegen Sie 150 m nach Querung der Grindau ❹ vor einem Hof links in den Feldweg ab, zweigen nach 600 m bei der (ersten) Abzweigung nach rechts und nach 600 m bei der nächsten Abzweigung nach links in den Forstweg ab. Dieser erreicht nach gut 5 Min. eine Straße. Sie gehen geradeaus südwärts; zunächst entlang der Straße und nach 150 m bei deren Linkskurve auf dem Grasweg Richtung Blankes Flat.

Der Weg führt durch Wald zu Heide- und Feuchtgebieten und erreicht nach einem Linksabzweig vor dem Moorsee Blankes Flat einen schönen ⛼ Rastplatz und eine Infotafel unter Bäumen.

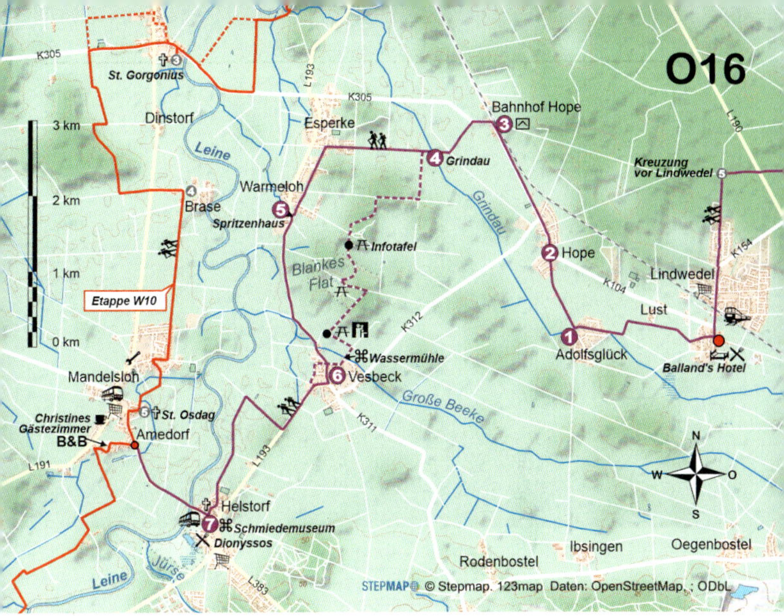

Vor dem Rastplatz zweigen Sie links in den Waldpfad ab und nach einer Schranke rechts in einen Forstweg, der zunächst durch Wald und später am Waldrand entlangführt. Am Waldende folgen Sie in einer Rechtskurve mit Bank und Blick auf Vesbeck dem alleeartigen Grasweg nach links und bei der nächsten Kreuzung mit Bank der Straße nach rechts zur Wassermühle an der Großen Beeke.

⌘ Die **Wassermühle von Vesbeck** geht auf das 14. Jh. zurück und drehte sich ursprünglich 200 m weiter flussabwärts. Der Grund für die Umlegung waren vermutlich die häufigen Rückstaus der Beeke bei Leine-Hochwasser, wodurch die Mühle und das Dorf öfter überschwemmt wurden. Die Wassermühle war zusammen mit einer Windmühle bis in die 1950er-Jahre in Betrieb.

♦ ☏ 050 73/15 90, muehle@vesbeck.de, www.muehle.vesbeck.de, Besichtigung und Preis auf Anfrage

Die Beekestraße leitet Sie in das Dorf Vesbeck ❻ zur Esperker Straße mit dem JW, der Sie links folgen (oder Sie folgen wie bei der Variante beschrieben geradeaus dem Bohlenweg).

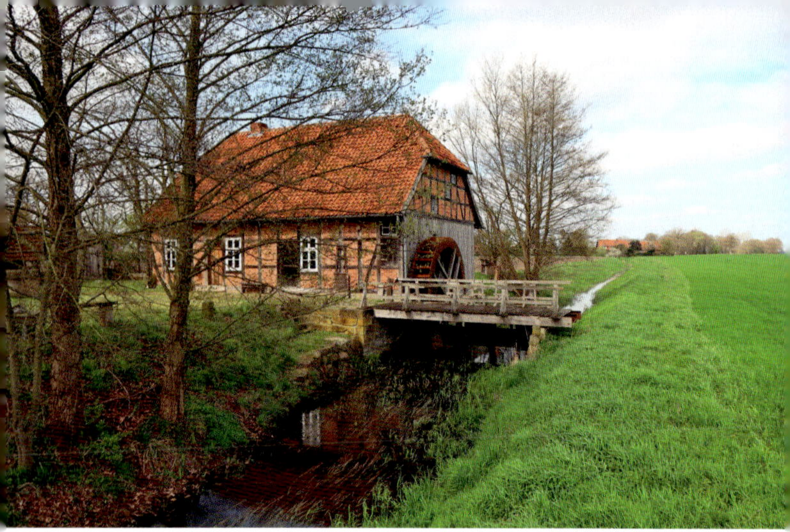

Vesbecker Wassermühle

Die Lange Straße mündet beim alten Spritzenhaus ❺ von Warmeloh in die Landstraße, der Sie links südwärts nach Vesbeck folgen – die offizielle Route folgt hier leider der Straße ohne begleitenden Radweg.

In **Vesbeck** ❻ mit links vom Weg einer alten Wassermühle (➲ 250 m; Info ☞ eben beschriebene Variante) folgen Sie der Landstraße durch die Rechts- und kurz darauf Linkskurve.

↳ In Vesbeck lässt sich die Hauptstraße meiden, wenn Sie ab der Kreuzung mit links der Windmühle ❻ rechts dem Bohlenweg folgen, der nach einer Linkskurve am westlichen Ortsrand entlangführt und nach einem Linksschwenk schließlich am Ortsrand wieder die Hauptstraße mit dem JW (2023 nicht markiert) erreicht (➲ gleiche Länge).

✋ 300 m nach dem Bebauungsende zweigt der JW rechts in den verkehrsgesperrten Forstweg (später Feldweg) ab und nach 650 m links in eine kleine Straße, die parallel zur Leine nach Helstorf führt.

Dort biegen Sie bei der Kreuzung nach rechts ab (Alt Helstorf) zur **Helstorfer Kirche** ❼.

Helstorf

✗ 🛒 ✞ 🚌, 1.300 Ew.

✗ Restaurant Dionyssos, Alte Heerstraße 2, 31535 Neustadt, 💻 www.dionyssos-neustadt.de, 🚪 Di-So 17:00-22:00, So auch 12:00-14:30, südöstlich von der Dorfmitte, 500 m vom JW

🛒 Aldi, Abbenser Straße 10, 31535 Neustadt, südlich von der Dorfmitte, 200 m vom JW

🚌 Bushaltestelle „Helstorf, Feuerwehrhaus", Linie 460 täglich mindestens im Stundentakt von/nach „Hannover, Nordhafen", 💻 www.regiobus.de

✞ ⊙ Die **Helstorfer Kirche** entstand im 18. Jh. als barocke Saalkirche an der Stelle eines romanischen Vorgängerbaus aus dem 13. Jh., auf den noch das Taufbecken sowie der hölzerne Glockenturm zurückgehen.

♦ Kirchengemeinde Helstorf: Brückenstraße 13, 31535 Neustadt, ☏ 050 72/322, ✉ KG.Helstorf@evlka.de, 💻 www.kirche-helstorf.de, 🚪 Di 10:00-12:00 und Do 15:30-18:30

⌘ Der Helstorfer Heimatverein organisiert mehrmals im Jahr Schmiedetage, wo eine alte **Schmiede** wiederbelebt wird; dann sind dort auch alte Webstühle zu sehen.

♦ Walsroder Straße 16a, 31535 Neustadt, ☏ 050 72/14 17, ✉ hufschmiede.helstorf@outlook.de, 💻 www.hufschmiedemuseum-helstorf.de, 🚪 von April bis Oktober an jedem dritten So im Monat bzw. nach Ankündigung u. a. auf der Website (→ Terminplan), Eintritt auf Anfrage

Von der Kirche folgen Sie der Straße rechts Richtung Mandelsloh über die Leine und biegen 1 km nach der Brücke links ab in die Straße Steinhagen in **Amedorf**, wo Sie auf die Westvariante stoßen (Etappe W10). Die nächstgelegene Übernachtungsgelegenheit liegt nach 300 m zur Linken; weitere Infos zum nächstgelegenen Ort **Mandelsloh** (↳ erreichbar über die Straße In der Wiek geradeaus) finden Sie bei Etappe W10.

B&B Christines Gästezimmer, Steinhagen 4, 31535 Neustadt, ☏ 050 72/856, ✉ christineheinemann@outlook.de, 💻 www.christinesgaestezimmer.de, 2 Zi, 🧺 🚲, DZ ab € 50, EZ ab € 30, 300 m nach Etappenende

Amedorf wurde im 12. Jh. erstmals urkundlich als „Amenthorp" erwähnt und ist seit 1974 genauso wie Mandelsloh ein Ortsteil von Neustadt am Rübenberge.

Zubringer
aus Lüneburg nach Wilsede

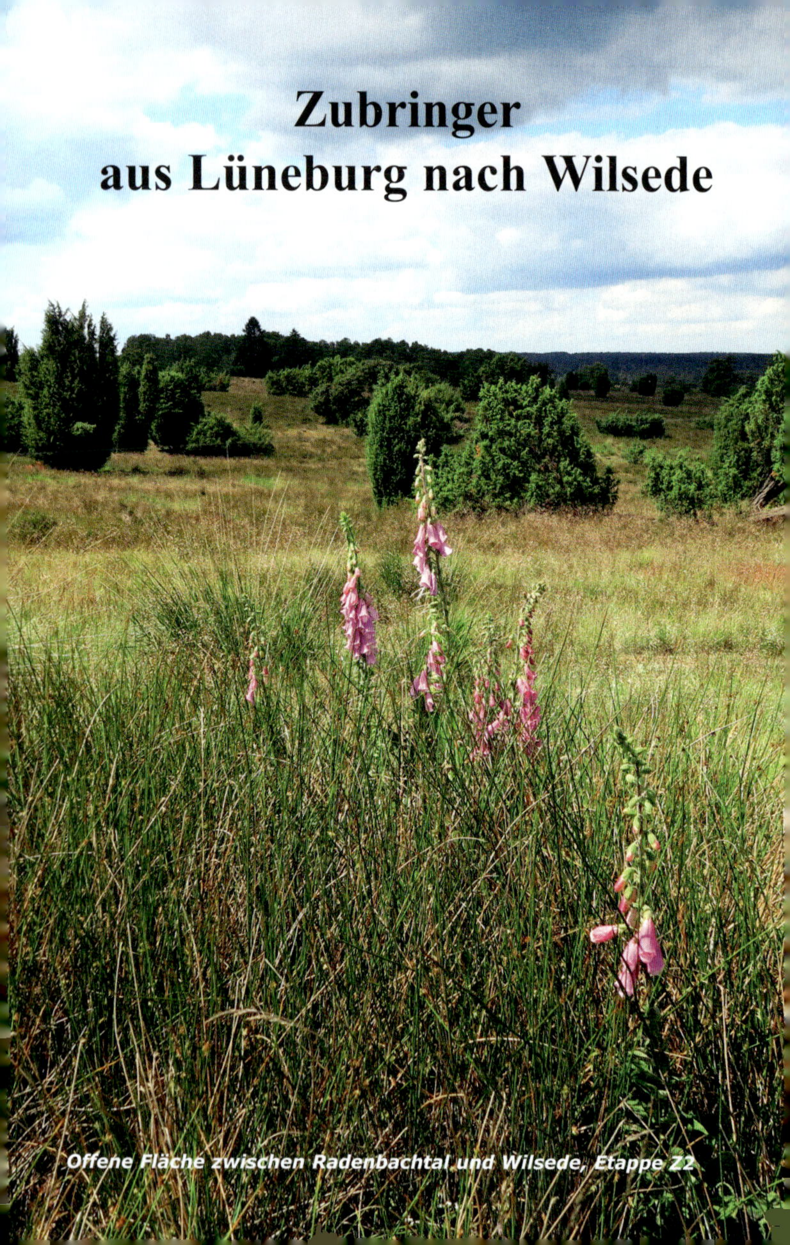

Offene Fläche zwischen Radenbachtal und Wilsede, Etappe Z2

Der Zubringerweg aus Lüneburg folgt dem bestehenden Wanderklassiker Pastor-Bode-Weg in die Lüneburger Heide, benannt nach Pastor Bode (1860-1927), einem der Begründer des Naturschutzes in der Lüneburger Heide. Der spätere Pastor soll diesen Weg 1877 mit seinem Vater gegangen sein, der damals noch nicht mit dem gelben Pfeil, stellenweise einem „B" und der Jakobsmuschel markiert war. Von Lüneburg bis zum früheren Wirkungsort des Pastors, Egestorf, geht es abwechselnd durch Wälder und Felder. Kurz hinter Egestorf wird im Radenbachtal die Heidefläche erreicht. Der Zubringer führt in der Heide zusammen mit dem Heidschnuckenweg nach Wilsede.

Etappe Z1: Lüneburg – Salzhausen

21,2 km, 4 Std., ↑ 180 m, ↓ 165 m, ⇧ 18-63 m, 19,9 km

0,0 km	⇧ 25 m	Lüneburg B&B
1,1 km	⇧ 26 m	Schnellenberger Weg/Jägerstraße
14,0 km	⇧ 44 m	Friedhof Westergellersen (0,5 km)
16,8 km	⇧ 28 m	Reitsportanlage Luhmühlen
21,2 km	⇧ 40 m	Salzhausen B&B BANK ✞ ⌘

Die St.-Michaelis-Kirche in der Altstadt Lüneburg ist offizieller Startpunkt des Zubringers, beschrieben ist außerdem als Variante ein 1,5 km langer Zubringer vom Bahnhof. Gleich hinter der St.-Michaelis-Kirche erreichen Sie am Kalkberg den landschaftlichen Höhepunkt dieser Etappe, einen aussichtsreichen Berg mit Talkessel. Nach dem Verlassen von Lüneburg pilgern Sie abwechselnd durch Wälder und Felder vorbei an der Reitsportanlage von Luhmühlen zum Etappenziel Salzhausen.

Lüneburg

B&B BANK ✞ ⌘, 75.600 Ew.

Tourist-Information Lüneburg, Am Markt, 21335 Lüneburg, ☏ 041 31/207 66 20, touristik@lueneburg.info, www.lueneburg.info, Mo-Fr 9:30-18:00, Sa 9:30-16:00, So 10:00-16:00, im historischen Rathaus am Marktplatz

Eine Auswahl von rund 15 Hotels im Ort:

Hotel Wyndberg, Egersdorffstraße 1a, 21335 Lüneburg, ☏ 041 31/799 33 55, info@wyndberg.de, www.wyndberg.de, DZ ab € 120, EZ ab € 90 zzgl. F (€ 10), Restaurant Di-Sa ab 17:30, Hotel am Park mit Garten, Destille und 25 Zi in saniertem Gebäude aus 15. Jh., 500 m vom Startpunkt

♦ Hotel Bremer Hof, Lüner Straße 12-13, 21335 Lüneburg, ☏ 041 31/22 40, info@bremer-hof.de, www.bremer-hof.de, € 8, DZ ab € 118, EZ ab € 87 zzgl. F (€ 15), Restaurant Di-Sa 17:30-21:00, hochpreisige Zi im Stammhaus und günstigere in benachbarten Gebäuden rund um Innenhof bei St. Nicolai, 1 km vom Startpunkt

♦ Hotel Zum Roten Tore, Vor dem Roten Tore 3, 21335 Lüneburg, ☏ 041 31/430 41, hotel@zumrotentor.de, www.zumrotentor.de, DZ ab € 140, EZ ab € 80 inkl. F, Restaurant täglich 8:00-18:00, 1,2 km vom Startpunkt

Hotel Rote Rosen, Altenbrückertorstraße 11-12, 21335 Lüneburg, 01 70/938 88 83, kontakt@hotel-roterosen.com, hotel-roterosen.com, DZ ab € 79, EZ ab € 49 zzgl. F (€ 10), einfaches Hotel an der Ilmenau zwischen Bahnhof und St. Johannis, 1 km vom Startpunkt

B&B Bed and Breakfast Dartenne, Bei der St. Johanniskirche 16, 21335 Lüneburg, ☏ 041 31/24 69 24, 01 75/273 44 80, service@dartenne.com, www.dartenne.wixsite.com/dartenne, Zi ab € 60, kein F, war 2023 vorübergehend geschlossen, zwischen Bahnhof und Zentrum, 1 km vom Startpunkt

♦ Gästehaus Am Roseneck – Familie Meyer, Langenstraße 20, 21339 Lüneburg, ☏ 041 31/311 60, 01 76/49 48 84 28, amroseneck@gmx.de, www.gaestehaus-lueneburg.de, 3 Zi, DZ € 65, EZ ab € 47, gut 1 km nördlich vom Startpunkt, westlich vom Kreidebergsee

♦ Bed & Breakfast SaHara, Reitende-Diener-Straße 3, 21335 Lüneburg, ☏ 041 31/400 50 99, hallo@sahara-lg.de, www.sahara-bed-and-breakfast-lueneburg.de, DZ ab € 92, EZ ab € 72 zzgl. F (€ 15), kleine Privatunterkunft mit wenigen Zi, 500 m vom Startpunkt

Jugendherberge Lüneburg, Soltauer Straße 133, 21335 Lüneburg, ☏ 041 31/418 64, lueneburg@jugendherberge.de, www.jugendherberge.de → Lüneburg, ÜF im Mehrbettzimmer ab € 33, ganzjährig, Jugendherberge mit 148 Zi am südlichen Stadtrand neben der Uni, 2,5 km vom Startpunkt

Das studentisch geprägte Lüneburg bietet eine große Auswahl an Einkehrgelegenheiten aller Art, vor allem Am Sande und in der Heiligengeiststraße. Laut Eigenwerbung ist die Kneipendichte in Lüneburg europaweit am zweithöchsten (nach Madrid), aber den Anspruch auf die höchste Kneipendichte Deutschlands erheben auch viele andere Städte, u. a. Aachen, Frankfurt, Fürth, Köln, Lübeck, Marburg, Münster oder Regensburg.

Sen vegan living, Heiligengeiststraße 42, 21335 Lüneburg, ☏ 041 31/884 51 94, www.sen-vegan.de, Di-So 11:30-21:30

♦ Mälzer Brau- und Tafelhaus, Heiligengeiststraße 42, ☏ 041 31/477 77, www.maelzerbrauhaus.de, täglich 12:00-0:00, Brauereigasthaus mit urigem Gewölbekeller

Bio-Bistro Godehus, Bei der St. Lambertikirche 8, 21335 Lüneburg, www.godehus.com/Bistro.html, Mo-Do 9:00-17:00, Sa und So 9:00-21:00, Bistro mit Backshop und Bioladen

mehrere Bioläden wie Biologisch, Ob. Schrangenstraße 6, 21335 Lüneburg, Di-Fr 11:00-17:00, Sa 11:00-15:00; außerdem am Start westlich vom Kalkberg Rewe, Vor dem Neuen Tore 33A, 21339 Lüneburg

Altstadtgasse in der Nähe der St.-Michaelis-Kirche

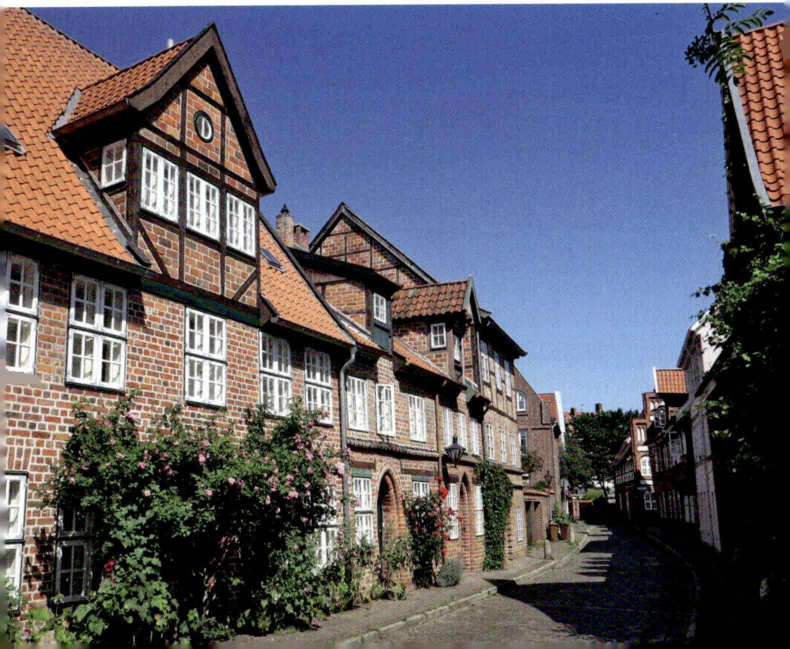

Von den rund 20 Apotheken liegt folgende nahe dem Startpunkt: Alte Raths-Apotheke, Große Bäckerstraße 9, 21335 Lüneburg, ☏ 041 31/423 49, www.alte-raths-apotheke.de, Mo-Fr 8:00-19:00, Sa 8:00-15:00

Radkombinat, Ob. Schrangenstraße 4, 21335 Lüneburg, 01 60/95 50 48 94, Di-Fr 10:00-18:00, Sa 11:00-16:00, dicht am Startpunkt Richtung Stadtzentrum

♦ Radhaus Neue Sülze, Neue Sülze 32, 21335 Lüneburg, ☏ 041 31/424 61, info@radhaus-lueneburg.de, www.radhaus-lueneburg.de, Mo 12:00-18:00, Di-Fr 9:00-18:00, Sa 9:00-13:00, dicht am Startpunkt Richtung Stadtzentrum

Haltestelle „Am Graalwall" 150 m nordöstlich vom Startpunkt St. Michaelis, mehrere Buslinien mit täglich mehreren Verbindungen Richtung Lüneburg Bf./ZOB, darunter auch Linie 5200 im Stundentakt von/nach Salzhausen (So zweistündlich), www.hvv.de

Bahnhof mit häufigen Regionalzügen Richtung Hamburg und Hannover, außerdem ICE-Verbindungen

✞ Die auf das 12. Jh. zurückgehende fünfschiffige Kirche **St. Johannis** gilt als älteste Lüneburgs. Der mit 109 m Höhe zweithöchste Kirchturm Niedersachsens ist schief; die Turmspitze weicht infolge eines Konstruktionsfehlers um rund 2 m vom Lot ab. Der prächtige Schnitzaltar aus dem 15. Jh. zeigt links und rechts je sieben Szenen aus der Passions- und Ostergeschichte. Die Kirche verfügt über zwei Orgeln; an der älteren Niehoff-Orgel aus dem 16. Jh. auf der Westempore soll der damals junge Johann Sebastian Bach während seiner Schülerzeit in der Schule der St.-Michaelis-Kirche gespielt haben.

im Sommerhalbjahr Di 13:00-15:00 sowie Mi-So 11:00-17:00

✞ Die Kirche **St. Nicolai** im Wasserviertel nördlich der Altstadt gilt als gotisches Gotteshaus der Fischer. Der Turm der 1407 fertiggestellten Kirche musste infolge des Abrisses des einsturzgefährdeten Vorgängers im 19. Jh. neu erbaut werden und ist mit fast 100 m einer der höchsten Kirchtürme Niedersachsens. Eine Ausstellung zeigt gewebte und gestickte liturgische Textilien aus dem Mittelalter.

♦ täglich 11:00-15:30; Kirchengemeinde St. Nicolai Lüneburg: Lüner Straße 15, 21335 Lüneburg, ☏ 041 31/243 07 70, gemeinde.nicolai.lueneburg@evlka.de, https://st-nicolai.wir-e.de, Mo-Do 11:00-17:00, Fr 11:00-15:00, Sa 11:00-14:00, So 11:30-13:00

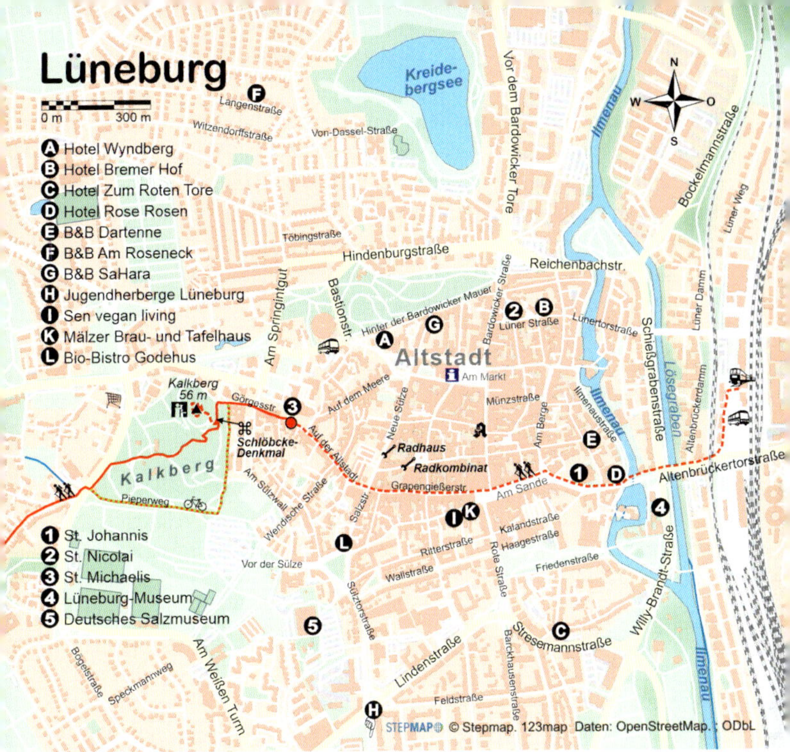

✞ Die im 15. Jh. errichtete und 18./19. Jh. erheblich umgebaute **St.-Michaelis-Kirche** ist die ehemalige Klosterkirche der im 18. Jh. aufgelösten St.-Benediktiner-Abtei. Der heute bekannteste Schüler und Chorsänger der zum Kloster gehörenden Schule war um 1700 der spätere Komponist Johann Sebastian Bach. Im Inneren der eher schlichten Kirche zeigen sich wie anderswo in der westlichen Altstadt die Folgen des jahrhundertelangen Salzabbaus: Zehn wuchtige Tragepfeiler neigen sich etwa einen halben Meter zur Seite und müssen von Holzkonstruktionen stabilisiert werden.

♦ März bis Dezember Di-Sa 10:00-16:00, außerdem März bis Oktober So 15:00-18:00 und November bis März So 14:00-16:00; Kirchengemeinde St. Michaelis: Auf dem Michaeliskloster 2b, 21335 Lüneburg, ☏ 041 31/287 33 10, KG.Michaelis.Lueneburg@evlka.de, www.sankt-michaelis.de, Di-Fr 9:00-12:00 sowie Mi 13:00-15:30 und Do 16:00-18:00

⌘ Das **Lüneburg-Museum** informiert in einem modernen Backsteinbau seit 2015 über die Vor-, Stadt- und Naturgeschichte in mit Verben beschriebenen Abteilungen: schichten & schieben, wachsen & gestalten, gründen & bauen, herrschen & herausfordern, glauben & wissen, finden & forschen, erinnern & erhalten.

♦ Willy-Brandt-Straße 1, 21335 Lüneburg, 💻 www.museumlueneburg.de,
🚪 Di, Mi, Fr-So 11:00-18:00, Do bis 20:00, Eintritt € 8

⌘ Das **Deutsche Salzmuseum** dokumentiert auf dem Gelände einer 1980 geschlossenen Saline den 1.000 Jahre währenden Salzabbau in Lüneburg.

♦ Sülfmeisterstraße 1, 21335 Lüneburg, 💻 www.salzmuseum.de,
🚪 Di-So 10:00-17:00, Eintritt € 8

Der Reichtum der Salzstadt Lüneburg zeigt sich an den prächtigen gotischen Backsteinkirchen sowie zahlreichen gut erhaltenen weltlichen Gebäuden in der Altstadt mit rund 1.400 Baudenkmälern.

Zubringer vom Bahnhof Lüneburg zur St.-Michaelis-Kirche (➲ 1,5 km)

Vom Bahnhof geht es die Bahnhofstraße abwärts, am Ende rechts unter der Bahnbrücke hindurch und danach erst über den Lösegraben, dann die Ilmenau. Der weitere Weg führt Sie geradeaus vorbei an der St.-Johannis-Kirche zum Platz Am Sande, den Sie geradeaus queren.

Auf der Westseite folgen Sie rechts von dem markanten Renaissance-Treppengiebelhaus der IHK – jahrhundertelang ein Brauhaus – der Fußgängerzone Grappengießerstraße und queren an deren Ende die verkehrsreiche Neue Sülze. Auf der anderen Seite leitet Sie die Gasse Auf der Altstadt geradeaus nach 300 m zur St.-Michaelis-Kirche.

Wie 1877 der damalige Lüneburger Schüler Wilhelm Bode beginnen Sie die Wanderung in der alten Hansestadt bei der St.-Michaelis-Kirche. Sie nähern sich auf der Kopfsteinpflastergasse (Görgesstraße) dem Naturschutzgebiet Kalkberg und wenden sich hinter dem Brunnen und Denkmal an Eduard Schlöbcke (☞ Infokasten) nach links zu einer Abzweigung auf dem bewaldeten Kamm des **Kalkbergs**.

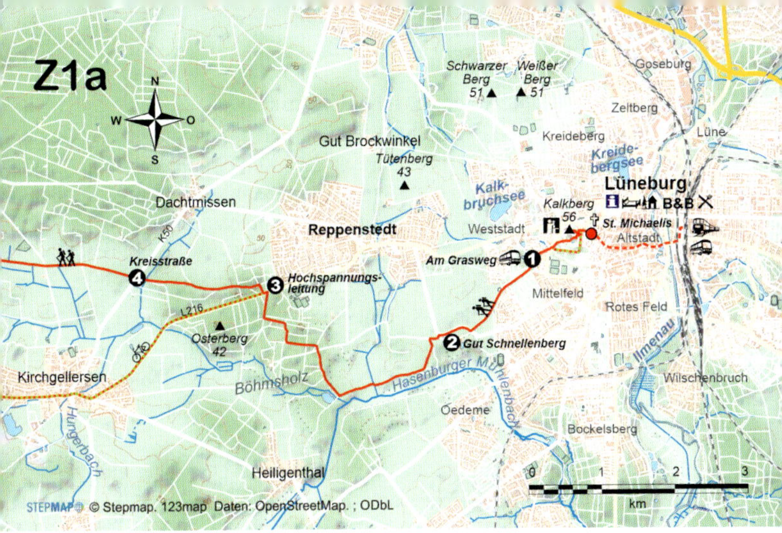

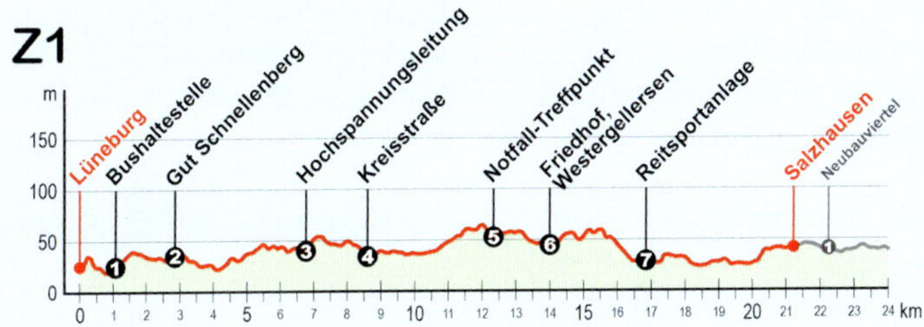

Radpilgerinnen und Radpilger müssen den Kalkberg (links) umfahren: Dazu zweigen Sie vor der Treppe zum Brunnen/Denkmal nach links ab und folgen dem Weg südwärts. Vor dem Parkplatz biegen Sie rechts in den Pieperweg ab, der den JW bei der Abzweigung des Schnellenberger Weges erreicht.

Abstecher auf den Kalkberg mit toller Aussicht (zzgl. ➲ 2 x 150 m und 10 Hm)

Rechts führen Treppenstufen hinauf auf das Plateau des Kalkbergs, das Sie nach einer aussichtsreichen Runde auf demselben Weg verlassen.

Kalkberg – Burgplateau, Steinbruch und Naturparadies

Im Mittelalter thronte eine Burg mit Kloster auf dem Kalkberg, einem zum Salzstock Lüneburg gehörenden Gipshut. Anschließend wurde jahrhundertelang Gips als Baurohstoff abgebaut und steckt heute u. a. im Lüneburger Rathaus und dem Sockel der Michaeliskirche. Die Verluste waren enorm: Nach der Schließung des Steinbruchs 1921 war der Kalkberg von einst 80 m auf heute 56 m Höhe und vom Volumen auf ein Sechzehntel seiner ursprünglichen Fläche geschrumpft. Dank der Initiative u. a. des Baurats Eduard Schlöbcke konnte der Rest 1932 als eines der ersten deutschen Naturschutzgebiete gesichert und erschlossen werden. In dem geologisch interessanten Gebiet mit seinen sonnenexponierten Kalkfelsen finden Pflanzen ähnliche Bedingungen wie sonst in Südeuropa.

Geradeaus führen Stufen abwärts in den Talkessel. Dort leitet eine Gasse geradeaus zu wenigen Gebäuden am Waldrand: dem mehrstöckigen Backsteinbau der evangelischen Freikirche Matthäus-Gemeinde und gegenüber der an ein Hexenhäuschen erinnernden alten Gipsmühle. Der Pilgerweg führt links an den Gebäuden entlang, danach gehen Sie links entlang der Straße und nach 50 m sich rechts haltend vorbei an griechischen Gasthöfen (Schnellenberger Weg). Nach Querung der Jägerstraße mit rechts einer Bushaltestelle ❶ verlässt der Pilgerweg den Siedlungsbereich leicht links versetzt geradeaus.

Haltestelle „Am Grasweg", Linie 5015 von/nach Lüneburg Bf./ZOB Mo-Sa halbstündlich, So stündlich, www.hvv.de

Der alleeartige Weg mündet vor dem Wald des Gutes Schnellenberg in eine Straße. Dieser folgen Sie rechts auf dem linksseitigen Radweg und biegen in der folgenden Rechtskurve nach links ab. Links liegt das spätmittelalterliche **Rittergut Schnellenberg** ❷. Nach 50 m folgen Sie der Straße nach rechts und zweigen nach weiteren 100 m links in den Weg entlang des Waldrands ab. Bei einer Gabelung am Waldrand halten Sie sich rechts (Schild: „Salzhausen 16,5 km") und gelangen in das Böhmsholz. Kurz nach Querung des geteerten Böhmsholzer Weges gehen Sie halb links und biegen nach 300 m rechts in den Pfad ein. Bei Abzweigungen wandern Sie zunächst links und bei der T-Kreuzung mit einem breiten Forstweg nach rechts. Dieser mündet in die Hauptstraße, deren Radweg Sie links unter der Hochspannungsleitung ❸ hindurch folgen, um danach wieder rechts in den Wald abzubiegen.

🚲 Das folgende Teilstück bis Salzhausen enthält einige Abschnitte, die für unerschrockene Radlerinnen und Radler machbar, aber nicht komfortabel zu fahren sind – schon gar nicht mit bepacktem Tourenrad. Als Alternative folgen Sie geradeaus dem Radweg neben der Straße durch Kirchgellersen und nach Westergellersen. Dort (70 m vor der Bushaltestelle) verlässt der markierte Radweg die Straße nach links und führt auf kleineren Wegen südwärts um den Ort herum (Im Alten Dorf, nach 400 m links in die Straße Zum Rauhen Berg und nach 120 m rechts in den Bollweg). Nach einem Rechtsknick nach 600 m erreichen Sie wieder die Landstraße und folgen ihr auf dem Radweg links zum Zielort, wo Sie links in den Kreuzweg Richtung Schulzentrum abbiegen und bei diesem rechts in die Straße Am Paaschberg zur Ortsmitte.

Im Wald halten Sie sich bei der Kreuzung mit einem Mast links Richtung Salzhausen (ausgeschildert: 14,5 km) – immer geradeaus westwärts durch den Einemhofer Forst und später am Waldrand entlang. Nach 500 m entlang des Waldrands gehen Sie bei einer Gabelung links – der schmale Pfad war bei der Begehung stellenweise verwachsen. Nach Querung der Kreisstraße ❹ wird der Weg wieder breiter und führt geradeaus nördlich an Kirchgellersen vorbei. Nach rund 3 km zweigt der JW bei einer T-Kreuzung nördlich von Westergellersen nach

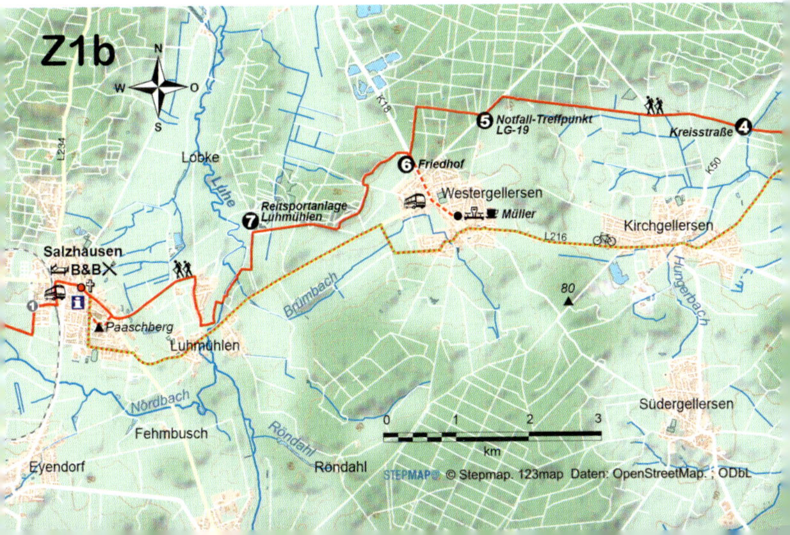

links ab und nach 300 m bei einer Kreuzung am Notfall-Treffpunkt LG-19 ❺ mit Bank nach rechts. Bei der vierten Kreuzung – mit Gasleitungsmarkierung – folgen Sie dem JW nach links und erreichen nach wenigen Minuten die Vierhöfener Straße. Hier orientieren Sie sich nach rechts, biegen hinter dem Friedhof von **Westergellersen ❻** nach links und nach 150 m noch einmal nach links ab.

Abstecher nach Westergellersen (➲ 2 x 1 km km)

Wenn Sie vor dem Friedhof der Vierhöfener Straße nach links folgen, erreichen Sie nach 500 m Westergellersen mit Bushaltestelle und Bäckerei-Café.

Bäckerei Müller, Hauptstraße 8, 21394 Westergellersen,
Mo-Fr 6:00-12:30 und 14:00-18:00, Sa 6:00-12:00 und So 8:00-11:00

Bushaltestelle „Westergellersen, Das Rote Feld“, u. a. Linie 5200 alle 1-2 Stunden von/nach Lüneburg und Salzhausen, www.hvv.de

Der Pilgerweg schlängelt sich am Waldrand entlang und mündet vor Luhmühlen in eine kleine Straße, die Sie rechts vorbei an einem Wohnmobilstellpatz zur **Reitsportanlage Luhmühlen ❼** führt.

Dort zweigen Sie hinter dem Parkplatz nach links ab, nach 500 m bei einer Schranke nach rechts und vor einer Bachbrücke links auf den Pfad. Dieser begleitet den Bach, der kurz darauf in die Luhe mündet. Diese queren Sie bei der nächsten Brücke und folgen dem JW zum Lobker Weg, der rechts in die Siedlung Luhmühlen führt. An deren Ende schwingt die Straße nach links und führt vorbei am Waldbad nach Salzhausen. Dort biegen Sie beim Gewerbegebiet mit Supermärkten rechts in die Hauptstraße ab und folgen dieser zur Ortsmitte bei der Kirche St. Johannis.

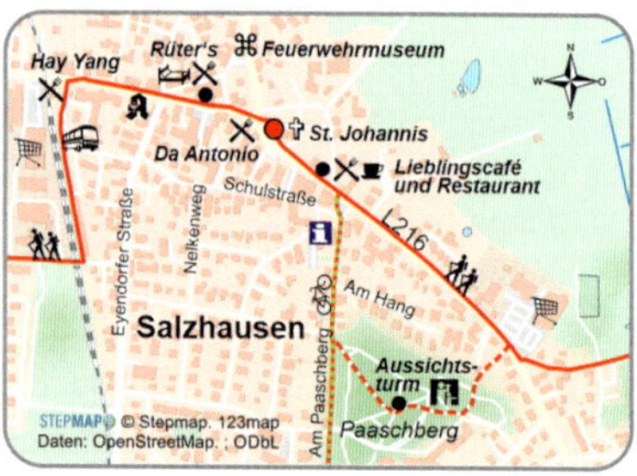

Variante zum Paaschberg mit Aussichtsturm (zzgl. ➲ 0,3 km und 30 Hm)

Ein kurzer Umweg führt auf den bewaldeten Paaschberg, von dem ein Aussichtsturm einen weiten Ausblick bietet.

Dazu folgen Sie am Ortsanfang gegenüber vom Rewe dem Weg links am Kebap-Haus vorbei in den Wald und gehen dort vor der Schule rechts aufwärts zum höchsten Punkt (69 m) mit dem Aussichtsturm. Abwärts gehen Sie zunächst sich rechts haltend und dann auf dem Hauptweg zuletzt über Stufen hinunter zur Straße Am Paaschberg, die rechts zur Hauptstraße und damit der Route führt.

Salzhausen B&B BANK ⌘, 4.500 Ew.

Rathaus Salzhausen, Rathausplatz 1, 21376 Salzhausen, ☏ 041 72/909 90, info@rathaus-salzhausen.de, www.salzhausen.de, Mo, Mi, Do 8:30-13:00, Do auch 15:00-18:00 sowie Di und Fr 7:00-12:00

Hotel Rüter's, Hauptstraße 1, 21376 Salzhausen, ☏ 041 72/96 92 80, info@rueters-gasthaus.de, www.rueters-gasthaus.de, € 10, DZ ab € 112, EZ ab € 81 inkl. F, Restaurant Di-Do 17:00-23:00, Fr-So 12:00-23:00, nahe der Kirche gelegenes Hotel mit 16 Zi, direkt am JW

B&B Hof Rieckmann, Bruchweg 4, 21376 Salzhausen, ☏ 041 72/81 69, hofrieckmann@aol.com, DZ ab € 45, EZ ab € 35, Pferdehof 1 km nordöstlich von Salzhausen entlang des JW mit einfachen Zi

Lieblingscafé und Restaurant, Hauptstraße 5, 21376 Salzhausen, 01 73/540 09 53, www.lieblingscafe-salzhausen.de, Di und Mi 12:00-18:00, Do und Fr 12:00-21:00, Sa 14:00-21:00, So 9:00-17:00, neben der Kirche

Ristorante Da Antonio, Hauptstraße 10, 21376 Salzhausen, ☏ 041 72/82 11, ristorantedaantonio@web.de, Di-Fr 11:30-14:30 und 17:00-22:00, Sa 16:00-22:00 sowie So 11:30-22:00, Italiener gegenüber der Kirche

♦ China-Restaurant Hay Yang, Bahnhofstraße 9, 21376 Salzhausen, Di-Sa 17:30-21:30 sowie Sa und So 12:00-15:00, im alten Bahnhof

mehrere Supermärkte im Ort, etwa am Ortsanfang Rewe, Am Waldbad 1, 21376 Salzhausen, sowie nahe am ZOB Lidl, Bahnhofstraße 15, 21376 Salzhausen, und Edeka, Alte Baumschule 2, 21376 Salzhausen

Haide Apotheke, Bahnhofstraße 3, 21376 Salzhausen, ☏ 041 72/98 73 00, www.haide-apotheke-salzhausen.de, Mo-Fr 8:00-18:30, Sa 8:00-13:00

Busbahnhof Salzhausen, u. a. alle 1-2 Stunden Linie 5200 von/nach Lüneburg via Kirch- und Westergellersen oder Linie 4406 von/nach Egestorf und Winsen, www.hvv.de

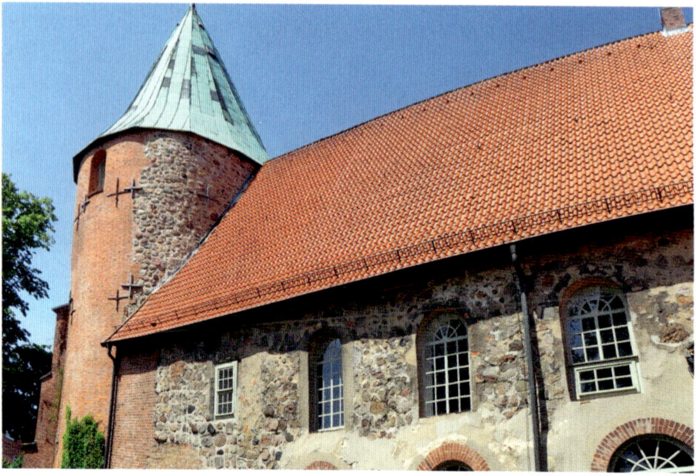

St.-Johannis-Kirche

✝ Die auf das Mittelalter zurückgehende Kirche **St. Johannis** wurde mehrfach umgebaut und im 17. Jh. wurde dabei das gotische Kreuzrippengewölbe durch ein Holztonnengewölbe ersetzt. Auf diese Zeit geht auch der markante Fachwerkgiebel zurück. Der aus den Anfangszeiten der Kirche stammende runde Turm mit seinen 2,5 m dicken Mauern wurde 1464 mit der Kirche verbunden. Von der Renaissancekanzel soll im 16. Jh. Urbanus Rhegius, ein Freund Martin Luthers, gepredigt haben.

♦ Di-So 10:00-12:00 und 15:00-17:00; Kirchenbüro Salzhausen: Hauptstraße 3a, ☏ 041 72/280, www.kirche-salzhausen-raven.de, Mo 9:00-12:00, Mi 16:00-18:00, Do 10:30-12:00

⌘ Eher kurios ist das einzige Museum des Ortes: Das **Feuerwehrmuseum Salzhausen** dokumentiert im alten Schlauchturm und dem benachbarten Spritzenhaus als eines der wohl kleinsten Museen des Landes die Feuerlöschgeschichte des Ortes.

♦ Winsener Straße 8, 21376 Salzhausen, im Sommerhalbjahr täglich, Eintritt frei. Den Schlüssel kann man im Rathaus abholen (☞ Rathaus Salzhausen).

Salzhausen war Standort des einzigen von einer Genossenschaft getragenen Krankenhauses Deutschlands, zu deren Initiatoren Pastor Bode gehörte. Der Gesundheitsbetrieb wurde 2015 infolge Insolvenz eingestellt. In dem Gebäude neben dem ZOB betreibt heute die Johanniterhilfe eine ambulante Pflegeeinrichtung.

Etappe Z2: Salzhausen – Wilsede

➲ 22,4 km, ⌛ 7 Std., ↑ 268 m, ↓ 180 m, ⇧ 35-130 m, 🚲 24,9 km

0,0 km	⇧ 40 m	Salzhausen B&B BANK ✝ ⌘
9,0 km	⇧ 101 m	Bank am Waldrand nach 5fach-Kreuzung
14,1 km	⇧ 101 m	Egestorf BANK ✝
15,5 km	⇧ 106 m	Auberg (➲ 0,1 km)
21,5 km	⇧ 116 m	Abstecher Hannibals Grab (➲ 0,3 km)
22,4 km	⇧ 128 m	Wilsede ⌘

Der Pastor-Bode-Weg folgt als Zubringer zum Jacobusweg großteils der von Pastor Bode (mit)initiierten Bahnstrecke von Winsen nach Egestorf, das Sie nach einem Wechsel aus Wald und freier Landschaft erreichen. In der dortigen Kirche wirkte seinerzeit Pastor Bode. Auf dessen Spuren geht es in die Lüneburger Heide. Nach Querung der Schmalen Aue erreichen Sie die ausgedehnten Heideflächen. Diese begleiten Sie abwechselnd mit Kiefergehölzen zum autofreien Heidedorf Wilsede mit dem Jacobusweg.

In Salzhausen begleitet der Pilgerweg die Hauptstraße bis kurz vor die Bahnquerung und zweigt vor dem ehemaligen Bahnhofsgebäude mit heute einem Chinarestaurant nach links ab. Links liegt das von Pastor Bode mitgegründete einstige genossenschaftliche Krankenhaus. Der JW führt hinter dem ZOB geradeaus an der Bahnlinie entlang und quert diese kurz darauf rechts. Die Straße Witthöfsfeld führt geradeaus zum Ortsrand, wo Sie in einer Rechtskurve links abbiegen und rechts am Neubauviertel ❶ entlanggehen. Bei einer Kreuzung biegen Sie rechts in den Wirtschaftsweg ab, der nach 1 km vor einer Wohnsiedlung einen Schotterweg erreicht, dem Sie scharf links folgen.

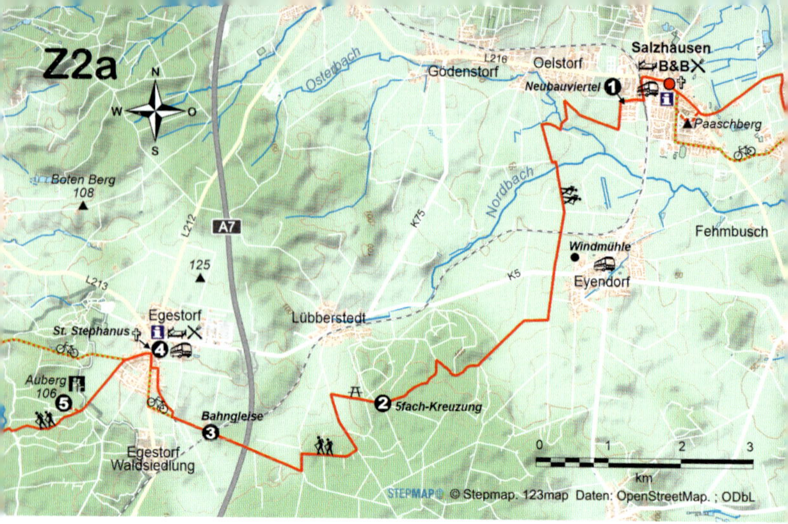

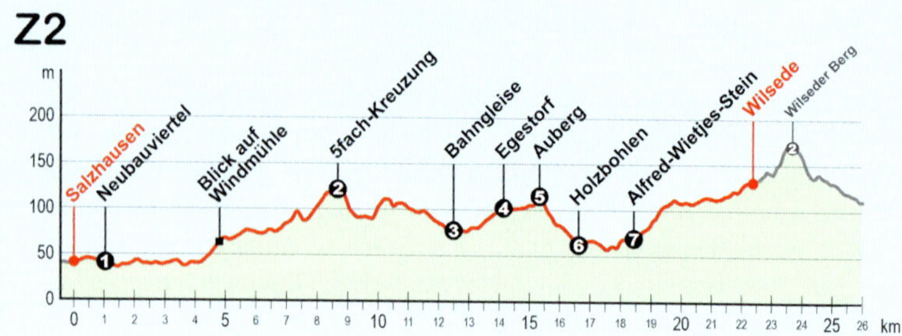

Sich rechts haltend gelangen Sie an einen Bach, nach dessen Querung Sie sich erst rechts und dann links halten. Der asphaltierte Weg schwingt nach 500 m nach rechts, während der JW dem Grasweg geradeaus folgt. Nach einer weiteren Bachquerung ist der Weg befestigt und führt über eine Hochfläche mit Blick nach links auf die Holländer-Windmühle von Eyendorf. Bei Kreuzungen gehen Sie geradeaus. 600 m nach Querung der Kreisstraße zweigt der JW nach rechts ab, führt nach einer Hochspannungsleitung am Waldrand entlang und schließlich in den Wald hinein, wo Sie nach 30 m bei einer Kreuzung rechts dem Radwegweiser folgen.

Der JW verlässt den Radweg nach 700 m bei einer Gabelung auf dem links abzweigenden Spurweg.

🚲 Auch wenn der offizielle Radweg geradeaus weiterführt, ist der JW für Pedalpilgernde – mit Vorsicht – fahrbar.

Nach 1 km gehen Sie bei einer 5fach-Kreuzung ❷ rechts hinunter, verlassen nach wenigen Minuten bei einer Bank den Wald und wenden sich bei der folgenden T-Kreuzung nach links. Bei der folgenden Gelegenheit – 200 m nach dem Ende des Asphalts – zweigt der JW nach rechts ab. Bei der nächsten T-Kreuzung gehen Sie wieder links und folgen kurz darauf dem Weg durch die Rechtskurve. Der folgende Abschnitt führt 1,9 km geradeaus – mit Querung von Autobahn und Bahngleisen ❸, ehe rechts ein kleiner Platz mit Abfallcontainern die nächste Rechtsabzweigung markiert.

🚲 Wegen des folgenden Graspfads fahren Radpilgerinnen und Radpilger besser geradeaus und zweigen bei der T-Kreuzung rechts in die Dorfstraße nach Egestorf ab.

Kurz hinter den Abfallcontainern leitet links ein schöner Graspfad nach Egestorf, wo der JW links durch den alten Friedhof mit Lindenallee, Lutherdenkmal und philosophischem Steingarten führt. Am Parkende geht es rechts entlang der Dorfstraße zur Ortsmitte von Egestorf ❹, wo am Platz vor der Kirche eine Büste an den Heidepastor Bode erinnert.

Pastor-Bode-Büste

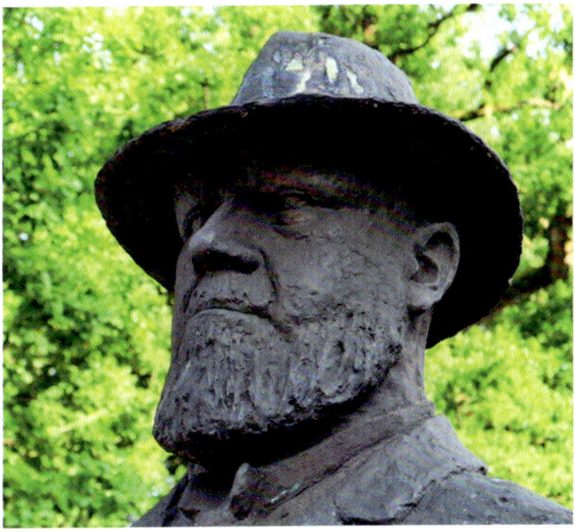

Egestorf — 2.400 Ew.

Tourist-Information Egestorf e. V., Im Sande 1, 21272 Egestorf, 041 75/15 16, egestorf@t-online.de, www.egestorf.de, Mai bis Oktober Mo-Fr 10:00-14:00, sonst Mo-Fr 10:00-12:00

In der Ortsmitte gibt es zwei familiengeführte Hotels, beide traditionsreich seit mehr als 150 Jahren.

- Hotel Acht Linden, Alte Dorfstraße 1, 21272 Egestorf, 041 75/843 33, info@hotel-acht-linden.de, www.hotel-acht-linden.de, DZ ab € 105, EZ ab € 70 inkl. F, Restaurant täglich 12:00-14:00, 100 m vom JW
- Hotel Egestorfer Hof, Lübberstedter Straße 1, 21272 Egestorf, 041 75/480, info@egestorferhof.de, www.egestorferhof.de, DZ ab € 100, EZ ab € 80 zzgl. F (€ 17), Restaurant Bääkers Buur Mo, Di sowie Do-Sa 17:00-21:00, außerdem Di und So 12:00-15:00, 200 m vom JW

Arin Kebabhaus, Alte Dorfstraße 5, 21272 Egestorf, Di-So 11:00-21:00, mit Terrasse in Seitenstraße bei der Kirche

Stephanus Café und Backwaren, Hinter d. Kirche 4, 21272 Egestorf, Mo-Sa 7:00-18:00, So 8:00-17:00, gegenüber der Kirche

Nah & Frisch, Lübberstedter Straße 2, 21272 Egestorf, Mo-Fr 7:30-18:30, Sa 7:30-13:00, So 8:00-11:00

Haltestelle „Egestorf, Kirche“, u. a. Linie 4406 von/nach Winsen (Luhe) via Salzhausen alle 1-2 Stunden, hvv.de. Egestorf ist Drehkreuz des Heide-Shuttles (Juli bis Oktober): Linie 2 aus Tostedt via Handeloh und Undeloh nach Buchholz via Ober-/Niederhaverbeck und Wintermoor, Linie 3 aus Buchholz via Hanstedt und Salzhausen nach Tostedt via Undeloh, Linie 5 von Lüneburg via Amelinghausen nach Lüneburg via Salzhausen, www.heide-shuttle.de

Die lindenumsäumte Kirche **St. Stephanus** in der Dorfmitte wurde im 17. Jh. an der Stelle einer hölzernen Kapelle erbaut, aus deren Zeit der separate hölzerne Glockenturm von 1404 stammt. Die Fachwerkkirche auf dem Feldsteinsockel zeigt im Inneren einige Kostbarkeiten aus dem 17. Jh. wie den Altar oder die Kanzel. In dieser Kirche wirkte von 1885 bis 1923 der Heidepastor Wilhelm Bode.

- täglich 10:00-16:00, von April bis Oktober bis 18:00; Kirchengemeinde St. Stephanus Egestorf: Sudermühler Weg 1, 21272 Egestorf, 041 75/468, KG.Stephanus.Egestorf@evlka.de, https://egestorf.wir-e.de

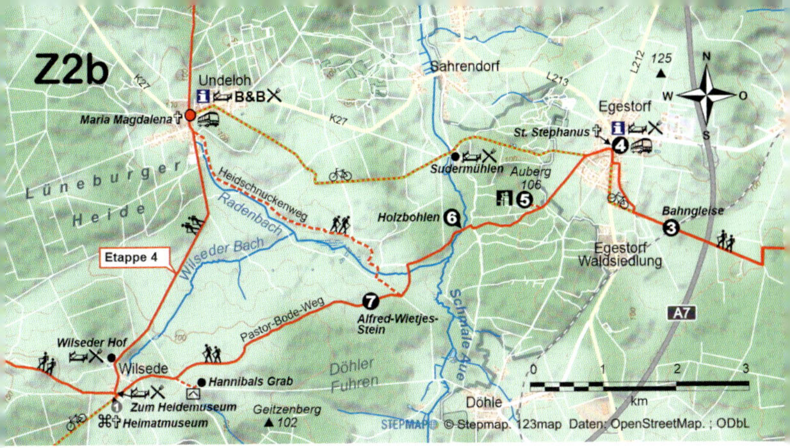

Vom Dorfplatz folgen Sie dem Sudermühler Weg Richtung Wilsede aus dem Ort heraus und nach 350 m bei der Gabelung dem Pastor-Bode-Weg nach links.

🚲 Mit dem Rad fahren Sie hier besser rechts und vorbei am Gasthof Sudermühlen nach Undeloh, wo die markierte JW-Haupttrasse (☞ Etappe 4, Seite 73) eine bessere Radelmöglichkeit durch die Heide nach Wilsede bietet.

Kurz nach Eintauchen in den Wald bietet rechts bei der Heide ein 100 m langer Abstecher zum 106 m hohen **Auberg** ❺ einen weiten Blick.

Nach dem Auberg-Abstecher halten Sie sich bei den folgenden beiden Abzweigungen links und kurz darauf rechts. Sie erreichen den Alten Postweg und folgen ihm für 50 m nach rechts, ehe Sie links abzweigen und über Holzbohlen ❻ die Niederungen der Schmalen Aue trocken passieren. Der JW begleitet zunächst die Schmale Aue und dann den Radenbach noch rund 1 km am Waldrand auf der rechten Seite, ehe er ihn nach links quert und nach kurzem Anstieg auf der anderen Seite sowie einem Gatter eine Kreuzung mit Infotafel über Weidetiere erreicht: Hier gehen Sie geradeaus bis Wilsede zusammen mit dem Heidschnuckenweg (H). Nach wenigen Minuten erinnert links der **Alfred-Wietjes-Stein** ❼ an einen Wandervogel, der seinen Nachlass zum Ankauf dieser Heidefläche spendete. Abwechselnd durch Heide und Wald nähert sich der Pastor-Bode-Weg Wilsede und erreicht in weiter Heidelandschaft einen Kutschenweg. Hier geht es rechts zum Zielort, aber vorher lohnt sich links ein Abstecher zu einer schönen Heideformation.

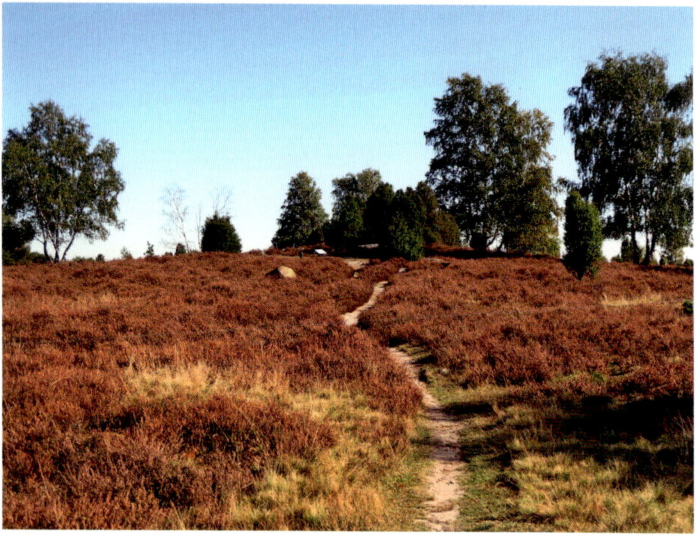

Hannibals Grab

Abstecher und Info zu Hannibals Grab (➲ 2 x 350 m)

Der Kutschenweg führt links nach 300 m zu einem Unterstand, von dem sich ein netter Blick auf eine Heide-Stein-Wacholder-Formation bietet (per Pfad erreichbar). Viele Betrachterinnen und Betrachter erkannten eine Ähnlichkeit dieser Formation mit einem Bild des Heidemalers Eugen Bracht von 1893, das dieser angeblich bei einem Türkeibesuch mit Hannibals Grab als Motiv gemalt hatte. Nach verschiedenen Quellen entstand das Gemälde allerdings im Atelier Brachts in Frankfurt am Main anhand verschiedener Skizzen und Studien des Malers bei Wanderungen und Reisen in die Natur.

Zurück geht es auf demselben (Kutschen-)Weg.

Entlang des Kutschenweges wandern Sie rechts nach Wilsede, das nach rund 1 km erreicht ist. Wenn Sie vor dem Heidemuseum nach rechts abbiegen, erreichen Sie hinter dem Museum die Hauptroute des Jacobusweges (☞ Etappe 4, Seite 73, hier auch die Infos zu Wilsede).

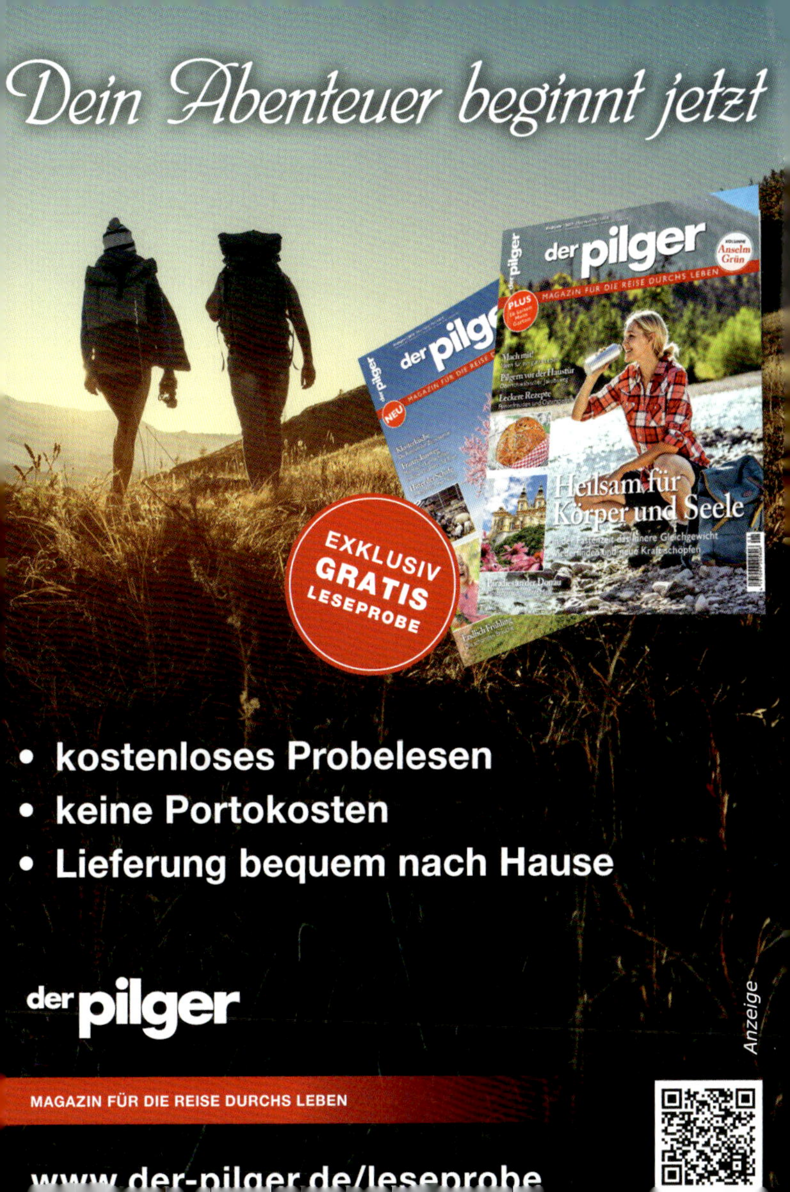
Dein Abenteuer beginnt jetzt
der pilger
MAGAZIN FÜR DIE REISE DURCHS LEBEN
Anselm Grün
Heilsam für Körper und Seele
EXKLUSIV
GRATIS
LESEPROBE
• kostenloses Probelesen
• keine Portokosten
• Lieferung bequem nach Hause
der pilger
MAGAZIN FÜR DIE REISE DURCHS LEBEN
Anzeige
www.der-pilger.de/leseprobe

Index

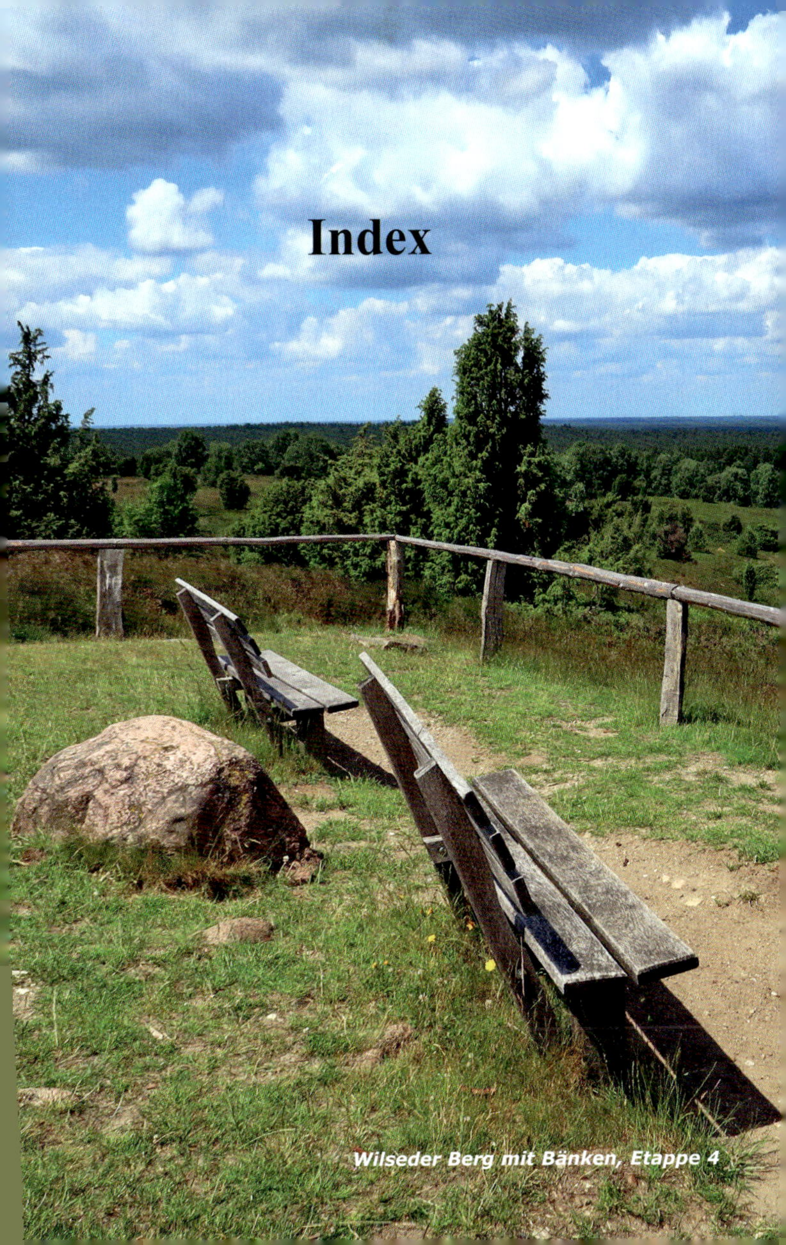

Wilseder Berg mit Bänken, Etappe 4